ZHUANCHUANG RONGHE
JIAOXUE GAIGE MOSHI YANJIU

专创融合
教学改革模式研究

马立修　王依山　黄耀国 ◎ 著

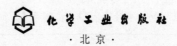
·北京·

内容简介

本书以山东理工大学近7年的创新创业教育教学改革立项活动为基础，阐述创新思维、创新方法、创业思维融入具体课程的教学改革思路。本书共4章，第1章双创融入课程研究，阐述创新思维、创新方法与创业思维的具体内容如何融入课程及知识点；第2章双创融入专业课程模式，阐述已经申请作品登记的10个教学改革模式；第3章基于二维、三维坐标模式对传感器教学改革的探索及应用，阐述了基于双创的二维坐标教学改革模式、基于三维坐标的创新方法融入专业课程模式在传感器课程教学改革中的应用；第4章双创融合教学改革经典案例，阐述了9门课程进行专创融合教学改革的具体方案。

本书可以作为普通高校各专业教师进行专创融合教学改革的指导性读物，也可以作为致力于提高课程教学创新教师的普及性读物。

图书在版编目（CIP）数据

专创融合教学改革模式研究 / 马立修，王依山，黄耀国著. -- 北京：化学工业出版社，2024. 10.
ISBN 978-7-122-46253-4

Ⅰ. G642.0

中国国家版本馆CIP数据核字第2024BD9278号

责任编辑：金林茹　　　　　　　　　　装帧设计：王晓宇
责任校对：李　爽

出版发行：化学工业出版社
　　　　（北京市东城区青年湖南街13号　邮政编码100011）
印　　装：北京天宇星印刷厂
710mm×1000mm　1/16　印张15¼　字数268千字
2024年10月北京第1版第1次印刷

购书咨询：010-64518888　　　　　　　售后服务：010-64518899
网　　址：http://www.cip.com.cn
凡购买本书，如有缺损质量问题，本社销售中心负责调换。

定　价：79.00元　　　　　　　　　　　　　　版权所有　违者必究

前言 Preface

山东理工大学自 2017 年开始进行创新创业教育教学改革立项活动。最初，我们采取先行先试的策略，鼓励教师们大胆思考、大胆创新，并按照自己的方式进行专创融合教学改革研究。经过 7 年的教学改革立项活动，已经有 72 个专业作为试点进行了双创融入专业的探索研究，有 127 门课程进行了双创融入课程的探索研究。笔者是本项工作的主持人、负责人，是专创融合教学改革探索的主要研究者，对专创融合教学改革有一些见解，故而将研究内容整理出来，希望给专创融合教学改革的教师以启发。

第一，专创融合教学改革需要落地，需要具备可实施性。

专创融合教学改革，不能只是专业与创业融合。目前，有很多学者、教育培训机构积极推动专业教育与创业教育融合，专业与创业融合存在多方面的问题，一是专业与创业融合只能在制度、体系方面进行推行，到了某一门具体的课程却难以落地；二是某些专业不能实现创业，只能间接性地促进创业；三是专业与创业融合在一线教师层面不具有可操作、可实施性；四是本科生专业功底不足，专业与创业融合有些勉强；五是专业的低年级大学生，没有学习专业知识，难以实现专业与创业融合。创业融入专业的专创融合教学改革理念，往往流于形式、流于表面，难以落地。高校的教学改革必须从课程入手，只有课程实现专创融合，才能实现专创融合落地、生根发芽。

山东理工大学的专创融合教学改革，逐渐形成了将创新思维、创新方法、创业思维融入课程及知识点、融入教学组织过程的教学改革理念。尤其是将创新思维、创新方法融入课程及知识点，改变了以传授知识为主的授课模式，使学生掌握知识的同时，提高了创新能力。知识是正确的，但质疑知识不代表否定知识，通过大胆质疑，能更好地掌握知识；创新思维、创新方法融入课程及知识点，为质疑知识提供了一条可实施的途径，大学生在学习知识的过程中，通过各种思维、各种方法的融入，实现对知识的质疑，从而促进知识的掌握、促进基于知识的创新能力提升。围绕课程及知识点的专创融合教学改革具备了人人可做、可思考、可创新的落地实施性。

第二，课程教学改革需要针对优秀学生，不能只聚焦"后进生"。

以传授知识为主的课程教学改革，主要是促进学生学习知识，尤其是"后进生"学习知识。目前的主流教学改革理念，都是基于学生不愿意学习、学生思考能力不足、学生懒于思考、学生想象力不足、学生学习精力不集中、学生难以掌握知识等"后进生"而进行的改革活动。这种类型的教学改革，只是促进一般学生、弱者学生的学习，对于班级内部主动学习、积极思考、聪明睿智的优秀学生，促进作用非常微弱，没有更好地激发优秀学生的思维能力，没有使优秀的学生更优秀，制约了优秀学生的发展和进步。

随着国家教育的发展及我国人口结构的改变，未来，应试为目的的学习要转向因需要而学习，以"后进生"为目标的教学改革就会显得非常多余。信息技术手段在教学中的应用，网上课程及知识数据库的产生，使人们获取知识不再是那么困难的事情，想获得某一个课程及知识点，想听某一门课程或某一个知识点的讲解，已经是非常容易的事情。教学改革要围绕优秀学生开展，使优秀学生更加优秀，具备更强的创新能力。专创融合教学改革的主要方向之一是将创新融入课程及知识点。将创新思维、创新方法融入课程及知识点，使课程及知识点焕发出新的生命力，激发课程及知识点产生新观点、新思路、新问题、新方向、新发现，使课程及知识点充满不确定性、刺激性、挑战性。这样的教学改革能够使主动学习、渴望学习、具备学习潜质的学生更加优秀，极大促进优秀学生的创新能力，能够为我国培养更多具备创新潜质的优秀毕业生。将创新思维、创新方法融入课程及知识点，会产生授课教师也没有遇到过的新情况，对教师也是一种挑战，提高教师创新能力的同时，也会给教师带来新的科研机遇。

第三，应对 AI 技术对人类的挑战，教育需要培养更多创新能力强的大学生。

AI 技术飞速发展，在未来的某一天是否会替代人类？如何应对人工智能对人类的冲击？人们通过几年刻苦学习掌握的知识，AI 只需要几天甚至是几分钟、几秒钟的时间就能掌握。过去的学生，掌握了知识就拥有了未来，在 AI 环境下，学生单纯地掌握知识能拥有未来吗？以传授知识、掌握知识为主的教学模式，只能培养出更多 AI 的奴隶。要应对 AI 挑战，需要我们掌握知识，更要拥有基于知识的创新能力。

将创新思维、创新方法融入课程及知识点，会使课程及知识点产生很多未知的、新奇的、意想不到的问题，学生及教师在思考、解决这些奇特问题时，会提高基于专业知识背景的奇特创新能力。

本书由马立修主笔，王依山参与了第 2、4 章的编写，黄耀国参与了第 3 章的编写，张少华参与了附录的整理。本书第 2 章参考了马立修、王依山、隋琦、姜颖、朱晓霞、黄耀国等教师的改革成果，第 4 章参考了郭栋、韩克帧、刘莎、罗霄婷、王菁、王文申、黄耀国、姚艳春、赵彦峻、庄洪业等教师的改革成果，供读者参阅思考，付宏勋、唐佳静、隋琦、张少华等参与了附录中《创新方法融入课程教学实施能力等级划分要求》（团体标准）、《创新方法融入课程教学实施指南》（团体标准）的制定，在此向他们表示感谢。另外，本书在编写过程中参考了一些作者的著作、文章和教材，在此一并向他们表示感谢！

由于时间仓促，加之笔者经验有限，书中不足之处在所难免，敬请读者批评指正。

著者

目录
CONTENTS

第1章　双创融入课程研究 ··· **001**

 1.1　概述 ·· 002

 1.2　教学的思维惯性 ·· 002

 1.3　创新思维融入课程 ··· 003

  1.3.1　逻辑思维融入课程 ·· 003

  1.3.2　批判性思维 ·· 005

  1.3.3　创造性思维 ·· 005

  1.3.4　形象思维 ··· 008

  1.3.5　其他思维 ··· 010

 1.4　TRIZ方法融入课程教学改革 ··· 015

  1.4.1　发明原理融入课程 ·· 016

  1.4.2　进化法则融入课程 ·· 033

  1.4.3　功能导向搜索融入课程 ·· 040

1.4.4　创新标杆融入课程 …………………………………………… 041
　　1.4.5　特性传递融入课程 …………………………………………… 041
　　1.4.6　功能分析融入课程 …………………………………………… 042
　　1.4.7　因果链分析融入课程 ………………………………………… 044
　　1.4.8　剪裁融入课程 ………………………………………………… 046
　　1.4.9　物理矛盾融入课程 …………………………………………… 048
　　1.4.10　技术矛盾融入课程 …………………………………………… 049
　　1.4.11　物场分析与标准解融入课程 ………………………………… 051
　　1.4.12　TRIZ 理论的其他工具 ……………………………………… 053
　　1.4.13　概念验证的主要工具 ………………………………………… 054
　1.5　创业思维融入课程 ……………………………………………………… 054
　　1.5.1　创业思维类型 ………………………………………………… 054
　　1.5.2　创业思维融入专业实践课程方案 …………………………… 058

第 2 章　双创融入专业课程模式 ……………………………………………… **061**

　2.1　双创融入课程教学改革实施方案 ……………………………………… 062
　2.2　基于双创教育的能力递进式教育模式 ………………………………… 066
　2.3　基于创新方法、创业思维的 OBE 课程教学改革模型 ……………… 071
　2.4　创业思维融入专业实践课程模式 ……………………………………… 079
　2.5　基于专创融合矩阵的创新方法融入专业课程模式 …………………… 086
　2.6　鱼骨图创新方法融入中国传统文化教学模式 ………………………… 088
　2.7　创新方法、创业思维融入大学英语课程模式 ………………………… 096
　2.8　基于技术创新需求的三种创新流程 …………………………………… 103
　2.9　基于创新方法、创业思维的二维坐标教学改革模式 ………………… 108
　2.10　基于三维坐标的创新方法融入专业课程模式 ……………………… 114

第 3 章 基于二维、三维坐标模式对传感器教学改革的探索及应用 …………122

3.1 电阻式传感器 …………………………………………………… 123
3.1.1 电阻式传感器的基本概念及主要特点 ………………… 123
3.1.2 应变电阻式传感器的基本原理 ………………………… 123
3.1.3 气敏电阻 …………………………………………………… 126
3.1.4 湿敏电阻 …………………………………………………… 127
3.1.5 传感器的检测内容创新 ………………………………… 128

3.2 电容式传感器 …………………………………………………… 133
3.2.1 电容式传感器的基本概念及主要特点 ………………… 133
3.2.2 电容式传感器的工作原理及结构 ……………………… 133
3.2.3 传感器的检测内容创新 ………………………………… 135

3.3 磁敏式传感器 …………………………………………………… 139
3.3.1 磁敏式传感器的基本概念及主要特点 ………………… 139
3.3.2 磁电感应式传感器工作原理 …………………………… 140
3.3.3 霍尔式传感器工作原理 ………………………………… 140
3.3.4 传感器的检测内容创新 ………………………………… 142

3.4 热电式传感器 …………………………………………………… 146
3.4.1 热电式传感器的基本概念及主要特点 ………………… 146
3.4.2 热电偶传感器 …………………………………………… 147
3.4.3 热电阻传感器 …………………………………………… 149
3.4.4 热敏电阻 ………………………………………………… 149
3.4.5 传感器的检测内容创新 ………………………………… 150

3.5 光电式传感器 …………………………………………………… 154
3.5.1 光电式传感器的概念及其基本形式 …………………… 154
3.5.2 光电效应 ………………………………………………… 155
3.5.3 光纤传感器 ……………………………………………… 155
3.5.4 传感器的检测内容创新 ………………………………… 157

第 4 章　双创融合教学改革经典案例 …………………………………… 162

4.1 融入 TRIZ 方法的《物理光学》课程教学改革 ………………… 163
4.1.1 专业课程简介 ……………………………………………… 163
4.1.2 融入方法选择 ……………………………………………… 163
4.1.3 建设目标 …………………………………………………… 163
4.1.4 建设内容 …………………………………………………… 164

4.2 创新思维及创新方法融入《机械设计》课程教学的研究与建设 …… 167
4.2.1 专业课程简介 ……………………………………………… 167
4.2.2 融入方法选择 ……………………………………………… 167
4.2.3 建设目标 …………………………………………………… 167
4.2.4 建设内容 …………………………………………………… 168
4.2.5 项目进度安排 ……………………………………………… 170

4.3 《电力系统分析》课程创新方法融入模式探索与实践 …………… 170
4.3.1 专业课程简介 ……………………………………………… 170
4.3.2 融入方法选择 ……………………………………………… 170
4.3.3 建设目标 …………………………………………………… 171
4.3.4 建设内容 …………………………………………………… 171
4.3.5 项目进度安排 ……………………………………………… 172

4.4 《汽车运用工程》课程创新创业教育理论探索与课堂实践 ……… 173
4.4.1 专业课程简介 ……………………………………………… 173
4.4.2 融入方法选择 ……………………………………………… 173
4.4.3 建设目标 …………………………………………………… 174
4.4.4 建设内容 …………………………………………………… 174
4.4.5 项目进度安排 ……………………………………………… 177

4.5 基于 TRIZ 方法的双创教育融入《液压与气压传动》课程的路径和评价方法 …………………………………………………… 178

  4.5.1 课程简介 …………………………………………………… 178
  4.5.2 融入方法选择 ………………………………………………… 178
  4.5.3 建设目标 ……………………………………………………… 179
  4.5.4 建设内容 ……………………………………………………… 180
  4.5.5 项目进度安排 ………………………………………………… 183
4.6 《设计基础Ⅱ》课程融入创新方法课程改革 ………………………… 184
  4.6.1 课程简介 ……………………………………………………… 184
  4.6.2 融入方法选择 ………………………………………………… 184
  4.6.3 建设目标 ……………………………………………………… 185
  4.6.4 建设内容 ……………………………………………………… 186
  4.6.5 项目进度安排 ………………………………………………… 191
4.7 《二外（德）Ⅲ》课程与创新方法和创业思维深度融合路径研究
  与实践 …………………………………………………………………… 192
  4.7.1 课程简介 ……………………………………………………… 192
  4.7.2 融入方法选择 ………………………………………………… 193
  4.7.3 建设目标 ……………………………………………………… 194
  4.7.4 建设内容 ……………………………………………………… 194
  4.7.5 项目进度安排 ………………………………………………… 198
4.8 "双创"思维下《体操》课程教学改革探索 ………………………… 198
  4.8.1 课程简介 ……………………………………………………… 198
  4.8.2 融入方法选择 ………………………………………………… 199
  4.8.3 建设目标 ……………………………………………………… 200
  4.8.4 建设内容 ……………………………………………………… 200
  4.8.5 项目进度安排 ………………………………………………… 205
4.9 双创理念融入《化工过程控制》专业课程的教学改革与探索 ……… 205
  4.9.1 课程简介 ……………………………………………………… 205
  4.9.2 融入方法选择 ………………………………………………… 206

4.9.3 建设目标……………………………………………………… 206
　　　4.9.4 建设内容……………………………………………………… 207
　　　4.9.5 项目进度安排………………………………………………… 212

附录……………………………………………………………………… 213

　　附录 1　创新方法融入课程教学实施能力等级划分要求（T/SDAS 905—2024 团体标准）………………………………………………… 214
　　附录 2　创新方法融入课程教学实施指南（T/SDAS 904—2024　团体标准）…………………………………………………………… 220
　　附录 3　2023 年双创融入课程试点项目建设标准………………… 229
　　附录 4　2023 年青年博士创新方法（TRIZ）专项建设标准……… 230

参考文献………………………………………………………………… 232

第1章
双创融入课程研究

本章主要介绍专创融合教学改革过程中用到的创新思维、创新方法、创业思维等基本知识,同时,对双创融入课程、融入知识点等进行了简单分析和陈述,为教学改革提供基本思路。

1.1 概述

我国高等教育对学科进行了分类，通常分为哲学、经济学、法学、教育学、文学、历史学、理学、工学、农学、医学、军事学、管理学、艺术学、交叉学科 14 个学科门类，每个门类下面设置若干一级学科，每个一级学科下设有若干二级学科。在大学本科阶段，通常报考的是专业而不是学科。本科阶段分学科门类、专业类和具体的专业名称三个层次。

大学本科专业设置的课程多种多样，其分类也有很多种形式，有的按侧重点分类、有的按层次分类、有的按选课形式分类、有的按课时多少分类等。从课程内容类型及知识作用角度进行分类，课程可以分为通识课程、专业基础课程、专业方向课程、专业选修课程、专题研讨及专业实习 6 类。

无论从哪个角度进行分类，最末端都是具体的课程，每一门课程都是由若干具体的知识点构成。双创融入课程，主要是双创融入知识点，对知识点内容及知识点讲授方式、知识点教学组织方式进行教学改革。

基于专业的专创融合教学改革，在具体教师层面，往往不容易落地，实操性差。本书提出的专创融合教学改革理念是基于具体的课程内容、具体的课程知识点进行的教学改革，是针对具体教师、具体内容的教学改革，实操性较强、可落地、可复制、可推广。

1.2 教学的思维惯性

惯性，概念来源于物理学，是物体的基本属性之一，反映物体所具有的保持原有状态的性质。人们的思维也存在惯性，通常会在无意识中遵循一些固有的思维模式。在教学过程中，教师存在一定的思维惯性，可以分为教师群体的教学行为惯性、教师个体的教学行为惯性。

（1）教师群体的教学行为惯性

① 为了传授知识而教学。
② 教学改革围绕"后进生"进行。
③ 教学改革浮于知识表面。

(2) 教师个体的教学行为惯性

① 受上学期间任课老师的影响。
② 受知识理解过程的思维影响。

1.3 创新思维融入课程

1.3.1 逻辑思维融入课程

逻辑思维是人类思维的一种，是在概念的基础上进行判断、推理的思维方法。属于逻辑思维范畴的内容非常多，有分析与综合，归纳与演绎，抽象与具体，比较、分类、类比，证明与反驳等思维方式。本节将对逻辑思维融入课程、融入知识点进行分析，促进课程及知识点的创新性教学。

(1) 分析与综合

分析是把事物分解为各个属性、部分，对它们分别进行研究的思维方法。综合是把分解开来的各个属性、部分通过某种规律联合到一起进行研究的思维方法。对于一门课程，一般按照章节进行分解，采用逻辑思维的分析方法，可以对原有教材及课程知识体系进行分析，引导学生发现课程内部的共性属性、共性部分，引导学生站在课程体系的高度分析课程内容。对于某一个知识点，可以引导学生对知识点进行分解，分解后分析各要点的属性、特点。利用综合方法，对分解后的课程内容按照新方式、新规律重新组合、重新联合在一起，获得课程内容新组合的优缺点，促进对课程内容的理解；利用综合方法对分解后的知识点进行重新组合、重新联合，观察分析新知识点的表述方式，促进对知识点的深入理解。

对于不同学科、不同专业、不同类型的知识点，可以从定性分析和定量分析着手，根据实际情况选择分析类型。分析后的综合，能够使我们发现课程内容之间、知识点表述要素之间联系的强弱、差异、变化，从新角度揭示课程内容之间、知识点描述要素之间存在的层次联系、属性联系，从而形成新定义、新原理、新体系。使学生、教师在学习知识基础上，创新性地理解知识，实现对知识的创新性学习。

(2) 归纳与演绎

归纳是对事物进行分析，寻求事物一般规律特征的方法，是事物个别属性到一般属性的逻辑推理方式。演绎与归纳的思考方向相反,演绎是从事物一般规律推演出个别属性、个别特征的逻辑推理方式。对于课程内容,教师在讲授后要引导学生进行归纳,在每节课结束后、每个章节结束后、整个课程结束后,对课程内容的归纳能力能够直接反映出学生对知识点的掌握程度,要引导学生从不同维度进行归纳。在课程内容讲授过程中,也要引导学生对课程内容进行演绎,推演出知识点的个别属性、个别特征。课程知识的归纳和演绎过程,推动学生从两个思考维度理解知识、掌握知识。

(3) 抽象与具体

抽象是对事物进行分析后,寻找事物共同的、主要的方面,提炼抽取精华部分,作为事物的一种描述方式。具体是对客观事物分析获得的感性认识,是反映事物本质的、具体理论的描述方式。以讲授理论为主的课程知识,往往经过了高度抽象,抽象后的知识往往不容易解读和理解,需要教师把抽象知识进行具体化处理,能用通俗易懂的知识架构进行阐述,从而有利于教学、有利于学生的理解掌握。以应用为主的课程知识,往往太具体,容易解读和理解,需要教师把具体的知识进行抽象分析,使学生在学习易懂知识过程中能认识到里面蕴含的深层次原理。

(4) 比较、分类、类比

比较是通过分析两个或两个以上对象的异同来获得新知识的方法。分类是根据事物的共同点和差异点将事物区分为不同种类的方法。类比是根据两个或两类事物在某些属性上相同,推断出它们在另外的属性上也相同的一种推理方法。

比较,可以在同一门课程内的知识点之间进行,可以在同一个学科、同一个专业下的不同课程之间进行,也可以在跨学科、跨专业课程知识点之间进行,比较的主要目的是让学生更好地理解和掌握知识,因此,在知识点之间进行比较时,要选择在熟悉的课程与不熟悉的课程之间、熟悉的知识点与难以理解的知识点之间进行,从而推动不熟悉、有难度课程及知识点的理解。在比较知识点时,可以从基于底层理论角度、基于知识点应用角度、基于空间维度、基于时间维度进行,可以采取直接比较、间接比较的方式进行。

分类,可以对同一门课程的知识点进行分析后分类,也可以对不同学科、不同专业的相似课程内容进行分类。分类前需要对知识进行分析,寻找知识存在的内在逻辑关系、属性关系,寻找逻辑及属性关系的共同点、差异点,按照共同点、差异点进行分类,从而反映知识体系之间蕴含的区别和联系,促进学生理解知识、掌握知识。

类比，可以对同一个专业的两门课程或跨学科、跨专业的两门课程进行分析，从知识体系或者知识点属性上进行比较，从共存关系、因果关系、对称关系、协变关系、综合关系等几个方面展开，从而促进对知识的深入理解。

(5) 证明与反驳

证明是用已知为真的判断，通过推理断定某一判断真实性的思维过程。反驳是用已知为真的判断，通过推理确定某一判断虚假性的思维过程。在数学等基础类课程中，知识内容大多采用证明的方式进行讲解，但缺少反驳的思维过程。在理论阐述为主的课程中，教师引入反驳思维，有利于学生从逆向角度思考知识，有利于对知识的理解和掌握。在应用性为主的课程中，往往缺少证明和反驳，在此类课程中引入证明思维、反驳思维，能引导学生在掌握知识基础上，能动地知道为什么这样应用、为什么不能那样应用，使学生不再被动地记忆知识、被动地记忆知识应用。对知识点的反驳，可以采用直接反驳、间接反驳、演绎反驳、归纳反驳、类比反驳等不同方式。

1.3.2 批判性思维

批判性思维是指人们对认识、实践客体进行分析、判断、质疑、论证、改造的思维素质和能力。批判性思维是创新的前提和基础。在讲授课程知识的过程中，严重缺少对知识的批判性思考，对知识点的批判不是否定知识，而是从批驳的角度对知识深度思考，引导学生理性地批判，有利于学生对知识的理解及掌握。

批判性思维可以分为批判性思维技能和批判精神两个方面。课程知识的批判性思维是对原有知识进行审核、检测，保证知识体系、知识点有效的逻辑关系。批判性思维过程，能够驱使学生在学习知识的过程中发现新问题、产生新观点，促进对原有知识体系及知识点的理解。对知识的批判性思维过程，可以按照理解知识点问题、分析论证知识点结构、澄清知识点语义、审查知识点理由质量、评价知识点推理关系、挖掘知识点隐含假设、考查知识点的论证和综合组织判断八个步骤进行。

1.3.3 创造性思维

创造性思维是指以新颖独特的方式解决问题的思维过程。创造性思维不仅能揭示客观事物的本质及其内在联系，而且能在根源上产生新颖、独特、具有重大社会价值的思维成果。典型的创造性思维方式，包括收敛思维与发散思维、正向思维与逆向思维、横向思维与纵向思维、求同思维与求异思维、系统思维等。在课程教学过程中，采用创造性思维分析课程知识体系及知识点，改变传统的教授过程，能够促进学生对知识的理解。

（1）收敛思维与发散思维

收敛思维与发散思维是相互对立又相互关联的思维形式。收敛思维以问题为中心，从不同方向、不同角度、不同层面的思路产生众多信息，以逻辑推演为主导，梳理、筛选、综合、论证、选定解决问题的方案。发散思维以问题为导向，从多个方向切入，广泛调用多种信息，在开放的思维中推测、想象和孕育众多创造性解决问题的方案。知识内容的发散思维与收敛思维示意图如图 1-1 所示。

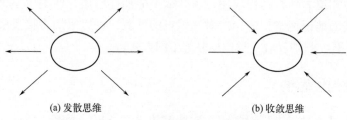

图 1-1　知识内容的发散思维、收敛思维示意图

在教材中的课程知识，往往以收敛为主。教师在传授知识时，要从不同方向、不同角度、不同层面、不同维度对收敛的知识进行分析，使学生了解课程知识的内容，从无到有，直到形成一门课程，是一个收敛的过程，而且是过去学者或者专家按不同方式对有联系、有逻辑关系的若干知识收敛后形成的课程体系。教师在备课时，可以刻意地思考课程知识形成过程中，专家学者对教材知识点收敛过程中存在的问题，从而对课程知识点有更深入的认识，有利于教授知识思维的拓展。

在已有的教材中，课程知识解读过程往往过于拘谨和严格，严重缺少知识的发散性解读内容。在教学过程中，教师要善于发现知识内容的发散性思考方向，从不同层面、不同方向、不同角度引导学生对知识内容进行发散性思考。知识内容包括知识的推理过程、知识的定义、知识的应用等方面。发散思维又称为聚焦扩散法，可分为材料发散法、组合发散法、因果发散法、关系发散法、功能发散法、方法发散法、形态发散法、结构发散法。在发散性思维融入课程教学中，可以以某一课程知识点为扩散点，设想课程知识点的多种用途或与之相像的其他知识；可以从某一课程知识点出发进行扩散，尽可能多地设想与另一课程知识点联结成具有新价值的新知识点;可以以某一课程知识点发展的结果为扩散点,推测造成结果的各种可能的原因,或以某一课程知识点发展的起因为扩散点,推测可能发生的各种结果;可以从某一课程知识点出发进行扩散,尽可能多地设想与其他课程知识点的各种关系;可以从寻求课程知识点的某一个功能为扩散点,尽可能多地找到获得这种功能的各种可能的路径;可以以解决课程中知识问题的某种方法为扩散点,设想利用这种方法的各种可能性;可以以课程知识存在的某种形态为扩散点,设想尽可能多地利用这种形态的各种可能性;可以以课程知识存在的某种结构形式为扩散点,设想出尽可能多地利用这种结构的各种可能性。对于发散思考过程获得的新思路,要引导学生进行整理、加工、推理,形成对知识的新解读,鼓励学生大胆思考,力争形成有价值的新知识、新成果。

(2) 正向思维与逆向思维

正向思维是指按常规的、公认的、习惯的想法或范式进行思考,由条件推解结论的思维过程。相对于正向思维,逆向思维则用与常规思维相矛盾或相对立的思维视角进行问题思考。在教材课程知识内容的论述、教师讲授过程中,往往都是正向论述、正向证明、正向阐述。以正向思维为知识解读基本流程的框架,容易使人陷入思维定式。在课程知识教学中,非常缺少逆向的论述、证明、阐述,教师在讲授课程知识时,要以辩证思想、矛盾的对立统一思想为基础,从方位、因果、属性、心理等多个逆向角度理解问题、处理问题,从而突破正向思维惯性过程中的固化思维模式,从全新的角度实现对知识的理解,发现知识的新颖性。

(3) 横向思维与纵向思维

横向思维将逻辑思维空间进行横向延伸,变换角度、转换途径,从不同领域取得启示并寻找解决问题的新方法。纵向思维因循事物自身发展、演化的方向进行思维活动,着重于逻辑思维的纵向延伸。在课程知识教授过程中,围绕某知识点的横向思考,有利于扩展知识的广度;围绕某知识点的纵向思考,有利于扩展知识的深度。知识点的横向思考,是对原知识点的启发性、跳跃性、迁移性的梳理过程;知识点的纵向思考,是对知识点的逻辑性、专一性的梳理过程。横向思维与纵向思维的交汇点,就是要讲授的课程知识点。课程知识的横向思考会产生新观念、新方法;课程知识的纵向思考除了对知识的产生有更深层次的理解,还会对知识的未来发展有一定的思考和认识。

（4）求同思维与求异思维

求同思维是指在两个或两个以上不同事物之间归纳出共同特征，并对其进行推广演绎，揭示事物内部存在的共性和规律；求异思维是指在相同或相似的多个事物中寻找相异之处，开拓思维、启发联想，在对比中创造新构思。

同一门课程各内容之间、同一个专业的各门课程内容之间、跨专业相似课程内容之间、跨学科相似课程内容之间，是否存在共同特征，尤其是基础课程与专业课程之间、熟悉课程与难度较大的课程之间，寻找课程知识的共性和规律，有利于促进知识的掌握和理解。求异思维的应用，主要是对同一门课程中的结构相似知识点，或者同一个专业内结构相似课程知识点的求异思考，要寻找知识点的特殊性，寻找知识点的特殊本质，从而促进知识的掌握和理解。

（5）系统思维

系统思维是分析客观事物或问题各部分间的联系，以及各部分和整个系统层次的特征，实现"见树又见林"的问题解决方法。系统思维的核心是认识客观事物或问题的整体性。在教授某一门课程过程中，教师要思考课程内容的系统性，引导学生对课程中的各个知识点以及课程整体的系统性进行分析、梳理，寻找课程体系的特点、课程体系的逻辑关系，从而促进学生掌握知识、理解知识。在课程体系的梳理过程中，可以从整体性、结构性、立体性、动态性、综合性等方向着手，或按照某一个方向进行系统性分析，获得被研究课程的新体系。

1.3.4 形象思维

形象思维，是人们在认识世界过程中对事物表象进行取舍时形成的，是在对形象信息传递的客观形象体系进行感受和储存的基础上，结合对主观认识及情感进行识别，并用一定的形式、手段和工具来创造和描述的一种思维形式。主要包括想象思维、联想思维、直觉思维和灵感思维等方式。

（1）想象思维

想象思维是人脑通过形象化的概括作用对脑内已有的记忆表象（知识、经验和信息）进行加工、改造或重组的思维活动，是人脑借助表象进行加工的最主要形式。想象思维能够产生新思想、新方案、新方法。想象思维可以分为无意想象思维和有意想象思维。在课程内容中，应用性的课程知识容易借助应用场景而被想象出来,而理论为主的课程内容需要借助已经熟悉的基础理论进行想象,想象内容往往基于基础理论的图形、推导过程、演绎过程,通过想象把复杂、抽象的知识具象化。在教学过程中,教师要主动对教授的知识内容进行想象,通过想象使知识内容更具象,也可以借助虚拟一些知识应用场景、知识推理过程,引导学生进行想象,从而促进学生理解知识、扩展知识范畴。

(2) 联想思维

联想思维是指在人脑内的记忆表象系统中,由于某种诱因使不同表象发生联系的一种思维活动,它可以由某一事物的概念、方法和形象想到另一事物的概念、方法和形象。联想可以快速地从记忆中追索出需要的信息,构成信息链条,通过事物的接近、对比、同化等,把许多事物联系起来思考,从而开阔思路,加深对事物之间联系的认识,并由此形成创造构想和方案。联想思维包含相关联想、相似联想、对比联想、因果联想和类比联想。

在教学过程中,围绕某一门课程的知识点,教师要引导学生分析知识点的相关内容,尤其是基础理论知识和与本知识点相关的知识内容,通过相关内容的联想,促进学生对本知识点的深度理解。也可以引导学生寻找与本知识点结构相似、推理相似、属性相似的其他课程知识点内容,促进学生的相似联想能力,扩展学生知识面。可以引导学生对本知识点描述的性质、特点、属性等进行相反方向的联想,使学生认识到与本知识点内容相反的另外一个知识范畴,另外的知识范畴可能存在错误或者缺陷,但通过对比,促进学生对本知识点的理解。可以引导学生对本知识点内容的因果性进行分析后联想,以本知识点作为原因联想会导致的结果,以本知识为结果联想是什么原因造成的,通过原因联想导致的本知识内容、本知识内容导致的结果联想,促进对本知识点内容的深度理解。可以对两个形式相同或者相似的知识点内容进行类比联想,推断两个知识点在其他性质、结构、属性等各个方面的相同或者相似性,促进学生对本知识点的理解。

(3) 直觉思维

直觉思维是指不受某种固定的逻辑规则约束而直接领悟事物本质的一种思维形式,包括广义上的直觉、狭义上的直觉。教师在教授课程知识时,可以引导学生从知识的应用、知识的发展、知识的来源等角度进行直觉思考,直觉思考后的知识与知识推理、知识表述进行比较,逐渐矫正直觉思考的方向性,培养学生对新事物、新现象、新问题及新关系的迅速识别、敏锐洞察的能力。

(4) 灵感思维

灵感思维是长期思考的问题受到某些事物启发而忽然得到解决的过程，本质上是潜意识与显意识之间相互作用、相互贯通的思维认识创造过程。灵感的产生具有引发的随机性、出现的瞬间性、目标的专一性、结果的新颖性、内容的模糊性等特点。在教授课程知识时，教师要引导学生围绕知识点挖掘潜意识思维；通过自发灵感、诱发灵感、触发灵感、逼发灵感等形式，培养学生主动发现、主动捕捉灵感的能力，在知识学习过程中，创新能力获得提升。

1.3.5 其他思维

（1）静态思维

静态思维是思维主体从固定的概念出发，遵循固定的程序，达到固定成果的思维方法。静态思维具有固定性、重复性、被设计性、排他性等特点。可以分为绝对化静态思维、相对化静态思维。在课程知识传授过程中，按照绝对化静态思维，促使学生按照本学科、本专业约定俗成的规则、模式进行思考，往往抑制学生掌握课程知识的能动性、创造性，使学生思维狭隘，不适应现代数字化教学方式。在课程传授过程中，采用相对化静态思维，促使学生寻求稳定因素和规律，使学生掌握知识、思考知识的过程规则化，有利于学生寻找本学科、本专业、本课程知识的规律，能够提升学生学习课程知识的能力。

（2）简化思维

简化思维是尽可能排除非主要因素，减少非必要环节，把复杂问题简单化的思维过程。主要做法有裁剪枝蔓、同类合并、抽取快捷三种。复杂问题简单化也是一种积极的思维习惯。把复杂、冗长的知识表述简单化处理，能体现教师对课程的熟练程度及专业水平。高水平的教师能把复杂的知识用浅显的语句准确地表述出来。在课程知识教授过程中，教师要引导学生对知识的旁枝侧叶进行识别，排除非必要因素，把握课程知识的关键要素；要引导学生对本课程知识中属性、功能、表述等要素相同的内容进行合并，实现知识的简化；要引导学生对课程知识进行分析，抽取知识关键要素，形成课程知识的快捷方式。在应用简化思维对课程知识进行创新性教学改革时，教师要引导学生实事求是地面对知识，简化过程要允许出错、允许出现偏差，但教师要保证课程知识的简化结果符合课程知识的原有定义、原有规律、原有逻辑关系等要素，要保证简化结果的正确性。

（3）聚焦思维

聚焦思维是指把针对解决问题的各种信息集中起来加以研究，实现聚焦，从而找出解决问题最好方案的思维方法。其特点是在问题特定的方向上，分析数量足够多的因素，聚焦因素，实现质的提升。聚焦思维融合到课程教学中，需要教师引导学生对课程知识进行广度、宽度范围的思考，在分析大量课程知识的前提下，实现聚合、集中，从而实现课程知识的聚焦，实现对课程知识理解、应用等多方面的质的飞跃。

（4）假说思维

假说思维是以已有的事实材料和科学原理为依据，对未知事物或规律进行推测性论断。科学假说是指在真正确切地了解自然现象及其规律之前，研究者在头脑中预先做出关于自然奥秘的猜测。将假说思维融入课程知识教学中，需要教师引导学生以知识事实为依据，运用已掌握的科学知识，突破传统知识框架束缚，提出能够圆满解释已有知识事实、能够经得起检验的新结论。对授课教师及刚刚学习课程知识的学生而言，对学习的知识提出假说，是一种挑战。但可以尝试性地安排这项任务，鼓励学生积极思考，通过提出课程知识的假说，扩展学生思维，提高学生掌握课程知识的积极性。

（5）立体思维

立体思维是指从多角度、多方位、多层次认识课程知识、研究课程知识，全面地反映课程知识的整体及其周围知识构成的立体化的思维方法。立体思维包括点思维、线思维、面思维、体思维这四种递进式的思维方式。立体思维具有层次性、多维性、联系性、系统性、整体性等特征。在课程知识传授过程中，教师要刻意引导学生围绕课程知识点进行思考、学习，对以课程知识点形成的横向、纵向、多方向相关知识线条进行归纳、思考，对以课程知识点形成的面进行分析、梳理，对以课程知识点形成的立体知识框架进行思考。以传授的课程知识点为圆心，构建知识线、知识面、知识体，需要教师指导学生对学习的课程知识进行大量的分析及资料查阅，需要教师对课程知识构成的线进行属性、功能、应用层面等的分类，需要教师对课程知识构成的面进行不同维度的约定，需要教师对课程知识构成的立体框架进行不同方向的约定。在教师指引下，使学生对课程知识有全方位的认识，有利于学生创新性地理解知识、掌握知识。

(6) 潜思维

潜思维是指从反映客观对象呈现出来的模糊状态到反映事物特有属性的过渡阶段的思维方式。潜思维的基本形式有潜概念、潜判断、潜推理三种。在教授课程知识过程中，教师要引导学生思考课程知识点潜在的其他含义、潜在的知识功能、潜在的知识应用、潜在的知识推理过程、潜在的逻辑等。

(7) 博弈思维

博弈思维是指思考出许多方案，并以极快的思维操作比较其优劣，从中挑选出最好、最理想的方案并付诸实施的思维方法。将博弈思维融入课程内容中，需要先诊断问题，确定目标，而后围绕目标寻找各种可能的方案，从若干方案中选出最合适的方案。博弈，不是单方的想法和行动，而是对立双方的互动，因此，在课程知识教授过程中，博弈思维的应用能够促进相互对立、相互竞争的两种知识的发展和互动。

(8) 迂回思维

迂回思维是指遇到了难以消除的障碍时，谋求避开或越过障碍而解决问题的思维方法。人们在进行创新活动时，思维过程绝对不是永远直线前进的，必须经过迂回曲折的探索过程，透过表面的偶然因素获得问题的解决答案。把迂回思维融入课程内容教学中，可以指导学生在学习课程知识时先解决中间环节、中间推理过程后再解决课程知识的整体内容；面对复杂知识，可以采取先抛开原有知识，对原知识中包括的必要基础知识和基础技能充实后，再回头分析、学习原知识；面对较难的课程知识，可以采取先解决、理解、学习与原知识较小关联的其他知识，而后解决、理解、学习与原知识关联较大的其他知识，最终解决较难的课程知识，使学生循序渐进地理解知识，掌握知识。

(9) 辩证思维

辩证思维是指从联系、运动、发展等方面来考察和研究事物的思维方法，是客观辩证法在人们头脑中的反映。辩证思维融入课程内容中，是启发任课教师要以辩证法的思维面对教授的课程。课程知识的原因和结果、优点和缺点是对立统一的，二者之间相互联系、互相转化；教师要认识到课程知识不是绝对静止的，是在不断运动、不断变化、不断发展的，要从发展变化的角度思考当前教授的课程知识及其体系；教师要认识到课程知识的产生、存在、发展、消亡是在一定历史条件下进行的，教师要用视角更高、思维更宽、时间更长的理念理解课程知识。辩证思维应用到课程教学中，尤其是对大学生、研究生更为适用，他们有更高的辨识思维能力。

（10）转化思维

转化思维是指思考过程中遇到障碍时，把问题由一种形式转换成另一种形式，使问题变得简单、清晰的思维方法。转化思维的基本功能是生疏化成熟悉、复杂化成简单、抽象化成直观、含糊化成明朗。转化思维融入课程知识教学过程，指的是把复杂的课程知识转化为简单、容易理解的课程知识，把难解的课程知识问题转化为易解的问题，把未解决的课程知识问题转化为已解决的问题。对课程知识的转化，实质是以变化发展的眼光面对知识与问题之间相互联系、共同发展的本质规律。

（11）反差思维

反差思维是指在思维过程中寻求与众不同的巨大改变，与思维对象形成反差的思维方法。反差思维融入课程教学改革中，需要教师在教学中引导学生在熟练掌握原有课程知识基础上，寻找与原知识内容、原知识体系、原知识推理过程等存在巨大反差的其他跨学科、跨专业、跨课程的知识，通过知识之间在某些因素之间存在的巨大反差，实现对知识的理解、掌握。

（12）跨度思维

跨度思维是指对创造发明或其他事物进行分析，把那些没有联系的东西联系起来，把那些没有组合或分离的事物重新组合或分离，从中获取思维跨度而产生创造发明新设想的思维方法。实质就是把原来彼此隔绝的事物建立一种联系关系。跨度思维融入课程教学，教师要引导学生在学习课程知识时，理解知识、应用知识的思路要更加开阔，要善于从多方位思考学习的课程知识，灵活变换课程知识的各种因素，善于调整思路去思考、理解知识。在学习课程知识时，要把没有相互联系的知识跨学科、跨专业、跨课程地联系起来，或者组合，或者分离，通过对知识的跨度操作，实现对课程知识的深度思考。跨度思维在教学中的应用，能够产生新方案、新定义、新概念、新规律等新的知识内容，对于应用性课程知识，能够产生新的应用、新的技术、新的发明，跨度思维对课程知识的处理，能够启发学生产生创新思想，提高学生创新能力。

（13）变维思维

变维思维是指将思维对象当作能够进一步开拓或挖掘的主体，循序变换思维的视点、角度，进而产生新颖、奇特的创新，从而解决问题的思维方法。变维思维融入教学，是希望教师要认识到课程知识具有不同的方面和角度，要引导学生从不同视点或不同角度观察、分析和研究课程知识,要善于变换视点、变换角度地观察、分析、研究课程知识,从而达到对课程知识正确全面的认识。

(14) 穷尽思维

穷尽思维是指以刻意发掘或偶然捕获的新观点、新设想为出发点,追根问底地展开剖析,直至山穷水尽的思维方法。教师要认识到课程知识与客观事物相类似,是在不断地运动、变化和发展的,人类对课程知识的运动、变化和发展的认识也是无穷无尽的。穷尽思维融入课程知识教授中,教师要引导学生围绕课程知识内容、围绕学习课程知识发掘的创新知识点、围绕课程知识偶然捕获的创新知识点展开广泛讨论、深入研究,在相关知识、相关已有研究基础上,探索新知识点的理论可行性、应用范围广度等,坚持追根问底,直至研究到穷尽。穷尽思维融入课程知识教学,教师要更加关注过程,通过穷尽思维的过程,鼓励学生大胆思考新观点、坚持不懈地探索新知识,培养学生的创新毅力。

(15) 超前思维

超前思维是指通过预测未来可能出现的情况而对现实进行调整的一种思维方法。超前思维主要是促进人们对事物前景进行预测性思考,帮助人们调整现实事物的发展方向,有利于制订正确的计划、目标,从而实施正确决策。超前思维融入课程教学中,教师要引导学生对当前所学习的课程知识内容进行发展性的预测,指导学生对课程知识的前景进行预测性思考,当然,对课程知识的预测性思考不是盲目的,而是要根据课程知识的属性、应用、推理等从不同角度进行预测,预测要符合逻辑关系,符合课程知识所在领域范畴的基本规律。

(16) 变异思维

变异思维是指不同于常规、常态思维的一种奇特思维方式,基本特征是超越常规、标新立异。变异思维融入课程教学中,授课教师要引导学生利用非常规、非常态方式思考课程知识,从课程知识的形态、特点、机制、功能、作用等多个方面进行超越常规、标新立异的思考。教师要认识到,传授的知识是正确的,但不妨碍学生对课程知识超越常规的思考,标新立异地思考知识,也是为了学生能够从独特的视角理解知识,有利于学生对课程知识的创新性思考。

(17) 综合思维

综合思维是指把多个事物和多个思维方法进行综合,产生新观念、新事物的思维方法。也就是把反映事物的零散事实、现象、关系以及构成要素,从整体上把握，去揭示和认识事物的属性和根本规律，创造出新的事物。综合思维可以采取多角度、多途径的综合，超时空的综合，跨学科、跨领域的综合，不合逻辑的综合四种方式。将综合思维融入课程教学中，需要教师对同一门课程中的多个知识，或跨专业、跨学科的多个课程知识内容，采用多个思维方法进行综合分析，在把握多个课程知识内容根本属性、基本规律等要素基础上，对多个知识的现象、关系、构成要素等进行创新思考，通过综合运用各种思维方式，创造性地理解知识，创造性地产生新知识。授课教师要认识到没有一种思维方法是万能的，要鼓励学生借助各种创新思维方法分析课程知识，能动地面对所学习的课程知识。

1.4 TRIZ方法融入课程教学改革

TRIZ的含义是发明问题解决理论，来源于俄文 теории решения изобретательских задач 的缩写"ТРИЗ"，用拉丁语标音可读为 Teoriya Resheniya Izobreatatelskikh Zadatch，缩写为TRIZ，英文为Theory of Inventive Problem Solving。TRIZ是苏联阿塞拜疆教育家、发明家、创造创新学家根里奇·阿奇舒勒（Genrich S. Altshuller）于1946年起，带领多名专家组成的团队，通过分析大量专利文献和创新案例总结出来的一整套体系化的、实用的、解决问题的理论方法体系（中译名为"萃智理论"）。经过多年的发展，现已形成一套系统的TRIZ基本理论体系，如图1-2所示。

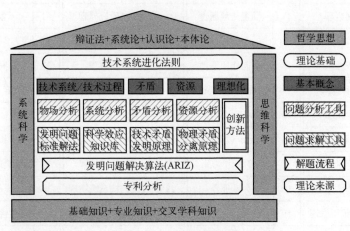

图1-2 TRIZ理论体系

本章以 TRIZ 基本理论体系为基础,将 TRIZ 中的各类创新方法作为融合工具,尝试将各种创新方法融入课程知识中,实现课程知识的教学改革创新。

1.4.1 发明原理融入课程

发明原理是 TRIZ 理论中一个重要的问题解决工具,它建立在对上百万专利分析的基础上,蕴涵着人类发明创新所遵循的共性原理,是获得矛盾解所应遵循的一般规律。

阿奇舒勒发现,在不同的技术领域,类似的问题和相同的解决方案被人们反复使用。虽然每个专利所解决的问题不尽相同,但在解决问题过程中所使用的原理基本类似,某些专利的解决方案已经在其他领域中被成功地应用过。阿奇舒勒认为,解决发明问题的一般规律是客观存在的。合理地认识并应用这些客观存在的规律,可以跨越领域、行业的局限,提高发明效率,缩短发明周期,使解决发明问题更具有可预见性。阿奇舒勒通过对这些规律进行总结并编号,形成了 40 个发明原理,如表 1-1 所示。发明原理的应用主要有两种途径:①作为一个独立解决问题的工具来解决发明问题;②结合其他 TRIZ 工具(如技术矛盾和物理矛盾)来解决发明问题。

40 个发明原理融入课程知识,实现对知识内容的创新性思考。课程知识是正确的,但不妨碍对知识的再处理、再改造,40 个发明原理应用到教学改革中,是一种全新的尝试。

表1-1　40个发明原理

序号	原理名称	序号	原理名称	序号	原理名称	序号	原理名称
01	分割原理	11	预置防范原理	21	快速通过原理	31	多孔原理
02	抽取原理	12	等势原理	22	变害为利原理	32	变色原理
03	局部特性原理	13	反向作用原理	23	反馈原理	33	同质原理
04	非对称原理	14	曲面化原理	24	中介物原理	34	抛弃与再生原理
05	合并原理	15	动态化原理	25	自服务原理	35	改变状态原理
06	多功能原理	16	不足或过度原理	26	复制原理	36	相变原理
07	嵌套原理	17	多维化原理	27	廉价替代原理	37	热膨胀原理
08	重量补偿原理	18	振动原理	28	替代机械系统原理	38	强氧化原理
09	预先反作用原理	19	周期性作用原理	29	气压或液压原理	39	惰性环境原理
10	预先作用原理	20	有效作用持续原理	30	柔壳或薄膜原理	40	复合材料原理

(1) 分割原理

1) 融入课程的基本含义

分割原理是指将一个完整系统分割成若干个部分，并对分割后的部分进行重组，以便实现新的功能或消除有害作用。分割原理融入课程，可以将课程中形成的完整阐述内容、逻辑推理过程分割成若干部分，并对分割后的知识内容进行重新组合，促使产生新知识、新思路、新内容、新问题。随着对知识内容的分割，对知识的认识由宏观到微观，促进对知识细节内容的理解。

2) 具体措施

措施①：将课程知识分成多个相互独立的知识内容。
措施②：将课程知识分成容易组合和拆分的部分。
措施③：增加课程知识内容的被分割程度。

(2) 抽取原理

1) 融入课程的基本含义

抽取原理是指识别系统中有用或有害部分（或属性），并从系统中分离出来。抽取原理融入课程，可以对课程中已经形成的知识内容进行刻意抽取操作，抽取部分知识，分析其特征，形成独有的新知识。应用抽取原理，显现的知识要抽取，更要从隐含的属性角度进行抽取操作，从而形成新知识、新问题。

2) 具体措施

措施①：抽取课程知识中非必要的部分或属性。
措施②：抽取课程知识中必要的部分或属性。

(3) 局部特性原理

1) 融入课程的基本含义

局部特性原理是指系统的特殊部分应具有相应的功能或条件，使之能够更好地适应环境或满足特定要求，从而使系统各部分均实现各自功能或处于最佳工作状态。局部特性原理融入课程，可以对课程知识中特殊的部分进行分析，使课程知识的局部内容具备一定的作用，使课程知识能更好地适应特定需求。

2) 具体措施

措施①：改变课程知识的部分外部条件。
措施②：使课程知识的不同部分具有不同作用。

措施③：使课程知识的各个部分处于完成各自作用的最佳状态。

（4）非对称原理

1）融入课程的基本含义

非对称原理是指技术系统从"对称性"向"非对称性"进行变换，通过改变系统形态来优化系统。非对称原理融入课程，可以对课程知识中对称的图形、对称的定理、对称的概念、对称的过程、对称的结构、对称的参数等进行非对称变换，刻意制造非对称环境、非对称因素，提升课程知识的应用广度及教学水平。通过对课程知识的非对称处理，能够引出新问题、引发新思考。

2）具体措施

措施①：将课程知识的定理、图形、概念、过程、结构、参数等由对称的变为非对称的。

措施②：已经处于非对称状态的定理、图形、概念、过程、结构、参数等，增加其非对称的程度。

（5）合并原理

1）融入课程的基本含义

合并原理，亦称组合原理，是指将两个或多个相邻的操作或部分进行合并，在多种功能、特性或部分之间建立联系，以便产生一种新的或想要的结果。合并原理融入课程知识，可以从空间上合并、时间上合并两个角度思考。在空间上进行合并，可看作课程知识内容的集成或者其功能上的集成，尤其是跨课程、跨专业课程、跨领域课程等知识内容的集成；在时间上进行合并，可以将课程知识内容涉及的程序、顺序、前后关系等相关知识内容进行合并，尤其是跨课程、跨专业课程、跨领域课程的相关操作进行合并，实现新操作。

2）具体措施

措施①：在空间上，将同类课程、相关课程的知识内容或者相邻操作进行合并。

措施②：在时间上，将同类课程、相关课程涉及的相邻操作、相关操作进行合并。

（6）多功能原理

1）融入课程的基本含义

多功能原理是指将不同的功能进行合并，使系统具有多种功能，从而消除这些功能在其他系统中存在的必要性，增加系统的多用性。多功能原理融入课程知识，可以将多种相关功能的课程知识组合成一个新知识、新课程，从而实现以某种功能为导向的全新课程体系的构建。我们学习的知识，无论是理论为主，还是应用为主的知识内容，总是为了某种需求而存在，知识的这种需求可以总结为某种功能，以功能为导向进行组合，可以将课程内的知识、跨专业的知识、跨学科的知识、跨领域的知识进行组合，实现以并列功能、递进功能、顺序功能为方向的具备多功能的全新课程知识构建。

2）具体措施

措施①：使课程知识具备多项功能。

措施②：消除具备某功能的课程知识在其他课程存在的必要性，进而裁减其他课程知识。

(7) 嵌套原理

1）融入课程的基本含义

嵌套原理是指设法使两个及以上系统彼此配合或放入。嵌套原理融入课程知识，可以将课程知识内容以语义、属性、参数、功能等作为嵌套主体，将课程知识、相关知识进行嵌套组合。跨课程、跨专业、跨领域的课程知识嵌套，将产生更深远、更新奇的创新课程知识体系。

2）具体措施

措施①：一个课程知识内容位于另一课程知识内容之内。

措施②：课程知识的一部分内容融入另一个课程知识内。

(8) 重量补偿原理

1）融入课程的基本含义

重量补偿原理是指将系统与具有上升力的另一系统结合以抵消其重量，或使系统与介质相互作用以抵消其重量。重量补偿原理融入课程，可以从两个方向思考，一是课程知识内容直接涉及重量的，可以直接采用重量补偿原理所阐述的方法进行创新；二是课程知识内容不涉及重量问题的，可以按照"难度"替代"重量"的方式，形成"难度补偿原理"。绝大多数课程知识内容不会涉及重量问题，所以用"难度补偿原理"替代"重量补偿原理"。难度补偿原理融入课程，可以将课程知识与另一个相同理念、相同推理过程的简单课程知识结合以抵消其难度。隔行如隔山，但隔行不隔理。对于难以理解、难度较大的课程知识，要寻找简单的、容易理解的、熟悉的其他课程的知识构架、知识体系，结合到难以理解的课程知识中，减少课程知识的难度。也可以把生活中、自然世界中常见的现象结合到难度较大的课程知识中，增加对课程知识的理解。

2）具体措施

措施①：将课程知识与另一个有类似属性、功能、推理过程等且容易理解的课程结合，以补偿其难度。

措施②：通过课程知识与环境相互作用，实现难度补偿。

（9）预先反作用原理

1）融入课程的基本含义

预先反作用原理是指预先判断系统可能出现的问题，并设法消除、控制或防止潜在问题的出现。预先反作用原理融入课程，可以将课程知识的部分内容进行预先反作用处理，促进课程知识的理解。课程知识内容能够预先反作用处理的要素有定理、图形、概念、过程、结构、参数等。

2）具体措施

措施①：课程知识相关要素预先施加反作用，以增加对知识的理解和创新。

措施②：课程知识的某些数据实时反向定义，从反面预先改造知识，通过反方向的知识推演，促进正向知识的理解。

（10）预先作用原理

1）融入课程的基本含义

预先作用原理是指在实施某个作用之前，预先执行该作用的部分或全部。预先作用原理融入课程，可以对课程知识的整体或者局部进行预处理，使课程知识变得更加易懂、易应用，缩短课程知识学习的时间，简化课程知识及步骤。课程知识的预处理，不能改变课程知识的原理和作用，不能增加额外的知识内容。

2）具体措施

措施①：预先对课程知识完全或者部分实施必要的改变。

措施②：预先把课程知识放在最需要、最方便的位置，以便能立即投入使用。

（11）预置防范原理

1）融入课程的基本含义

预置防范原理是指通过预先准备好的应急措施（备用系统、矫正措施等）

来补偿对象较低的可靠性。预置防范原理融入课程，可以在课程教学过程中，预先准备一些对课程知识教学有辅助意义的支撑知识，当遇到不能正确理解课程知识、对课程知识学习非常困难的学生时，作为应急储备知识，提供给学生，从而保障课程知识传授过程的顺利进行。

2）具体措施

措施：将事先准备好的储备知识作为应急措施，补偿课程知识学习过程中存在的不确定问题。

（12）等势原理

1）融入课程的基本含义

等势原理是指在系统及环境的所有点或方面建立均匀位势，从而保证系统以最低的能量消耗来实施作用。等势原理融入课程，一是对于存在重力势能、电位势能、位置势能等具备隐含意义的势能差的课程知识，可以直接采用等势原理处理课程知识，从而产生新问题、新思路，促进课程知识的创新；二是对于课程知识不存在直接"势场"相关的元素，可以从课程知识点涉及的重要程度、水平程度、排列程度等角度入手，实现"势场"的等势处理，促进知识的理解及创新。

2）具体措施

措施：改变课程知识内容的"势场"，产生新思路、新问题，促进课程知识的创新和理解。

（13）反向作用原理

1）融入课程的基本含义

反向作用原理是指通过空间上将对象翻转过来（上下、左右、前后或内外翻转），在时间上将顺序颠倒过来，在逻辑关系上将原因与结果反过来，从而利用不同（或相反）的方法来实现相同的目的。反向作用原理融入课程，可以对课程知识涉及的结构、图形等元素实施上下、左右、前后或内外翻转；可以对课程知识涉及的逻辑关系、顺序关系、步骤过程等实施颠倒、反转、逆向等处理方式。将课程知识反向处理，将产生一些意想不到的创新思路，也启发我们对课程知识进行质疑，促进创新能力提升。

2）具体措施

措施①：用相反动作代替原来的常规动作。

措施②：给课程知识相关的属性取反值，如动 - 静、匀速 - 变速、快 - 慢等。

措施③：颠倒课程知识涉及的物理性质，如上 - 下、左 - 右、内 - 外等。

（14）曲面化原理

1）融入课程的基本含义

曲面化原理是指利用曲线或曲面代替原有的直线或平面特征。曲面化原理融入课程，一是对于课程知识直接涉及的线、面元素进行曲度处理，实现创新；二是对课程知识中定理、概念、过程、结构、参数、功能等隐含的线性问题、线性关系、线性属性等进行非线性处理，实现创新。

2）具体措施

措施①：用曲线代替直线，用曲面代替平面，用球体代替立方体。

措施②：用旋转运动代替直线运动，充分利用离心力。

措施③：采用滚筒、球体、螺旋体。

以上三个措施，对于直接对应的课程知识容易理解和应用，对于隐含的课程知识，需要教师熟悉课程知识，梳理课程知识隐含的线性关系、平面关系、立体关系，还要充分理解三个措施体现的"曲度"关系，将"曲度"关系应用到课程知识隐含的线性、平面、立体等关系中，实现课程知识的创新。

（15）动态化原理

1）融入课程的基本含义

动态化原理是指使构成整体的各个组成部分处于动态，各个部分是可调整的、活动的或可互换的，以便其在工作过程中的每个动作都处于最佳状态。动态化原理融入课程，一是对于课程知识涉及的图形、结构、功能等采用柔性的、可自适应的、多功能处理的方式；二是对于课程知识涉及的定理、概念、过程、属性等方面的内容，其严格的内容可以采取动态化处理，从局部动态化、整体动态化两个维度实施改变，使课程知识内容具备很强的柔性、兼容性，扩大课程内容的应用范围，扩大课程知识的应用领域。

2）具体措施

措施①：将固定的课程知识变为自适应强、可移动的。

措施②：使课程知识内部各部分由相对固定变为可移动。

措施③：使课程知识或其外部环境实现自动调整，以达到最大限度地发挥性能的目的。

（16）不足或过度原理

1）融入课程的基本含义

不足或过度原理是指如果难以取得百分之百所要求的功效，则应当取得略小或略大的功效。不足或过度原理融入课程，可以对课程知识涉及的图形、过程、结构、参数、功能等元素进行不足或过度处理，尝试在"多于"和"少于"两个方向进行分析，尝试在"更多"和"更少"之间进行调整，使课程知识产生新问题、新突破。

2）具体措施

措施：如果得到规定效果的100%比较难，课程知识直接表达或隐性表达的含义、属性等元素可以不足或者过度一些。

（17）多维化原理

1）融入课程的基本含义

多维化原理是指通过改变系统的维度来进行创新的方法。多维化原理融入课程中，可以对课程知识涉及的图形、过程、结构、功能等进行多维度处理，或者对课程知识涉及的定理、概念、语义、属性、参数等进行隐含性的层叠、重复、罗列等多维度处理，实现课程知识的再造和创新。

2）具体措施

措施①：把课程知识涉及的动作、布局从一维变成二维，二维变成三维，以此类推。

措施②：把课程知识中的单层结构变为多层结构。

措施③：将课程知识中涉及的图形、结构等倾斜或侧置。

措施④：利用课程知识显性或隐性地指定面的反面。

（18）振动原理

1）融入课程的基本含义

振动原理是指通过振动或摇动对象而使对象产生机械振动，增加振动的频率或利用共振频率。振动原理融入课程，可以对课程知识中涉及的图形、过程、结构、参数、功能等实施振动或者摇动，进而实施频率上的增加或者减少，实现课程知识的创新；也可以对课程知识涉及的定理、概念、属性等实施隐含性的、语义上的振动或者摇动，实现课程知识的波动处理，增加课程知识的可变性、能动性、应用性。振动原理的实施，使课程知识内容变得不稳定、不可控，使课程内容出现跳变、跳跃，甚至是打乱课程知识固有的体系，最终使课程知识产生新问题、新方向，推动课程知识的创新。

2）具体措施

措施①：使课程知识内容发生振动或摇动。

措施②：如果课程知识已经处于振动状态，则提高振动频率、幅度。

措施③：利用共振频率。

措施④：课程知识振动与已存在的其他振动相融合。

（19）周期性作用原理

1）融入课程的基本含义

周期性作用原理是指通过有节奏的行为（操作方式）、振幅和频率的变化，以及利用脉冲间隔，实现周期性作用。周期性作用原理融入课程，可以使课程知识中与过程、时间、功能相关的元素具备周期性作用过程，也可以使课程知识中与定理、图形、概念、结构、参数相关元素具备隐性的周期性作用。

2）具体措施

措施①：利用周期或脉冲作用代替连续过程、连续时间、连续功能。

措施②：调节原有显性、隐性周期性作用的频率。

措施③：利用周期性作用间隙来完成其他的有用作用。

（20）有效作用持续原理

1）融入课程的基本含义

有效作用持续原理是指产生连续流与（或）消除所有空闲及间歇性动作，以提高效率。有效作用持续原理融入课程，可以使课程知识中断续的过程、时间、功能相关元素具备连续作用过程，也可以使课程知识中定理、图形、概念、结构、参数等具有隐性断续性的元素具备隐性连续性作用。

2）具体措施

措施①：课程知识相关因素实施连续动作且不中断。

措施②：消除显性、隐性的所有空闲、中间的作用。

措施③：课程知识内容的反复作用代替独立作用。

（21）快速通过原理

1）融入课程的基本含义

快速通过原理是指高速越过某过程或其个别阶段（如有害的或危险的）。快速通过原理融入课程，可以使课程知识中涉及的与时间、过程相关的元素，提高速度，直到速度达到极限，从而实现课程知识的创新。

2）具体措施

措施：高速越过某过程或其个别阶段（如有害的或危险的）。

（22）变害为利原理

1）融入课程的基本含义

变害为利原理是指系统中有害因素已经存在，设法用其为系统增加有益的价值。变害为利原理融入课程，可以把课程知识中有害的、不利的部分进行处理，使之变得有用。本条原理的应用，在课程知识教学改革中，有一定难度，因为存在的、传授的、专业设置的课程知识都是有用、有利的，但是，对于某些课程的知识内容是存在一些问题的，任课教师要善于发现问题，引导学生正确处理有瑕疵的知识内容。任课教师也可以通过假想、假设方式，把正确的知识有害化处理，启发学生对假想、假设的有害知识采取一些措施，从而促进学生从不同角度学习知识、理解知识。

2）具体措施

措施①：利用课程知识的有害因素（特别是介质的有害作用）获得有益效果。

措施②：通过课程知识的有害因素与另外几个有害因素组合来消除有害因素。

措施③：增加课程知识的有害因素到一定程度，使之不再有害。

（23）反馈原理

1）融入课程的基本含义

反馈原理是指将系统的输出作为输入返回到系统中，以便增强对输出的控制。反馈原理融入课程，可以把课程知识中涉及的有用或者有害元素作为反馈资源，反馈到课程知识中，用于校正课程知识内容的进程、发展。本条原理的应用，适用于课程知识存在过程、结构、参数、功能等要素的情况。

2）具体措施

措施①：为课程知识引入反馈。

措施②：如果课程知识已经存在反馈，则尝试改变反馈信息。

（24）中介物原理

1）融入课程的基本含义

中介物原理是指利用某种可轻松去除的中间载体、阻挡物或过程，在不相容的功能之间经调解或协调而建立的一种临时连接。中介物原理融入课程，可以从理解课程知识、应用课程知识两个角度思考。为了更好、更快地理解知识，可以从大自然、社会环境、日常生活、其他学科、其他领域寻找容易理解的内容作为中介物，帮助学生理解课程知识；在课程知识应用过程中，当课程知识不能直接解决问题时，可以寻找中介物作为连接知识与问题的纽带、过渡，实现知识应用与问题的解决。中介物可以是实物、程序、参数、过程、功能、图形、定理等形式。

2）具体措施

措施①：利用可以迁移或有传送作用的中间载体。

措施②：把另一个（易分开的）载体暂时附加给某一载体。

（25）自服务原理

1）融入课程的基本含义

自服务原理是指系统能够自我服务，实现辅助、维修功能或者充分利用系统废弃的资源、能量或物质等。自服务原理融入课程，可以按两种类型思考，一是课程知识涉及图形、过程、结构、功能等相关元素时，可以直接引入自服务原理，实现课程知识创新；二是课程知识涉及定理、概念、参数、语义等相关元素时，可以引入隐性的自服务内容。第一类型的自服务元素可以来自课程知识内部及相关知识内部，第二类型的自服务元素的来源比较复杂且不容易被发现。课程知识的自服务元素，使课程知识减少了对其他辅助课程知识的依赖，促进了课程知识的自适应性。

2）具体措施

措施①：实现课程知识内容的自我服务，实现辅助运行和理解；

措施②：利用课程知识自身的其他资源、能量和物质。

（26）复制原理

1）融入课程的基本含义

复制原理是指通过使用成本较低的复制品或模型来替代成本过高而不能使用的对象。复制原理融入课程，可以考虑将课程知识内容进行复制，尤其是对课程知识内容进行创新性的复制，可以采用实物模型、计算机模型、数学模型或其他能够满足要求的模拟技术。

2）具体措施

措施①：利用简单而便宜的复制品代替复杂的、昂贵的或易损坏的课程知识涉及的实物。

措施②：利用光学图像代替真实系统。

措施③：利用红、紫外线仪器代替可见光学仪器。

（27）廉价替代原理

1）融入课程的基本含义

廉价替代原理是指利用廉价、易处理或一次性的等效系统替代复杂、昂贵的系统。廉价替代原理融入课程，可以采用简单的、容易的、能够实现相同或相似功用的知识内容替代课程知识中复杂的、难度较大的内容。

2）具体措施

措施：利用简单内容替代课程知识中难度较大的内容，但在某些知识属性、参数上做出妥协。

（28）替代机械系统原理

1）融入课程的基本含义

替代机械系统原理是指利用物理场（光场、电场和磁场等）或其他物理结构、物理作用和状态来代替机械的相互作用、装置、机构及系统。机械系统替代原理融入课程，可以从两个方面进行思考，一是当课程知识涉及与本条原理密切相关的内容时，直接采用本原理；二是当课程知识与本条原理本身阐述的内容不相关时，可以采用隐性的、其他领域的内容替代课程知识中固有的、机械性的内容。

2）具体措施

措施①：利用光学、声学、电磁学、味觉、触觉或嗅觉系统来代替机械系统，或者利用隐性的、其他领域的内容替代原有课程知识内容。

措施②：使用电场、磁场和电磁场与系统相互作用，或者使用其他领域的内容与原有课程知识内容相互作用。

措施③：利用动态场代替静态场，利用结构化场代替非结构化场。

措施④：把场和能够与场发生相互作用的粒子组合使用，或者把课程知识和能够与课程知识相关的其他领域、其他专业的知识要点组合使用。

（29）气压或液压原理

1）融入课程的基本含义

气压或液压原理是指利用系统的可压缩性或不可压缩性的属性改善系统。气压或液压原理融入课程，可以从两方面进行思考，一是当课程知识涉及与本条原理密切相关的内容时，尤其是图形、过程、结构、参数、功能等可以直接采用本条原理；二是课程知识内容与气压、液压没有相关性时，可以采用气压、液压的语义，以及气压、液压的特性含义对课程知识进行融入创新。

2）具体措施

措施①：用气体结构或液体结构代替系统的固体部分。

措施②：用气体、液体相关特性演绎后的属性代替固有的课程知识。

（30）柔壳或薄膜原理

1）融入课程的基本含义

柔壳或薄膜原理是指利用柔性的、薄的物体替代厚的、坚硬的物体，或将物体隔开。柔壳或薄膜原理融入课程,可以从两方面进行思考,一是当课程知识涉及与本条原理密切相关的内容时,尤其是图形、结构、功能等,可以直接采用本条原理;二是课程知识内容与柔壳、薄膜没有相关性时,可以采用柔壳、薄膜的语义,以及柔壳、薄膜的特性含义对课程知识进行融入创新。

2)具体措施

措施①:利用软壳或薄膜代替一般的结构。

措施②:用软壳和薄膜使物体同外部介质隔离。

措施③:用柔壳、薄膜相关特性演绎后的属性代替固有的课程知识。

(31)多孔原理

1)融入课程的基本含义

多孔原理是指利用孔隙结构代替实心结构。在使用空穴、气泡、毛细管等孔隙结构时,这些结构可以不包含任何实物粒子(真空),也可以充满某种有用的气体、液体或固体。多孔原理融入课程,可以从两方面进行思考,一是当课程知识涉及与本条原理密切相关的内容时,尤其是图形、结构、功能等,可以直接采用本条原理;二是课程知识内容与多孔原理没有直接、显现的相关性时,可以采用空穴、气泡、毛细管的语义,以及空穴、气泡、毛细管的特性含义对课程知识进行融入创新。

2)具体措施

措施①:把课程知识设计为显性的或者隐性的多孔结构。

措施②:利用附加多孔元件或者多孔隐性含义的内容。

措施③:如果课程知识涉及的图形、结构、功能是多孔的,事先用某种物质填充空孔。

(32)变色原理

1)融入课程的基本含义

变色原理是指通过改变颜色或一些其他光学特性来改变对象的光学性质,以便提升系统价值或解决检测问题。变色原理融入课程,可以从两方面进行思考,一是当课程知识涉及与本条原理密切相关的内容时,尤其是图形、结构、功能等可以直接采用本条原理;二是课程知识内容与变色原理没有直接、显现的相关性时,尤其是涉及课程知识中的定理、概念、参数、过程等内容时,可以采用颜色、变色的语义,以及颜色、变色的特性含义对课程知识进行融入创新。

2)具体措施

措施①:改变图形、结构、功能等对象或其外部环境的颜色。

措施②：改变图形、结构、功能等对象或其外部环境的透明程度（或改变某一过程的可视性）。

措施③：采用有颜色的添加物，使不易被观察到的对象或过程被观察到。

措施④：对课程知识内容采用颜色、变色的语义或含义进行修饰。

（33）同质原理

1）融入课程的基本含义

同质原理是指系统及与其相互作用的系统，应该由同种材料（或者具有相似性属性的材料）制成。同质原理融入课程，可以从两方面进行思考，一是当课程知识涉及与本条原理密切相关的内容时，尤其是实物、结构、过程、功能等，可以直接采用本条原理；二是课程知识内容与同质原理没有直接、显现的相关性时，尤其是涉及课程知识中的定理、图形、概念、参数等内容时，可以采用同质的语义，以及同质的特性含义对课程知识进行融入创新。

2）具体措施

措施①：课程知识涉及的实物、结构、过程、功能等使用同种或属性相似的材料。

措施②：采用同质的隐含语义改变课程知识。

（34）抛弃与再生原理

1）融入课程的基本含义

抛弃与再生原理是指已完成使命或已无用的系统部分应当从系统中剔除，或在工作过程中直接变化；消失的部分应当在工作过程中直接再生。抛弃与再生原理融入课程，可以从两方面进行思考，一是当课程知识涉及与本条原理密切相关的内容时，尤其是图形、过程、结构、参数、功能等，可以直接采用本条原理；二是课程知识内容和抛弃与再生原理没有直接、显现的相关性时，尤其是涉及课程知识中的定理、概念等内容时，可以采用抛弃与再生的语义，以及抛弃与再生的特性含义对课程知识进行融入创新。

2）具体措施

措施①：课程知识内容中，已完成自己的使命或已无用的图形、过程、结构、参数、功能等部分应当剔除（溶解、蒸发等）或在工作过程中直接变化。

措施②：消失的部分应当在工作过程中直接再生。

措施③：课程知识中的定理、概念等，对知识内容的部分或者全部尝试进行抛弃与再生处理。

(35) 改变状态原理

1) 融入课程的基本含义

改变状态原理,又称物理或化学参数改变原理,是指改变某个对象或系统的属性,以便提供某种有用的功能。改变状态原理融入课程,可以从两方面进行思考,一是当课程知识涉及与本条原理密切相关的内容时,尤其是过程、结构、参数、功能等,可以直接采用本条原理;二是课程知识内容与物理或化学参数没有相关性时,可以采用物理或化学参数改变的语义,以及物理或化学参数的特性含义对课程知识进行融入创新。

2) 具体措施

措施①:改变课程知识涉及的相关内容的物理聚集状态(例如,在气态、液态和固态之间变化)。

措施②:改变课程知识涉及的相关内容的密度、浓度或黏度。

措施③:改变课程知识涉及的相关内容的柔性。

措施④:改变课程知识涉及的相关内容的温度。

措施⑤:采用物理或化学参数的隐性含义改变课程知识内容。

(36) 相变原理

1) 融入课程的基本含义

相变原理是指利用系统在相变过程中出现的现象,实现某种效应或使某个系统发生改变。典型的相变包括:气体、液体、固体彼此之间的转换以及相反过程。相变原理融入课程,可以从两方面进行思考,一是当课程知识涉及与本条原理密切相关的内容时,尤其是气体、液体、固体等,可以直接采用本条原理;二是课程知识内容与相变没有相关性时,可以采用相变的语义,以及相变的特殊含义对课程知识进行融入创新。

2) 具体措施

措施①:利用相变时发生的现象,例如体积改变,放热或吸热。

措施②:采用气体、液体、固体彼此之间转换效应的隐性含义改变课程知识内容。

(37) 热膨胀原理

1) 融入课程的基本含义

热膨胀原理是指利用系统受热膨胀来产生动力,并将热能转化为机械能或者机械作用。除了热场以外,还有重力、气压、海拔高度或者光线变化等因素可以引起热胀冷缩现象。热膨胀过程会产生材料体积的变化(某个方向上长度的变化),还产生很大的推力和压力（张力和缩力），利用这种效应来实现所需要的力。

热膨胀原理融入课程，可以从两方面进行思考，一是当课程知识涉及与本条原理密切相关的内容时，尤其是结构、参数等，可以直接采用本条原理；二是课程知识内容与热膨胀没有相关性时，可以采用热膨胀的语义，以及热膨胀的特殊含义对课程知识进行融入创新。热场、重力场、气压场、势能场、光场都是引起热胀冷缩的因素，这些因素都是把其他场的变化通过力的形式、扩缩的形式体现，由此，可以考虑把本专业的域场、其他相关领域的域场施加到本课程知识中，使本课程知识能够以张弛、膨胀收缩或者是其隐含的张弛、膨胀收缩语义进行体现，从而实现课程知识的创新。

2）具体措施

措施①：改变温度，利用其膨胀或者收缩效应。

措施②：利用具有不同热膨胀系数的多种材料。

措施③：改变课程知识所处的域场，实现课程知识隐含的张弛、膨胀收缩语义呈现。

（38）强氧化原理

1）融入课程的基本含义

强氧化原理是指通过增加氧量、替换氧气等方式提高氧化水平，使氧化强度从一个级别转变到更高级别。强氧化原理融入课程，可以从两方面进行思考，一是当课程知识涉及与本条原理密切相关的内容时，尤其是过程、结构、参数等可以直接采用本条原理；二是课程知识内容与强氧化没有相关性时，可以采用强氧化的语义，以及强氧化的特殊含义对课程知识进行融入创新。提高氧化水平的次序为：空气→富氧空气→纯氧→电离氧气→臭氧→单氧。同理，课程知识的"提高氧化水平"也可以按照由弱到强的递进方式，使课程知识处于有利环境、有利因素不断递进增强的状态，实现课程知识的创新。

2）具体措施

措施①：增加课程知识相关的过程、结构、参数或周围环境的氧气含量或浓度。

措施②：使用氧化程度更高的物质代替氧气。

措施③：使课程知识处于有利因素不断递进增强的环境中。

（39）惰性环境原理

1）融入课程的基本含义

惰性环境原理是指通过去除系统及环境的氧化资源和容易与系统起反应的

资源，建立一种惰性或中性环境。与强氧化原理正好相反，让系统处于一种惰性而不是活性环境。

惰性环境原理融入课程，可以从两方面进行思考，一是当课程知识涉及与本条原理密切相关的内容时，尤其是过程、结构、参数等可以直接采用本条原理；二是课程知识内容与惰性环境没有相关性时，可以采用惰性环境的语义，以及惰性环境的特殊含义对课程知识进行融入创新。惰性环境除了弱氧化环境外，还包括真空、其他气体、液体、固体等各类稳定的环境类型。同理，课程知识所处的稳定环境也是多样的，不同的课程知识其稳定环境的属性不同，同一个课程知识其稳定环境的类型也是多种多样的，课程知识的环境属性、环境类型也不是唯一的，有经验的教师、课程资深研究者，能够发现课程知识多种属性、多种类型且与课程知识相关的环境。

2）具体措施

措施①：用课程知识的惰性环境代替通常环境。

措施②：在课程知识涉及的过程、结构、参数中增加中性物质或添加剂。

措施③：在真空中实施过程。

措施④：将课程知识处于与其相关的惰性环境中，降低或者弱化课程知识相关因素。

（40）复合材料原理

1）融入课程的基本含义

复合材料原理是指使两种或两种以上的材料形成新型材料，代替均质材料。复合材料原理融入课程，可以从两方面进行思考，一是当课程知识涉及与本条原理密切相关的内容时，尤其是材料、结构、参数、过程等，可以直接采用本条原理；二是课程知识内容与复合材料没有相关性时，可以采用复合材料的语义，以及复合材料的特殊含义对课程知识进行融入创新。复合材料，指的是两种及两种以上材料的复合，而对于课程知识，可以是同一门课程中的两种及两种以上课程知识的复合，也可以是跨专业、跨学科、跨领域的两种及两种以上课程知识的复合，课程知识的复合，一定会产生新知识、新思路、新思想。

2）具体措施

措施①：用课程知识涉及的复合材料代替均质材料、复合过程代替均质过程、复合参数代替均质参数、复合结构代替均质结构。

措施②：两种及两种以上的课程知识复合后替代原来的课程知识。

1.4.2 进化法则融入课程

20世纪中后期,阿奇舒勒对大量专利进行了分析,发现产品及其技术的发展总是遵循着一定的客观规律,并且同一条规律往往在不同的产品技术领域被反复地应用,说明任何领域中产品改进、技术变革的过程均有规律可循。这些客观规律反映了进化过程中技术系统各子系统之间、技术系统同环境之间的、重要的、稳定的、重复出现的相互作用,它不以人的意志为转移,可被观察、掌握与应用。因此,阿奇舒勒及其团队不断地总结提炼,形成了技术系统进化法则,它是构成 TRIZ 理论的核心内容之一。

进化法则融入课程知识,实现对知识内容的创新性思考。进化法则应用到教学改革中,是一种全新的尝试。

(1) 技术进化 S 曲线

技术系统是沿着一条 S 形的曲线有规律地进化,S 曲线是用来描述技术系统参数随时间变化规律的曲线,描述了一个技术系统的完整生命周期。图 1-3 是一条典型的 S 曲线,S 曲线中横轴表示技术系统发展的时间,纵轴表示描述技术系统发展过程的主要参数。按照 S 曲线的线形特点,可将技术系统的进化过程分为婴儿期、成长期、成熟期与衰退期四个阶段。在每一个发展阶段中,性能指标、专利数量、专利级别、经济收益等都会呈现不同的表现,如图 1-4 所示。

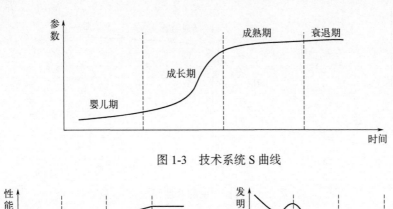

图 1-3 技术系统 S 曲线

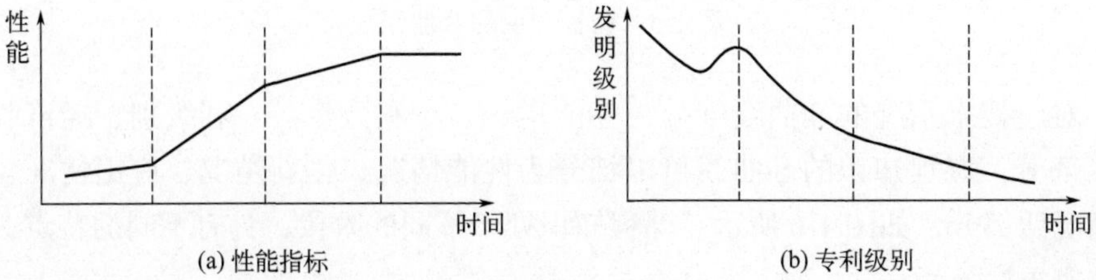

(a) 性能指标 (b) 专利级别

图 1-4

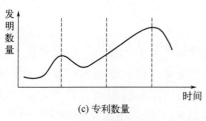
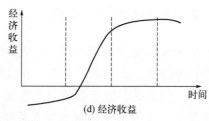

图 1-4　性能指标、专利数量、专利级别、经济收益的 S 曲线

技术进化 S 曲线融入课程，可以启发我们对课程知识的发展、进化进行思考。课程知识也会经历从无到有的产生过程，课程知识不是永恒不变的，课程知识也是在由低级向高级不断变化的，课程知识的进化过程也可以分为婴儿期、成长期、成熟期与衰退期四个阶段，如图 1-5 所示。S 曲线中横轴表示课程知识发展的时间，纵轴用来表示描述课程知识发展过程的主要参数。横轴的时间可以是 10 年、100 年、1000 年、10000 年、亿年、n 年，任何课程知识，我们都要以发展的眼光看待，有的课程知识存在时间非常短，例如一些应用为主的课程知识；有的课程知识存在时间非常长，超过了我们几代人的生命周期，甚至更加长久，例如一些基础理论课程知识；我们要充分认识到人类认知世界的局限性，单个人类付出时间的学习、认识、创新等活动是受到生命存续年限制约的，人类群体在课程知识的学习、认识、创新等活动是受到时代制约的。

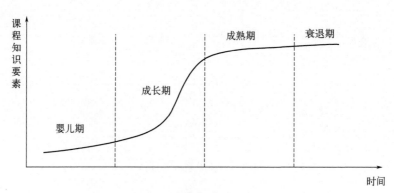

图 1-5　课程知识的 S 曲线

对应技术系统的 S 曲线细分为性能指标、专利数量、专利级别、经济收益四个部分，课程知识的 S 曲线可以细分为性能情况、创新情况、应用情况、社会情况四部分，如图 1-6 所示。课程知识处于不同的阶段，具有不同的特点，特点如表 1-2 所示。

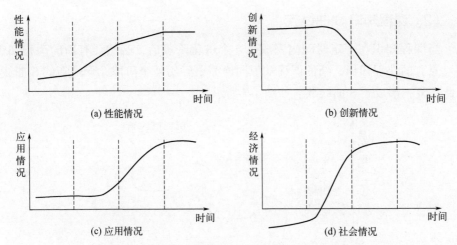

图 1-6 课程的性能情况、创新情况、应用情况、社会情况四种 S 曲线

表1-2 课程知识四个阶段的特点分析

序号	时期	特点
1	婴儿期	婴儿期的课程知识刚刚被发现，还不为大多数人所知，发展比较缓慢。性能情况：课程知识还不是非常完善，自身存在一些问题；创新情况：课程知识刚刚被创新出来，创新程度最高，但在很多时候，课程知识出现的年代并不让人看好；应用情况：由于认识新出现的课程知识的人不多，应用受到制约；效益情况：课程知识在产生之初，人力、物力投入较大，还没有产生社会效益
2	成长期	成长期的课程知识快速发展。性能情况：课程知识逐渐完善，解决了自身存在的问题，各项性能快速提升；创新情况：保持绝对的创新高度，逐渐被人们接受、认识；应用情况：被很多人认识到，被很多人借鉴、应用，形成独立的课程体系；效益情况：课程知识逐渐被社会认可，在各行各业开始被采用，社会效益得到提升
3	成熟期	成熟期的课程知识发展缓慢。性能情况：课程知识得到极大完善，性能达到极限水平，性能水平趋于稳定；创新情况：课程知识被大多数从事专业的人士知道，创新程度在人们认识中趋于下降；应用情况：形成独立课程体系，被其他学科、其他领域课程知识引用或借鉴；效益情况：课程知识被社会认可，在本专业得到广泛应用，社会效益达到最大化
4	衰退期	衰退期的课程知识逐渐被替代。性能情况：课程知识比较完善，性能难以提高，替代的新兴课程知识已经诞生；创新情况：创新程度进一步下降，课程知识成为常识，或者趋于淘汰边缘；应用情况：应用原始课程知识的人越来越少，更多的人应用原课程知识的进阶版，或者应用新兴的课程知识；效益情况：由于课程知识处于被替代、被淘汰的边缘，社会效益逐渐下滑

(2) 课程知识 S 曲线族

当课程知识在一定时间内完成了 4 个进化阶段后，必然会有新的课程知识替代原有的课程知识，新的课程知识同样需要经历 4 个阶段，形成新的 S 曲线。如此往复，形成了 S 曲线族。如图 1-7 所示。

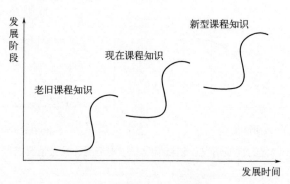

图 1-7　课程知识 S 曲线族

(3) 完备性法则

1）融入课程的基本含义

完备性法则融入课程，启发我们课程知识在最初是不完善的，是来源于专业专家的发现。课程知识要成为体系性的、能被人认可的知识，必须不断完善、不断完备，要融合和借鉴本专业、相邻专业、其他学科、其他领域的课程知识，构建独立的课程体系。

2）具体措施

措施①：完整性。课程知识要具备课程体系基本的元素，要参考或者借鉴其他已经成熟的课程体系，实现自我体系是完整的。

措施②：有效性。课程知识要普适化处理，为课程知识的应用提供可行性，不断提高课程知识的功用性。

(4) 能量传递法则

1）融入课程的基本含义

能量传递法则融入课程，可以从两方面进行思考，一是当课程知识涉及与本条原理密切相关的内容时，尤其是过程、结构等，可以直接采用本条原理；二是课程知识与能量传递没有密切相关性时，可以采用能量传递隐含的语义、特殊的含义对课程知识融入创新。课程知识在本课程内、本专业内不是独立存在的，应该有条隐含的线对各个知识进行连接，隐含的能量流贯穿于众多课程知识点之间，作为教师，要善于发现课程知识之间的联系，尤其是隐性的关联路径。

2）具体措施

措施①：充分流动。明确课程知识之间的联系、关联，往往能够促进对课程知识的理解和掌握，在传授单个独立的课程知识时，能够让学习者知道贯穿于整个课程体系的脉络，将有助于提高学习课程知识的效率；

措施②：缩短路径。贯穿于课程知识之间的路径有可能是一条，也有可能是多条，或者是有分叉的路径，在课程知识传授过程中，要尽可能缩短课程知识与课程总目标的路径，使课程知识与课程总目标密切相关。

（5）协调性法则

1）融入课程的基本含义

协调性法则融入课程，启发我们课程知识的各个部分要协调发展，尤其是课程知识形成之初，要注意课程知识各个部分之间的协调，使各个部分沿着课程知识趋于完善的方向协调发展；也要从课程体系、专业体系完善发展的角度，对各门课程之间的知识内容及体系构架进行协调，促进课程及专业体系的完善。协调性法则的应用，能够促使我们对原有的课程知识构架进行梳理，对专业内原有的课程构成进行梳理，从而促进课程的完善、专业的完善。

2）具体措施

措施①：结构协调。包括课程知识内部的结构协调、课程知识之间的结构协调、同一个专业下各门课程之间的结构协调。

措施②：参数协调。可以从两个方面进行思考，一是与课程知识密切相关的参数，可以考虑各个知识点之间的参数协调，直接应用本条方法；二是课程知识不涉及参数时，可以采用参数隐含的语义、特殊含义对课程知识融入创新。

措施③：材料协调。这条方法启发我们，同一门课程中涉及的材料可以协调一致，多个课程知识可以采用相同背景的案例材料，也可以采用不同的课程知识处理相同的案例；课程的结构、过程、功能等，也可以从材料上进行协调处理。

措施④：频率协调。融入课程可以从两方面进行思考，一是与课程知识存在密切相关的频率问题时，可以直接采用本条法则；二是课程知识不涉及频率时，可以采用频率隐含的语义对课程知识进行创新。课程知识中，也隐含着与频率类似的因素，教学者要善于发现课程知识内容之间蕴含的频次因素，对频次因素进行协调处理，促进课程知识的完善和丰富。

（6）提高理想度法则

1）融入课程的基本含义

提高理想度法则融入课程，启发我们课程知识在不断进化发展中，总是沿着提高其理想度、向最理想课程体系的方向进化。理想化的课程知识是每一个专业人员及学习者需求的最高目标。

2）具体措施

措施①：功能增加。可以启发我们，理想的课程知识要朝着应用范围扩大、应用功能不断增加的方向发展，尤其是存续时间较长的理论类型的课程知识，除了在本专业、本领域有很大的功能效果外，其功能也会扩展到其他专业、其他领域。

措施②：减少有害影响。理想的课程知识，要减少对课程的制约、对专业的制约、对人的创新思维的制约，理想的课程知识要促进专业、促进学科、促进其他领域专业学科的发展。

措施③：降低成本。理想的课程知识要减少应用的成本、要减少课程知识传播的成本。

（7）动态化进化法则

1）融入课程的基本含义

动态化进化法则融入课程，启发我们，当课程知识趋于成熟，逐渐被人们认可、逐渐被专业或者其他领域应用时，需要提高课程知识的灵活性、自适应性，使课程知识具备更强的融合性，提高课程知识的应用性及为其他课程知识提供支撑、提供融合条件的能力。

2）具体措施

措施①：提高柔性。课程知识往往是严谨的、固化的，应用性的课程知识可以通过各种措施提高其应用的柔性；理论为主的课程知识，可以通过某些变换使其固化严谨的内容趋于松散、趋于柔化、趋于软化，由此带来新问题，为创新带来新机会。

措施②：提高移动性。课程知识的存在是为了某种功能，无论是应用性还是理论性，都要产生某种作用；当前，大多数课程知识往往只局限于某专业、某领域，其功能、作用的局限性制约了课程知识的社会效益；可以通过某种变换，以功能、作用为核心，提高课程知识的移动性，使课程知识能跨专业、跨学科、跨领域应用，从而提高课程知识的社会效益。

措施③：提高可控性。一是当课程知识涉及应用性的内容时，尤其是过程类的，可以直接应用本条措施，实现直接控制—间接控制—反馈控制—自动控制的过程；二是当课程知识涉及理论性的内容时，尤其是与控制不相关的基础理论性内容时，可以采用可控性隐含的语义对课程知识实施创新性思考。

（8）子系统不均衡进化法则

1）融入课程的基本含义

子系统不均衡进化法则融入课程，启发我们，课程知识的发展过程中，其组成课程知识的各个部分发展是不均衡的，发展慢的部分制约着整个课程知识的发展和进化。

2）具体措施

措施①：S曲线。课程知识往往是由若干更小些的知识点构成，每个更小些的知识点都有自己的S曲线，每一个更小些的知识点都沿着自己的S曲线向前发展；每个更小些知识点的S曲线都可以分为婴儿期、成长期、成熟期与衰退期四个阶段，都可以按照性能情况、创新情况、应用情况、效益情况进行分析。

措施②：进化矛盾。组成课程知识更小些的知识点在不同时刻达到发展的极限，率先达到自身发展极限的更小些的知识点将制约课程知识的进化，若干更小些知识点进化的不均衡导致这些更小些知识点之间产生矛盾，解决矛盾，才能使课程知识继续进化发展。

措施③：进化速度。课程知识的进化发展，取决于课程知识中发展最慢的更小些知识点的进化速度；在课程知识发展过程中，要及时发现并改进课程知识中更小些知识点，从而提升课程知识的进化阶段，避免"木桶效应"中的短板现象。应用性课程知识中的更小些知识点更容易进化和发展，而理论性，尤其是基础理论性课程知识中的更小些知识点发展更为缓慢。

（9）向微观级进化法则

1）融入课程的基本含义

向微观级进化法则融入课程，启发我们，课程知识影响的范围不会一成不变，课程知识，甚至是某一个专业、某一个领域，在发展到一定程度时，在社会环境及科学进步推动下，课程知识、某专业、某领域对社会的影响越来越小，其规模越来越小，甚至越来越离散。有的课程知识会逐渐萎缩，成为其他课程知识的其中一部分，甚至有的课程知识会走向消亡。

2）具体措施

措施①：微观级。一是当课程知识涉及直接的技术系统时，可以直接采用本措施，使系统实现宏观层次—粉末与颗粒—次分子系统—分子系统—原子系统—场的微观级系统进化；二是当课程知识不是具体的技术系统时，可以采用微观级的语义对课程知识进行创新性思考。课程知识走向微观，是课程知识发展的趋势之一。

措施②：场的应用。一是当课程知识涉及直接的技术系统时，可以直接采用本措施，使系统按照应用场、提高场效率的方向发展；二是当课程知识不是具体的技术系统时，可以采用场的语义对课程知识进行创新性思考。课程知识不是独立存在的，课程知识之间存在相互影响，要善于发现这种相互影响，尤其是跨学科、跨领域的课程知识之间的相互影响；改变课程知识的环境、创造课程知识所处的场域，将能扩大课程知识的应用范围，为课程知识创新开辟新思路。

（10）向超系统进化法则

1）融入课程的基本含义

向超系统进化法则融入课程，启发我们，课程知识发展到一定程度，会逐渐与相关课程知识联合形成一个新的课程知识，或者课程知识扩展为一个独立学科，或者课程知识融入其他课程，或者课程知识融入跨专业、跨学科、跨领域的其他课程内。随着社会环境的改变及科学技术的发展，课程知识的扩张发展成为其未来趋势之一。

2）具体措施

措施①：单-双-多系统。课程知识与一门本专业相关课程、相邻专业相关课程、跨专业课程、跨学科课程、跨领域课程相互融合，或者课程知识与多门本专业相关课程、相邻专业相关课程、跨专业课程、跨学科课程、跨领域课程相互融合，形成新课程知识，为课程知识应用和创新提供新方向。

措施②：系统剥离。课程知识在发展、进化到极限时，课程知识的某一个更小些知识会从课程知识中剥离，转移到其他课程知识，或者转移到更大范畴的课程知识中，成为其他课程知识或者更大范畴课程知识的一部分，从而简化了原有的课程知识。

1.4.3 功能导向搜索融入课程

技术系统创新中的功能导向搜索，是指把需要的功能进行一般化处理，将具体功能采用功能性语句描述，寻找到其他领域，尤其是领先领域成熟的功能应用，将这个功能移植到原技术系统的过程。在创新过程中，在本领域可能是全新的，但在其他领域已经非常成熟、已经普遍被采用，把其他领域成熟的技术系统解决方案移植到本领域的创新技术系统中，就能帮助本领域解决技术系统遇到的矛盾，实现在本领域全新的、成熟的创新设计。

功能导向搜索融入课程，启发我们，在课程知识创新或者课程知识教学创新时，可以把课程知识中的问题及教学中的问题进行一般化处理，将问题中掺杂的修饰性词汇去掉，对其中的动词一般化处理，用一般化语句代替专业性描述，使课程知识问题及教学问题用通俗的语句进行表述，从而打通各课程、各专业、各学科、各领域中课程知识的创新方式或者教学创新方式，实现"隔行如隔山，隔行不隔理"，为课程知识创新、课程知识教学创新提供新思路、新方法。

1.4.4　创新标杆融入课程

在创新时，发明一个全新的技术系统或解决技术系统存在的问题时，可以寻找类似功能或者实现部分功能的已有技术系统作为标杆。通过分析标杆的技术发展路径，或者分析其他类似技术系统，或者实现部分功能的技术系统，在创新中借鉴标杆的创新方式，实现技术系统的创新目标。

创新标杆融入课程，启发我们，对当前的课程知识进行创新或教学创新时，解决课程知识存在的问题或者课程教学存在的问题时，可以借鉴相关课程、其他专业、其他学科、其他领域的课程知识创新方式或者教学方式，实现本课程知识的创新或本课程知识教学方式的创新；课程知识的创新，也可以借鉴技术系统创新的方式，或者借鉴大自然中动物、植物生存过程中解决问题及进化发展的方式。

课程知识的创新或教学创新，可以借鉴多种创新标杆，实现多种创新标杆的组合。寻找到创新标杆后，可以进行特性传递，将创新标杆中的特性传递到当前课程知识中，从而实现新课程知识的创新或者教学创新。

1.4.5　特性传递融入课程

特性传递，是指通过分析，找到具备相同或者类似主要功能的其他系统，把已有系统的某个特性传递到选择的基础系统上，以解决某个技术问题或者优化技术系统。特性传递主要传递的是技术系统的优点特性、优点子系统、优点组件等，通过特性传递，使基础系统性能更完善、功能更强大。

特性传递融入课程，启发我们，分析课程知识的创新标杆，获得创新标杆课程知识创新或者教学创新的优点特性、优点内容、优点参数、优点结构、优点功能、优点属性，通过直接引用、间接引用、隐性引用等方式，实现本课程知识的创新或者教学创新。

课程知识应用特性传递进行创新时，要了解几个相关概念：

① 竞争课程知识，指与原课程知识的主要功能相同的其他课程知识。为了实现某种功能、某种作用而诞生的课程知识大多数情况是唯一的，但是也要考虑相关课程、其他专业、其他学科、其他领域是否存在也能实现这种功能、这种作用的课程知识；或者是，能隐性地、虚拟地、语义上地实现这种功能、这种作用的课程知识。实际实现、隐性实现、虚拟实现、语义上实现相同或者相似功能、相同或者相似作用的课程知识之间构成了竞争关系。

② 备选课程知识，指与课程知识具有完全相反特征的其他课程知识。在本领域寻找与原课程知识具有相反特征的课程知识是非常困难的，可以对关键特征进行功能导向搜索的一般化处理，在其他领域寻找隐性的、虚拟的、语义上具有相反特征的课程知识。

③ 基础课程知识，指具备缺点的或者需要创新的课程知识，一般是指原课程知识，特性传递以此课程知识为基础，将其他课程知识的优点特性传递到本课程知识。

④ 特性来源课程知识，指课程知识具备基础课程知识不具备的优点特性，可以把课程知识的优点特性、优点内容、优点参数、优点结构、优点功能、优点属性等传递到基础课程知识中。

1.4.6 功能分析融入课程

功能分析是现代 TRIZ 体系的一种创新工具，其起源于价值工程。功能分析是问题识别中的工具之一，是一种识别技术系统、组件和超系统的功能、属性、特点及其成本的分析工具。功能分析融入课程，将从组件分析、相互作用分析、功能三部分进行尝试。

（1）组件分析

组件是构成系统或超系统并完成特定功能的单元，可以是物质，也可以是场。其中物质可以理解为看得见的实体，而场没有静质量（或没有实体），但是可以在物质间传递能量。组件的概念，启发我们，课程知识的组成可以分成若干特定功能、特定作用的单元，这种单元可以是物质类型的、理论类型的，也可以是隐性的、语义形式的、虚拟的；已经存在的课程知识多种多样，课程知识的存在可能是为了定理、图形、概念、过程、结构、参数、功能、属性等目的，每一个课程知识都是有独特类型的单元按照一定的约束、一定的规律有机地组合在一起,成为我们要学习的课程知识;课程知识分解成组件,能让我们重新认识课程知识,为课程知识创新开辟新的思路。课程知识的组件分析可以填写表格,进行明确,如表1-3所示。

表1-3 组件分析表

课程知识	课程知识组件	同一门课程内课程知识组件	其他课程知识组件
(课程知识名称)	(按照功能、作用等方式进行分解,写出组成课程知识的组件名称)	(与课程知识相邻的组件名称)	(专业内与课程知识相关的其他组件)

(2)相互作用分析

系统中的组件不可能是完全孤立的,它一定与其他组件有接触,这种组件间的接触就叫相互作用。相互作用分析融入课程,启发我们,可以对课程知识的组件、同一门课程内其他课程知识组件、专业内与课程知识相关的其他组件进行相互作用分析。相互作用分析通过填写表格方式进行,表格的第一行、第一列罗列所有课程知识组件,行组件与列组件交汇表格内,用"+"表示组件之间能产生直接联系,"-"表示组件之间不能产生直接联系。如表1-4所示。

表1-4 相互作用分析表

	课程知识组件1	课程知识组件2	……	课程知识组件n
课程知识组件1		+		
课程知识组件2	+			-
……				
课程知识组件n		-		

按照特定功能、特定作用分析获得的课程知识组件,有的课程知识组件之间有实际联系,有的没有实际联系,但是,我们要善于发现隐性的、语义上的、虚拟的组件联系。通过课程知识组件的联系分析,促进了课程知识的扩展以及课程知识的再创新。

(3)功能

功能,指的是一个组件改变或者保持了另一个组件的某个参数的行为。组件之间相互作用产生功能,组件之间的功能是多种形式的。同一种功能,不同的人有不同的描述方式。为了解决技术系统问题时不受约束，为了能够发现技术系统产生问题的本质，对功能的描述一般采用功能性的语句。功能融入课程，启发我们，对课程知识中组件与组件之间的关系，可以采用一般化功能语句描述。当课程知识的组件与组件之间存在某种联系时，用通俗的一般化功能语句描述，有利于引用、借鉴、延伸、拓展课程知识的内容、含义，尤其是有利于发现跨专业、跨学科、跨领域的课程知识之间的联系，从而为课程知识创新打开新方法、新方向。

1.4.7　因果链分析融入课程

（1）什么是因果链

世界上万事万物间存在最普遍的联系，即因果关系。原因，即产生某一现象并先于某一现象的现象；结果，即原因发生作用的后果或引起的现象。由根本原因、中间原因、结果构成的关系链，称为因果链。在课程知识分析过程中，无论什么课程知识，总是存在因果关系，存在层层递进，甚至是错综复杂的因果关系。在课程知识学习及应用过程中，能够被发现、能够显现的问题往往是表面问题，能够顺利解决的表面问题往往难度不大，其创新程度非常低、价值也非常低。很多时候课程知识直接呈现的表面问题只是问题的表象，解决了表象问题，往往是治标不治本。采用因果链方式，从课程知识的表面问题开始，以表面问题为初始问题起点，按因果关系一步一步推导，寻找潜藏的深层原因，建立初始问题与末端问题之间的逻辑关系，寻找课程知识学习及应用过程中的关键问题，从而达到消除初始问题的目的。因果链模型示意图如图1-8所示。

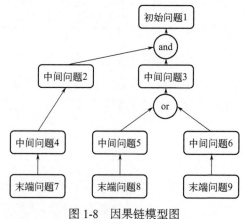

图1-8　因果链模型图

(2) 问题类型

因果链涉及的缺陷有 4 种类型。

① 初始问题，在课程知识学习及应用过程中发现，或者提出的问题。

② 中间问题，是处于初始问题和末端问题之间的问题，它是上一层问题的原因，又是下一层问题的结果。在中间问题分析过程中，要寻找问题与问题之间的直接原因、多个问题构成一个原因时要用 and 连接、多个问题的任意一个问题都能构成一个原因时用 or 连接。中间问题往往来源于课程知识的内容、基本科学原理、基于查阅文献的分析、咨询专业领域专家获得的知识等多方面。

③ 末端问题，问题的终点问题。问题分析时，理论上可以无穷无尽地分析下去，但在课程知识学习及应用过程中不可能无节制、无限制地深挖问题，具有如下几个因素可以判为末端问题，如表 1-5 所示。

表1-5　末端问题条件判断操作表

序号	符合末端问题的条件	末端问题判断依据及说明
1	达到科学理论极限时	
2	达到自然现象时	
3	达到标准极限、达到法规法律极限时	
4	不能继续找到合理的深层次问题时	
5	达到解决问题成本极限时	
6	问题与本课程知识学习及应用无关时	

④ 关键问题，中间问题和末端问题有很多，但并不是每一个问题都是可以解决的，经过认真分析，从成本、知识要素的可实施性等多方面进行分析后选择的问题就是关键问题。

(3) 关键问题识别

因果链的各种问题罗列后，要对中间问题进行识别，寻找关键问题，如表 1-6 所示。

表1-6 关键问题识别样表

序号	关键问题	产生的中间问题	初步解决方案	存在的矛盾
1				
2				
3				

1.4.8 剪裁融入课程

（1）什么是剪裁

在 TRIZ 创新方法中，当已经明确技术系统的组件后，尤其是通过功能分析找到了问题，又通过因果链分析，找到技术系统的主要缺陷组件，对于存在危害的组件以及成本高、功能低的组件，可以采用剪裁的方式进行创新。剪裁，就是在确保有用功能存在的基础上，直接将产生危害的组件、存在缺陷的组件剪裁掉。

剪裁融入课程，启发我们，课程知识内容是可以被剪裁的，课程知识随着时间的推移、时代的发展，应该要有所改变。基础理论为主的课程知识被剪裁的周期要更长一些，被剪裁的时候要更加慎重，要经过更加深入的研究、论证后再进行剪裁，往往是细微或者局部的剪裁；基础理论为主的课程知识被深度剪裁，往往是某一个重大科学发现导致的，而重大科学发现在短时间内很难完成，甚至需要几代人的研究。应用为主的课程知识更加容易被剪裁，被剪裁的周期更短一些，有的可以是局部内容的剪裁，更有甚者，整门课程、整个专业都有可能被剪裁。应用为主的课程知识应该随着时代的发展、科学技术的进步主动被剪裁，应用为主的课程知识长时间固化，将制约知识的传播，制约课程知识的创新，制约时代发展，制约社会进步。课程知识的内容被剪裁，将带来新问题，新问题将带来新机会、新希望，所以要敢于对熟悉的课程知识进行剪裁，通过剪裁产生新发明、新观点，推动课程创新、专业创新、学科创新、领域创新。

TRIZ 创新方法中的剪裁是一种分析工具，是指将一个或一个以上的组件去掉，而将其所执行的有用功能利用系统或超系统中的剩余组件来替代的方法。剪裁分析工具融入课程，启发我们，剪裁不是意味着抛弃课程知识的功能、作用，在对课程知识剪裁过程中，要保留被剪裁课程知识的功能、作用，而被剪裁的课程知识功能、作用，可以由课程内其他知识或者专业内其他知识替代完成。

（2）剪裁规则

TRIZ 创新方法剪裁规则有 3 条，剪裁规则融入课程，可以产生如下 3 条启发：

① 剪裁规则 A，如果课程知识的功能对象、作用对象不存在了，则产生功能作用的课程知识可以被剪裁。

② 剪裁规则 B，如果课程知识的功能对象、作用对象能够自己执行某一项功能、作用，则执行这项功能、作用的课程知识可以被剪裁掉。

③ 剪裁规则 C，如果课程中的其他课程知识或者专业内的其他课程知识能够执行该功能、作用，则产生该功能、作用的课程知识可以被剪裁掉。

（3）剪裁模型

在课程知识应用剪裁工具创新过程中，可能产生多个课程知识点被剪裁，为了能够明确剪裁的课程知识及承担对应功能、作用的新课程知识等，建立表格类型的剪裁模型，如表 1-7 所示。

表1-7　剪裁模型分析表

被剪裁课程知识	被剪裁课程知识承担的功能、作用	采用剪裁规则	承担新功能、新作用的课程知识名称	剪裁后出现问题描述
课程知识 1	功能 X/ 作用 X	剪裁规则 A	课程知识 3	课程知识 3 如何执行功能 X/ 作用 X
	功能 Y/ 作用 Y	剪裁规则 C	课程知识 4	课程知识 4 如何执行功能 Y/ 作用 Y
课程知识 2	功能 Z/ 作用 Z	剪裁规则 B	课程知识 5	课程知识 5 如何执行功能 Z/ 作用 Z

（4）剪裁在课程知识创新中的作用

剪裁创新方法是一个重要工具，通过剪裁能够实现已有课程知识的优化、升级、创新，具体有如下几个作用：

① 剪裁掉难以改善、难以优化的课程知识，从而实现课程知识陈旧问题的转换。

② 剪裁掉滞后的课程知识点，消除课程知识中的过时落后案例。

③ 剪裁课程知识点，使课程知识趋向结构更加简单，从而促进课程知识的理解、学习、掌握、创新。

④ 通过剪裁，具有降低课程知识学习难度、提高课程知识创新程度的可能性。

⑤ 在一个课程知识中，被剪裁的知识点越多，创新程度越大。

⑥ 对于一个非常成熟的课程知识而言，剪裁创新方法能有效促进课程知识的创新，能促进课程知识的跨专业、跨学科、跨领域创新。

⑦ 剪裁创新方法促进课程知识、课程、专业、学科、领域的进化。

1.4.9 物理矛盾融入课程

物理矛盾是指在技术系统中，对于同一个组件的同一个参数具有相反的合乎情理的需求。物理矛盾融入课程，启发我们，课程知识也会存在同一个参数、或同一个属性、或同一个语义、或同一个过程、或同一个功能、或同一个结构中存在相反的合乎情理要求。

（1）课程知识的物理矛盾参数

对于课程知识而言，不同的课程有不同的参数，参数的正向变化与负向变化都能满足课程知识的创新需求，由此构成了课程知识的物理矛盾。参数是多种多样的，不局限于课程知识直接表明的参数，要注意发现隐性的参数、语义类型的参数。

（2）物理矛盾融入课程的描述格式

TRIZ 理论对物理矛盾有规定的描述格式，同理，物理矛盾融入课程也可以有一定的描述格式：

课程知识的参数 A 需要 B，因为 C。

但是，

课程知识的参数 A 需要 -B，因为 D。

其中，A 表示课程知识的其中一个参数；

B 表示课程知识创新的需求，B 是正向需要，-B 是反向需求；

C 表示改变课程知识的参数 A 为 B 值时，可以达到的效果或目的；

D 表示改变课程知识的参数 A 为 -B 值时，可以达到的效果或目的。

（3）课程知识物理矛盾的解决方法

课程知识在创新过程中，产生了物理矛盾，采取的措施可以是分离矛盾、满足矛盾、绕过矛盾等方式，其中，分离矛盾是课程知识遇到物理矛盾后采取的主要措施。分离矛盾采取的创新方法是5种分离原理，如表1-8所示。

表1-8　物理矛盾解决创新方法

分离原理	分离原理描述	采用的发明原理
时间分离	在时间X内课程内容参数A是B值，达到C效果； 在时间Y内课程内容参数A是-B值，达到D效果。	预先反作用、预先作用、事先防范、动态特性、抛弃或再生、中介物等。
空间分离	在空间X内课程内容参数A是B值，达到C效果； 在空间Y内课程内容参数A是-B值，达到D效果。	分割、抽取、局部质量、嵌套、非对称、空间维数变化、曲面、复制等。
条件分离	在条件X时课程内容参数A是B值，达到C效果； 在条件Y时课程内容参数A是-B值，达到D效果。	复合材料原理、多孔材料原理、改变颜色原理、周期性作用、局部质量等。
系统分离	在系统X内课程内容参数A是B值，达到C效果； 在超系统Y内课程内容参数A是-B值，达到D效果。	等势原理、分割、组合、同质性、多用性、变害为利、复合材料等。
方向分离	在X方向课程内容参数A是B值，达到C效果； 在Y方向课程内容参数A是-B值，达到D效果。	非对称、复合材料、物理化学变化、曲面化、空间维数变化、嵌套等。

在表1-8中，建议了一些发明原理，当遇到对应的物理矛盾时，先判断是属于哪一种矛盾，然后尝试采用对应的发明原理进行解决。采用发明原理时，一种是直接采用，另一种是采用发明原理的隐性含义、语义、虚拟等方式。

1.4.10　技术矛盾融入课程

技术矛盾，是指一个技术系统在某一个方面的改进会同时带来另一方面的变坏。技术矛盾融入课程，启发我们，对课程知识的创新往往会导致课程知识在另外一个功能或者作用的弱化，此时构成的矛盾可以称为课程知识的技术矛盾。

(1) 课程知识的技术矛盾描述

在课程知识的创新过程中，出现的矛盾往往多种多样，为了明确是技术矛盾而不是其他类型的矛盾，TRIZ 理论设立了技术矛盾的问题描述格式，如表 1-9 所示。

表1-9　基于课程知识创新的技术矛盾描述

序号	技术矛盾 1	技术矛盾 2
如果	实施课程知识解决方案（A）	实施课程知识解决方案（-A）
那么	改善的参数是 B	改善的参数是 C
但是	恶化的参数是 C	恶化的参数是 B

(2) 通用工程参数

在 TRIZ 方法中，技术系统在组件运行及功能执行过程中，技术系统问题可以归结为一系列的通用参数。阿奇舒勒对大量参数进行整理、归纳、总结、一般化处理，最终形成了 39 种能够表达大多数技术矛盾的通用参数，每个参数给予了编号，形成 39 个参数。通用工程参数融入课程，启发我们，基于课程知识，可以对已有且成熟的工程参数进行完善，使之能适用于大多数课程知识，从而拓展技术矛盾在各专业、各学科、各领域的应用。课程知识创新的 39 个通用参数如表 1-10 所示。在使用参数名称时，除了参数基于工程、系统原本的含义外，要善于发现每个参数蕴含的隐性的、语义上的参数意义。

表1-10　课程知识的39个通用参数

序号	参数名称	序号	参数名称	序号	参数名称
1	运动课程知识的重量	9	速度	17	温度
2	静止课程知识的重量	10	力	18	光照强度
3	运动课程知识的长度	11	应力或压力	19	运动课程知识能量利用
4	静止课程知识的长度	12	形状	20	静止课程知识的能量利用
5	运动课程知识的面积	13	结构的稳定性	21	功率
6	静止课程知识的面积	14	强度	22	能量损失
7	运动课程知识的体积	15	运动课程知识作用时间	23	课程知识损耗
8	静止课程知识的体积	16	静止课程知识作用时间	24	信息损失

续表

序号	参数名称	序号	参数名称	序号	参数名称
25	时间损失	30	外部有害因素	35	适应性
26	课程知识的数量	31	课程知识产生有害因素	36	系统复杂性
27	可靠性	32	可制造性	37	检测与测量难度
28	测量精度	33	可操作性	38	自动化程度
29	制造精度	34	可维修性	39	生产率

（3）课程知识的矛盾矩阵

在 TRIZ 中，40 个发明原理是解决技术矛盾的有效方法。在课程知识创新过程中，也可以采用 40 个原理进行解决。但是，每次遇到课程知识的技术矛盾时都挨个尝试解决问题显得非常低效。依据 TRIZ 提出的矛盾矩阵，也提出基于课程知识创新的矛盾矩阵。

课程知识的矛盾矩阵说明：

① 矛盾矩阵有 40 行、40 列，第一行 39 个参数是创新过程中出现恶化的参数，第一列 39 个参数是创新过程中会改善的参数。

② 矛盾矩阵中单元格内的数字，表示发明原理的序号，指的是某一个参数（对应行首端的参数）改善导致另一个参数（对应列顶端的参数）恶化时，采用的发明原理及序号。

③ 矩阵单元格中，带"+"的方格，表示产生的矛盾是课程知识物理矛盾，带"-"方格表示没有找到非常有效的发明原理来解决问题，可以尝试任何一个发明原理。

④ 在应用发明原理解决课程知识技术矛盾时，要采用发明原理的隐性含义、语义、虚拟等方式，尤其是非理工类课程知识的创新。

需要说明的是，不同类型的课程知识，可以有自己的参数，例如管理类参数、文学类参数等，参数的名称及含义，需要不同学科的专家研究、明确。

1.4.11　物场分析与标准解融入课程

物场分析，是 TRIZ 理论一个问题构建、分析的重要工具。物场分析将组件与组件之间、系统与系统之间作用看作是 2 个物质与 1 个场构成的 3 要素之间的关系，实现从另外一个视角对系统的分析。物场分析融入课程，一是理工类课程解决具体技术系统、工程问题的课程中，可以直接采用物质和场的概念，按照原有的物场分析解决出现的问题；二是以理论为主非理工类的相关课程，可以对物质和场进行演绎后，再尝试采用物场分析处理问题的方式解决问题。

（1）物场模型的定义

① 物质，对于理工类课程知识，指具有净质量的组件或系统；对于与技术系统和工程无关的课程知识，可以指课程知识涉及的主体、对象。

② 场，是指物质与物质的相互作用，包括重力场、机械场、气动场、液压场、声学场、热场、化学场、电场、磁场、光学场、放射场、生物场、粒子场等。

③ 2个物质与1个场表达技术系统中相互作用或能量转换关系的图形化模型称为物场模型。物场模型的图形化如图1-9所示。

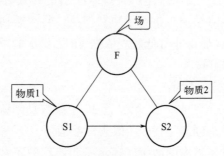

图1-9　物场模型的图形化表示

（2）存在问题的场

在技术创新过程中，物场模型存在不正常的情况，不正常的物场模型是创新的起点，使物场模型正常化，是实现创新的方法之一。不正常的物场模型有三种情况。

① 不完整的物场模型，分为只存在1个物质、只存在2个物质、只存在1个物质1个场三种情况；

② 有害的物场模型，分为物质1对物质2有害、物质2对物质1有害两种情况；

③ 作用不足的物场模型，分为作用不足、作用过度两种情况。

（3）标准解

标准解是TRIZ工具之一，是基于技术系统存在物场模型缺失、有害、过剩、不足等情况下的问题解决方案。阿奇舒勒归纳总结了76个标准解，并进行了归纳、总结，分为五大类。

第 1 类，建立和拆解物场模型，分为建立物场模型、拆解物场模型两大类；

第 2 类，增强物场模型，分为转化成复杂的物场模型、加强物场模型、频率的协调、利用磁场和铁磁材料四大类；

第 3 类，转换到超系统级别或微观系统级别，分为转换成双系统或多系统、向微观级别转化两大类；

第 4 类，用于检测和测量的标准解。分为间接方法、建立测量的物场模型、加强测量物场模型、测量铁磁场、测量系统的进化方向五大类；

第 5 类，应用标准解，分为引入物质、引入场、相变、运用自然现象、产生物质的高级和低级方法。

1.4.12　TRIZ 理论的其他工具

以上是 TRIZ 理论的基本工具，如果要深入学习 TRIZ 理论，达到更高级别的创新能力认证，还需要掌握如下几个工具。

（1）关键问题分析

关键问题，指的是在技术系统的创新过程中，对产生的各种方案进行分析、梳理、归纳、总结，找到技术系统创新过程中的关键技术问题，以备采用创新工具进行解决。

（2）科学效应库

科学效应，指的是实施基本科学原理所产生的效果。科学效应库就是多种科学效应的集合。科学原理是我们科学研究、专业课程学习的主要内容，每一个科学原理都能够带来相应的效果、现象，利用这些效果、现象可以解决技术系统中的问题，尤其是解决功能类的技术系统创新问题。科学效应包括物理类效应、化学类效应、几何类效应等成百上千个具体的效应。

在创新过程中，尤其是基于功能需要的创新过程中，可以查阅相关科学原理的效应，采用一个或者多个组合的科学效应解决创新中的疑难技术问题。

（3）克隆问题应用

克隆问题，指的是采用类似的创新方案解决类似的矛盾问题。在创新过程中，不同领域、不同技术系统的技术矛盾、物理矛盾形式是类似的，那么，可以克隆其他领域、其他技术系统的创新方案解决本技术系统创新过程中遇到的问题。

(4) ARIZ

ARIZ，又称为发明问题解决算法，是一个更加复杂的创新方法解决问题工具。TRIZ 的其他工具可以解决一些经常见到的、相对简单的技术系统问题，而复杂的问题，可以采用 ARIZ 进行分析解决。

ARIZ 实则是一种解决复杂技术系统问题的创新流程，流程中涉及 TRIZ 的各种创新工具，通过创新工具的流程对复杂问题进行梳理、创新，帮助我们一步一步找到技术系统的解决方案。ARIZ 不经常用到，具体内容不再详述。

(5) 流分析

流，指的是技术系统中存在的各种连续移动的物质或者场，如能量流、物质流、信息流等。在这些流中会存在正常流、不足流、过度流、有害流，通过对流进行分析，找到技术系统中的流缺陷，通过创新工具对流缺陷进行创新，促进技术系统的优化创新。

1.4.13 概念验证的主要工具

概念验证的主要目的是对创新技术系统的可实施性、完善性等各个方面进行评估，从而判断创新技术系统的有效性，主要有两个工具。

① 超效应分析，指的是利用技术系统创新过程中新增加的资源继续优化技术系统，使技术系统更加完善。

② 概念评估，指的是结合生产实际，从成本、实施周期、生产条件、用户需求等多个方面对创新方案进行评估，最终确定要采用的技术系统创新方案。

1.5 创业思维融入课程

1.5.1 创业思维类型

(1) 团队思维融入课程

团队是由为数不多、相互之间技能互补、具有共同信念和价值观、愿意为共同目标而奋斗的人组成的群体，团队是一致性、奉献性、协同性和互补性的体现。

团队思维融入课程，启发我们，对于专业实践类课程团队分组阶段，学生组队完成实践任务或项目时，可以灵活采用团队思维，实现小组成员间的互补和相互协作,增强团队成员之间责任感和服务意识,团队协作精神和竞争意识,以及独立精神。

(2) 领导思维融入课程

领导思维是指在领导活动中以领导者为核心,围绕制定和实施领导目标而进行的理论活动,是实施领导行为的认识基础和前提,决定领导的绩效。所谓领导就是指指挥、带领、引导和鼓励部下为实现目标而努力的过程。领导力的来源主要有:专长权、个人影响权和制度权。作为领导人须具备的特质主要有:建立愿景、信息决策、配置资源、有效沟通、激励他人、人才培养、承担责任、诚实守信、事业导向、快速学习。

领导思维融入课程,启发我们,领导思维对于学生完成实践类课程项目具有指导性意义,借助领导思维,学生团队可以更快速和高效地下发团队任务,并且及时有效地完成阶段性工作。领导思维的灵活运用,可以培养学生责任意识和个人荣誉感,以及危机意识。

(3) 战略思维融入课程

战略思维是指主体对关系事物全局的、长远的、根本性的重大问题的谋划(分析、判断、预测和决策)的思维过程。基础的战略包括:成本领先战略、差异化战略和专一化战略。

战略思维融入课程,启发我们,战略思维对于实践类课程学生前期调研或项目(任务)选题阶段具有重要意义,战略思维的融入,可以帮助学生多方面、多角度考察项目可行性及是否促进行业或社会的发展,同时可以明确项目工作在社会或行业中的战略地位及市场经济价值。有助于学生理论结合实际、寻找和发现实际问题、专业及行业的全局观念培养、交流及社交能力的养成。

(4) 商业模式思维融入课程

商业模式是企业战略的战略,它描述了企业如何创造价值、传递价值和捕捉价值的基本原理。现代管理学之父彼得·德鲁克曾提到:当今企业之间的竞争,不是产品之间的竞争,而是商业模式之间的竞争。

商业模式思维融入课程,启发我们,对于实践类课程而言,在项目选题阶段,商业模式思维可以协助学生对选题内容的确认,明确选题对行业或社会的价值及意义。培养学生理论联系实际、理论知识服务于生产实际的能力。

(5) 价值主张思维融入课程

价值主张,即公司通过产品和服务所能向消费者提供的价值,体现了以客户为中心的经营理念。价值主张要素包括：设计（产品因优秀的设计脱颖而出）、新颖（产品或服务满足客户从未感受或体验过的全新需求）、性能（改善或提升产品和服务的性能是传统提升价值方法）、便利性/可用性（使事情更方便或易于使用，可以创造可观价值）、可达性（把产品和服务提供给以前接触不到的客户）、定制化（以满足个别客户或细分群体的特定需求来创造价值）、品牌/身份地位（客户可以通过使用、显示品牌而发现价值）、价格（以更低价格提供同质化价值，满足价格敏感客户群体）、成本削减（帮助客户削减成本是创造价值的重要方法）、风险抑制（帮助客户抑制风险也可以创造价值）、把事情做好（帮助客户把某些事情做好而简单地创造价值）。

价值主张思维融入课程，启发我们，价值主张思维同样可以帮助学生完成实践类课程项目选题。在项目实施管理阶段，价值主张思维也发挥了重要作用，可以帮助学生创新、有效地完成项目实施。价值主张思维可以帮助学生提高逻辑思维能力、交流沟通能力以及专业实践能力。

（6）资源整合思维融入课程

资源整合是指企业对不同来源、不同层次、不同结构的资源进行识别与选择、汲取和有机融合，提升资源使用效率和整体效益的战略手段。整合方式有：纵向整合、横向整合和平台整合；对应的实现方法主要有：业务外包、合资、并购、产业联盟、联合研发、资源共享、联合品牌、联合促销、联名产品。

资源整合思维融入课程，启发我们，资源整合思维可以帮助学生在项目实施管理阶段整合各类资源，包括物质、平台资源和人力资源，有利于高效完成实践类课程任务书或相关文字作品内容的整理。有助于提高学生资源合理利用及整合能力，以及整理归纳总结能力。

（7）痛点思维融入课程

用户痛点是指尚未被满足的而又被广泛渴望的刚性需求。可以从以下四个方面识别痛点：广度，该需求的受众面有多大，是大众化的需求还是小众化的需求；频率，是每天都需要的，还是每周几次，或是更长时间段；强度，用户对该需求有多强烈需要；时机，该需求是否符合技术轨迹，当下的环境发展如何。

痛点思维融入课程，启发我们，痛点思维可以在项目选题阶段帮助学生通过调研围绕行业或社会痛点确定选题，使选题更具实际应用的价值，培养学生精准识别社会或行业痛点的能力。

（8）精益创业和 MVP 思维融入课程

以成本控制为核心，先在市场中投入一个极简的原型产品，然后通过不断的学习和有价值的用户反馈，对产品进行快速迭代优化，以期适应市场。精益创业思维是有了大的方向和思路后，先小成本试错，再根据市场的反馈不断迭代，最终在实践中找到适合自己的产品和策略。MVP 指最小化可行产品，适用于初创企业市场不确定性高时，适用于简约设计理念，最符合敏捷思想的产品迭代开发方法，主要作用是验证想法和收集数据。

精益创业和 MVP 思维融入课程，启发我们，精益创业和 MVP 思维可以指导学生进行实践课程任务实施，形成相对完善的任务执行提纲，对社会或行业价值及应用前景进行考察。促进培养学生发现问题、分析问题、解决问题及理论联系实际的能力。

（9）病毒营销思维融入课程

病毒营销，是利用公众的积极性和人际网络，让营销信息像病毒一样呈现指数级传播和扩散，短时间内传向更多受众的营销方式。其媒介是互联网，形式归属是口碑营销、热点营销，基础是产品/服务高质量，条件是引爆点，作用特点是成本低、指数级传播。

病毒营销思维融入课程，启发我们，病毒营销思维作为一种常用且高效的经济营销模式，同样可以将其融入专业实践类课程中，在实践项目实施执行阶段，病毒营销思维模式可以促进设计方案作为产品进行销售和推广，实现其经济价值，加速落地孵化。有效培养学生销售与营销思想，以及专业与市场接轨理念，形成创业意识。

（10）股权思维融入课程

股权思维优势主要体现在以下方面：明确权责利、影响公司控制权、有利于吸引人才、进入资本市场必要条件。股权结构设计要点主要包括：创业初期明确核心股东、保证合伙人股权、跳出按出资比例分配股权方式、设立激励股权、约定退出机制、谨防外部资本控股、股权简洁明晰。创业的基础就是两个，一个是团队，一个是股权结构。股权结构不合理，公司一定做不成。

股权思维融入课程，启发我们，股权思维在专业实践类课程学生团队分组和项目实施执行阶段可以灵活融入，确定团队成员贡献比例及评价方式，有效、快速地推进实践任务进行。股权思维模式可以培养学生的责任感和服务意识、团队协作精神和竞争意识。

（11）融资思维融入课程

创业初期企业面临"新生弱性"和"小而弱性"，特别是资金缺口直接关乎企业生死存亡。在内部融资有限的情形下，必须考虑外源融资。传统融资方式包括：内源融资模式、借贷融资模式、融资租赁模式和典当融资模式。新兴融资方式则主要有：天使投资融资模式、风险投资融资模式、众筹融资模式、P2P融资模式和产业投资引导基金。

融资思维融入课程，启发我们，项目实施执行阶段，学生采用融资思维可以进行资金筹集，促进项目市场化。有效培养学生成本意识、经济独立运算能力、资金合理支配能力、项目预算能力、社交与沟通技能。

（12）电梯演讲思维融入课程

电梯演讲思维主旨是，在最短的时间内把结果表达清楚、凡事要直奔主题、直奔结果。可以遵循"131"演讲框架："1"个结论先行、"3"个支撑论据、"1"个总结强化。

电梯演讲思维融入课程，启发我们，电梯演讲思维作为一种工具化思维理念，可以帮助学生提高项目实施执行中任务书的撰写质量，项目最终PPT展示过程，答辩思路清晰、答辩完整、时间控制合理，做到精准答辩。有效培养学生归纳总结及精准表达能力，逻辑思维能力。

1.5.2 创业思维融入专业实践课程方案

创业思维主要包括：团队思维、领导思维、战略思维、商业模式思维、价值主张思维、资源整合思维、痛点思维、精益创业思维、MVP思维、病毒营销思维、股权思维、融资思维和电梯演讲思维等。专业实践课程传统教学环节主要涉及有：团队分组、前期调研、项目选题、实施管理、报告撰写、项目答辩和成绩考核，将创业思维融入专业实践课程的同时，增加了经济核算阶段和市场营销环节。

专业实践课程教学更注重对学生实践应用能力的培养，授课过程中授课教师将理论与实践教学相互贯通，重点培养学生的实践应用能力与创新创业能力。教师在进行专业知识与技能培养的同时融入创业思维，进一步拓宽了学生能力培养范围，并为专业实践课程教学方法的实施提供新的思路。在传统的实践教学中环节，学生需要在连续的教学时间内完成特定的课程任务，接受全面、系统的设计训练，重在综合应用知识和技能解决问题。而创业思维的融入，为实践课程教学的实施提供了指导思路，有利于实现课程目标，培养学生的实践能力、创新能力和创业意识。专业实践课程各环节与创业思维的融合如表 1-11 所示。

表1-11　专业实践课程环节融入创业思维内容及教学方式

实践环节	传统教学方式	拟采用创业思维	融入后教学方式
团队分组	自由分组	团队思维、股权思维	● 增加小组名称（学生自己制定组名）及成员特点说明表，确定小组长； ● 初步制定小组工作计划说明书，完善小组每位成员项目计划及每位成员达成目标； ● 根据任务计划说明书确定小组每位成员的贡献比例及评价方式； ● 每一小组此阶段应形成一份具体的工作计划说明书，内容包括项目计划、目标、合作方式、讨论形式等
前期调研	仅依靠已有的文献作为调研资料	价值主张、商业模式思维	● 对相关企业进行实地调研； ● 多方面、多角度考察项目可行性及是否促进企业发展
项目选题	老师给出或学生自选	痛点思维、战略思维	● 通过调研，围绕企业痛点确定选题； ● 明确选题在企业和行业中的战略地位及市场经济价值
成本预算	无	融资思维，股权思维	● 项目启动阶段预算项目所需资金，在此基础上撰写融资计划书并规划如何使用项目资金； ● 采用融资思维进行资金筹集，可多渠道进行资金筹集，例如：广告和宣传
实施管理	演示和教师指导	精益创业思维	● 根据调研，先设计一个初步的设计方案，后面根据市场调研、小组讨论及相关知识的构建对项目进行完善
		MVP 思维	● 形成相对完善的设计提纲，对其市场价值及应用前景进行考察
		资源整合思维	● 整合各类资源，包括场地资源及人员资源，对设计说明书内容进行完善
		领导思维	● 项目完成过程中小组长应对工作做好引领指导
市场营销	无	病毒营销思维、团队思维	● 将设计方案或说明书作为产品进行（模拟）销售和推广

续表

实践环节	传统教学方式	拟采用创业思维	融入后教学方式
论文撰写	学生撰写专业报告	团队思维、MVP思维、领导思维、痛点思维、战略思维、融资思维、商业模式思维、资源整合思维、价值主张思维、精益创业思维、股权思维	● 撰写融入创新创业理念的专业实践报告，用以检测双创理念融入化工过程设计实践课程的效果
项目答辩	项目演示及答辩	电梯演讲思维	● 答辩思路清晰、答辩完整、时间控制合理，做到精准答辩
成绩考核	老师打分	股权思维	● 教师打分、团队得分和项目得分

第 2 章
双创融入专业课程模式

在当今快速变化的社会与经济环境中,创新与创业(简称"双创")能力的培养已成为高等教育不可或缺的一部分。为了适应这一趋势,越来越多的高等教育机构开始探索将双创理念融入专业课程的教学模式。本章包括"双创融入课程教学改革实施方案"等十个案例,系统地阐述了双创教育与专业课程融合的理论基础、实践策略与案例分析。不仅丰富了双创教育的理论体系,还为专业课程的改革提供了有力的实践指导。通过引入双创理念,可以激发学生的学习兴趣,培养他们的创新精神和实践能力,使他们更好地适应未来社会的发展需求。同时,双创融入专业课程模式也有助于推动高等教育教学的创新与发展,提高教育质量,培养更多具有创新精神和创业能力的高素质人才。下面将详细介绍这些研究成果的具体内容、实施方法以及实践效果,以期为相关领域的研究和实践提供有益的参考和启示。

2.1 双创融入课程教学改革实施方案

在国家创新驱动发展战略的推动下，社会经济正在经历深刻的转型，新旧动能的转换也在加速进行，这导致社会和企业对于具备创新能力和实践经验的人才需求日益增长。然而，高等教育机构每年必须面对数百万毕业生的就业挑战，使得人才供需之间的矛盾变得尤为显著。为了解决这一矛盾，高校需要不断推进教育模式的改革，积极建立校企、校地、校际合作，以及产教融合、科教结合、产学研一体化的实践教育平台。通过科学构建实践教学与创新创业教育体系，高校可以培养出适应新时代发展需求的高素质大学毕业生，从而缓解就业市场的压力并促进社会经济的全面发展。

（1）双创融入课程教学改革的意义

双创教育，即创新与创业教育，强调在人才培养中注重创新能力和创业技能的发展。这种教育模式旨在激发学生的创新精神和增强他们的实践技能，符合素质教育的深层目标，并能有效提升学生的社会责任感。政策指导和措施的实施意在引领社会整体认可以创新为核心的创业教育价值，弘扬创业精神，培育和加强创新文化，从而在各个层面强化对双创意识的认同，使其成为广泛追求的社会价值。为了将双创教育理念具体落实到教育实践中，必须在深化高等教育改革和创新的过程中，挖掘不同课程中的双创教育资源，并将其与现有的专业课程体系有机结合，而不是继续采取单一的双创课程设置。这样的整合有助于学生在学习专业知识的同时，自然吸收和领会双创教育的理念和技能。学校和教师的职责在于引导学生正确理解创新与创业的实质，帮助学生获得未来作为创业者所需的知识和技能，树立正确的双创观念。对于教师而言，将双创教育融入课程和教学改革中，不仅是提高教学质量的有效手段，也是全方位培养学生学习能力、促进其全面发展的重要策略。通过这种方式，双创教育能够在学生心中扎根，促使他们在未来的职业道路上能够以创新思维和创业能力，为社会带来积极的变化和持续的进步。

（2）为教育事业人才培养指明新方向

随着新时代的蓬勃发展，创新创业日益凸显出其举足轻重的作用。作为培育人才的关键摇篮，高校必须紧密跟随社会发展的脉搏，积极投身于双创教育的推进之中，致力于培育具备创新创业意识与坚实实践能力的高素质人才。然而，我们不难发现，众多地方院校在双创教育和培养上，过于侧重于理论知识的灌输，而对于学生实践能力则鲜有深入关注。这导致了许多学生虽然熟读了理论知识，但却难以将其与实践知识有机融合，形成了知识与实践之间的断层。实际上，学生唯有亲身参与各个环节的实践，才能真正理解并掌握其中的精髓，实现理论知识与实际的紧密结合。因此，对双创教育体系进行改革势在必行。在学习的过程中，我们应注重培养学生的创新创业意识和能力，这不仅能够点燃他们的创业热情，提升他们的实践能力，还能帮助他们树立正确的服务于社会主义现代化建设的事业观和人生观。只有深入推动双创教育，高校才能对传统人才培养模式进行革新，从而实现人才培养质量的全面提升。这样，我们才能真正培养出具备社会责任感、创新精神和实践能力的高级专门人才，为社会的繁荣与进步贡献更多的力量。

（3）为各行业创新发展提供人才支撑

高校双创教育的核心在于培养大学生的创新精神和创业能力，并以此为导向，引导高等学校不断更新教育观念，深化人才培养模式的改革，优化教育内容和教学方法。在这一过程中，高校应将人才培养、科学研究、社会服务三者紧密结合，实现从单一的知识传授向全面能力与素质培养的深刻转变，从而切实提升人才培养的整体质量。新时代呼唤的是具备创新意识、创业能力和创造精神的创新型高素质人才。高校作为汇聚各类专业人才的摇篮，是向地区乃至国家输送人才的重要枢纽。为了响应这一时代需求，高校必须积极转变人才培养观念，完善双创教育的人才培养方案，建立起科学规范的创新创业评估指标体系。同时，不断丰富双创教育资源，为广大学生提供更为广阔的实践平台和学习机会。通过这一系列举措，我们不仅能够促进双创教育的持久发展，还能够更好地满足各行各业对人才的需求，为社会的持续进步和国家的繁荣发展贡献创新力量。

（4）双创融合课程全过程覆盖，重构双创教育课程体系

双创教育，须贯穿高等教育改革全程，落于教育现代化诸领域、各环节。无论课堂教学，抑或课外实践，均应凭依双创理念，精确定位本科专业大学生之人才培养模式，以提升学生综合素质、强化其创新精神与创业能力为培养目标。以学生双创能力培养为核心，整合专创、校城、校际优质资源，重筑双创教育课程育人体系、实践支撑体系与校际合作体系。依课程双创融合之实现要求，修订人才培养方案，循"目标融入、素材融合、方法融汇、教师融通"之原则，施行专业课程教学改革，探究创新方法、创业思维融入课程教学之实施

过程，寻觅政企资源与双创教育之结合点，构建实施效果评价体系，具体实施方案如下（如图2-1所示）。

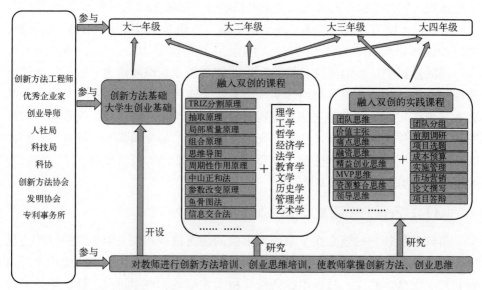

图2-1 双创融入课程教学改革实施方案计划图

（5）政企优质资源以及师资培训

通过校内、校际、校城资源的协同整合，构建了全员覆盖的新形态创新方法基础课。本门课程旨在实现专业教育与创业教育的深度融合，确保所有专业的学生都能接受到双创教育，从而在专业能力的基础上增强创新创业能力。为了培养具有创新能力和创业精神的人才，邀请了工程师、杰出企业家、创业导师、人力资源、社会保障局、科技局、科学技术协会、创新方法研究会、发明家协会、专利协会以及专利事务所等机构的代表参与我们的高校创新创业人才培养体系。依托政府和企业提供的优质资源，定期为高校教师举办创新方法培训和创业思维培训，这些培训旨在提升在校教师的专业技能，使他们能够更好地开展双创教学研究和课程建设工作。

经过系统培训，教师们具备为大一新生开设创新方法和创业思维课程的能力。这些课程将为学生建立坚实的创新创业基础，并为其未来的职业道路和终身学习打下关键的基础。在双创教育融入课程改革的过程中，充分利用政府和企业提供的优质资源，整合教育界、行政部门和行业领域的平台资源、教师力量、研究课题、市场信息以及资金支持五个方面的资源。通过与地方政府合作推进校城融合发展计划，并与行业企业实施产教协同计划，面向地区经济实施

"千人千企"计划。将区域产业整合，共建专业集群，并建立一个将教育链、人才链、创新链和产业链有效连接的融合发展机制，从而形成了一个资源丰富且可持续发展的校城生态系统。引入政企优质资源可以推动包括理学、工学、哲学、经济学、法学、教育学、文学、历史学、管理学和艺术学等在内的多学科知识整合，解决大学生在创新基础薄弱和创新创业能力培养零散的问题。这种多元化的资源整合不仅引导学生掌握创新方法和专业基础知识，而且在实际操作中帮助学生深入理解课程内容，转变传统的学习模式，使学习过程更加生动有趣。同时，跨领域的学习方式也助力学生结合自身专业背景，提前规划职业生涯，激发学生的创新创业精神，为未来的职业规划、自主创业或参与开创性工作做好充分准备。

（6）构建双创融入课程教育理论

为适应理工科、工科以及文科各专业的特点，并根据双创能力培养的全程贯通要求，设计了将创新思维和创业理念深度融合到教学过程中的改革实施方案。该方案旨在重构教育课程体系，使之与双创教育充分整合。在此框架下，鼓励教师采用多种创新方法，如 TRIZ 理论中的一系列原理（包括分割原理、抽取原理、局部质量原理、组合原理等）、思维导图、周期性作用原理、中山正和法、参数改变原理以及信息校核法等，并将这些方法有选择性地集成到不同学科的课程当中。这些学科包括但不限于理学、工学、哲学、经济学、法学、教育学、文学、历史学、管理学和艺术学等。通过这种深度融入的方式，学生可以从大一到大四的任何年级，在各自的课程学习中接触并实践这些创新方法。这不仅有助于提升学生的创新能力和创业意识，还能让学生在学习专业知识的同时，学会如何应用创新思维解决问题，并具备将这些知识转化为实际应用的能力。此外，该方案还为教师提供了指导和支持，帮助他们更有效地整合创新方法和创业思维到现有的课程体系中，最终形成一个既全面又灵活的双创教育模式。这样，学生无论在哪个学习阶段，都能不断地积累和发展他们的双创能力，为未来的职业生涯和终身学习奠定坚实的基础。

聚焦 TRIZ、可拓学等先进创新方法，从大纲、教材、师资、教学设计、教学资源等多维度建设创新方法课程，纳入全部专业人才培养方案，实现创新方法课程的学生全覆盖。贯彻"人人皆可创新"理念，创造性地围绕日常物品开发创新方法教学案例，独创思维启迪实验箱，编写创新方法普及教育系列新形态教材，通过"课赛结合"方式促进学用结合，提升学生双创能力。此外，针对大四年级的特点，教师对传统教学模式进行课程改革，提升双创教育与实践课程的融合程度。基于团队思维、价值主张、痛点思维、融资思维、精益创业思维、MVP 思维、资源整合思维以及领导思维等创业思维融入实践课程，学生进行团队分组、前期调研、项目选题、成本预算、实施管理、市场营销、论文撰写以及最终项目答辩。构建双创教育理论、政企资源与专业教育相结合的"创新创业+X"专业课程全过程融入模式，提出以学生学习成果和能力提升效果为导向的双创融合课程评价体系，形成一批具有高质量的教育教学改革研究成果，实现全面的双创教育研究。

学校双创教育产生良好的社会影响。成果实施极大丰富了学校双创教育资源，完善了双创教育体系，提升了双创课程质量，学生双创能力显著增强。荣获"互联网+""挑战杯"等国家级奖励 3000 余项，发表论文 1260 篇，授权专利 750 项。"郭牌西瓜"团队斩获"互联网+"金奖，学生项目孵化企业 305 家，"智来也共享纸巾机"项目单轮融资 1000 万元。成果实施显著提高了双创师资质量，获得双创教育师资证书 850 人，培养创新创业师资 1100 人，聘任企业双创导师 367 人，发表专创融合教研论文 62 篇，出版《创新思维与创新方法》等专著、教材 17 部，获批专创融合著作权 12 项。受邀在教育部创新方法教指委年会、中国高校创新创业联盟大会等交流 52 次，受邀到 57 所高校作成果推广报告，接待 43 所高校教师来校专题学习，联合超星等平台组织教学创新、专创融合等相关研讨会 16 次，成果辐射东中西部本科与高职院校 159 所，起到了典型示范作用。

2.2　基于双创教育的能力递进式教育模式

国外的双创教育起源于 20 世纪初，美国麻省理工学院在 20 世纪早期就设立了创业教育课程。随后，其他著名大学如斯坦福大学、哈佛大学、加利福尼亚大学等也相继开展了相关的活动和课程。这些大学的创业教育普遍具有明确的培养目标、完善的学科建制、雄厚的师资力量以及系统的课程设置，为学生提供了全面的创新创业知识和技能培养。进入 21 世纪，欧盟及其成员国也开始重视高校的双创教育，并出台了一系列政策，这些政策对西方国家的双创教育产生了重大影响。日本的双创教育则在政府主导下，由高校和地方社会辅助完成，具有较强的地域性和连贯的教育体系，取得了不错的成果。综上所述，国外双创教育的发展历史悠久，多所大学通过不断的探索和实践，形成了各具特色的教育模式。这些成功的经验对于全球双创教育的发展起到了积极的推动作用，也为其他国家提供了可借鉴的模式。

20世纪80年代，上海交通大学率先引入了创造学的理念，为我国的创新教育探索开启了新的篇章。教育部于2002年初在清华大学、上海交通大学、中国人民大学、北京航空航天大学等九所顶尖高校设立了创业教育试验点，以引领和推动全国范围内的创新创业教育实践。近年来，各大高校纷纷成立创新创业学院及相关机构，努力推动双创教育在大学的广泛普及。培养具备创新创业精神、适应人力资本市场需求的高素质应用技能型人才，已成为本科院校提升学生创新能力和就业能力的重要途径。目前，我国的双创教育正朝着双创融合的方向迅速迈进。在这一过程中，专业教育作为双创教育的坚实支撑，为其提供了丰富的知识和技能基础；而双创教育则作为专业教育的有力补充，为学生提供了实践创新、实现梦想的舞台。只有将双创教育与专业教育有机融合，才能真正有效地推动我国高职院校创新创业人才培养质量的持续提升，为社会培养出更多具有创新精神和实践能力的优秀人才。

在探讨双创教育和专业教育的关联性时，学界普遍认为专业教育是双创教育的重要基石和传播平台。从教育学的视角和时代背景分析，专业教育和双创教育虽然各有侧重点，却共同承担着培养时代所需人才的使命。专业教育致力于满足社会进步的需求，注重于专业技能的培养；而双创教育则着眼于适应新时期市场经济的快速演变，重视培育具有创新精神和创业能力的复合型人才。对双创教育与专业教育在新时代的关系理解应超越传统的互补互助视角，认识到两者在多维度上的深度整合。就目标而言，双创教育不仅构筑于专业技能学习的基础之上，更致力于激发学生的创业潜能；从发展的视角看，市场经济的持续繁荣亟须通过双创教育来孵化那些既具备专业素养又富有企业家精神的人才。课程的理论与实践环节中，双创教育得益于专业教育所提供的扎实知识底蕴，并以此为跳板，推动学生朝着更高水平的创新能力迈进。这两个教育阶段相辅相成，共同塑造能够适应和引领市场变革的高素质专业人才。因此，可以认为双创教育是专业教育在市场经济条件下培养创新型人才的关键进阶环节。双创教育的核心宗旨在于培养学生的创业基本思维模式，装备他们以必要的企业知识与理论，增强他们的创业意识，从而进一步推进高等教育专业化教学的职业能力革新。面对新时期高校双创教育的课程内容可能过于单一的问题，这一挑战与双创教育的实施效果息息相关，需要我们不断丰富教学内容和方法，确保双创教育能够真正达到其旨在培养的目标。

首先，双创教育在人才培养体系中仍面临诸多挑战。其中，顶层设计者和一些教育从业者对于双创教育的核心理念尚未完全领会，这导致了对双创教育的误解和执行上的不足。有观点认为，双创教育仅仅适用于那些有志于创业的学生，而对其他学生则只需提供就业指导课程即可。此外，许多高等教育机构主要侧重于针对具体就业岗位的技能训练，相对忽视了学生创新能力的培养。这种局限性的教育模式不仅缩小了双创教育的影响范围，也削弱了其在培养学生综合素质方面的潜在价值。实际上，双创教育不应只局限于培育未来的企业家，它应该被看作是一种全面提升学生创新思维、解决问题能力和适应未来挑战的教育策略。这意味着，无论学生未来是否选择创业，他们都能从中获得必要的技能和素养，以适应不断变化的职业环境和市场需求。因此，为了构建一个更加完善的双创教育体系，需要各利益相关者提高对双创教育重要性的认识，并将其融入教育体系的每个层面。这包括改进课程设计、更新教学方法、提升教师能力以及优化教育资源配置等。通过这些措施，可以确保所有学生都有机会发展他们的创新和创业能力，从而为社会培养出更多能够积极应对未来挑战的创新型人才。

其次，我们必须面对的现实是，无论是教师还是学生，对于双创理念的理解都不够深入。师资队伍的短缺是目前高校普遍面临的问题，在很多情况下，双创教育的任务落在了辅导员和行政人员身上，而他们往往缺乏必要的专业知识背景。同时，许多专业教师由于对双创教育的认识不全面，常常局限于自己的专业领域，缺少将创新思维融入教学中的意识。尽管高校已经开始设立与创新创业相关的课程，但这些课程往往还没有形成一个完善的体系。教学用书、大纲以及方法等方面与社会的实际需求对接不足，与大多数专业教育的关联性也不够强。管理和教授内容上存在的问题导致专业教师和双创教师之间的教学内容存在断层，使得双创理念与专业技能的教育培训难以有效融合。缺少明确的知识联系机制，最终影响了基础理论知识体系的构建。为了解决这些问题，高校需从根本上重视并提升对双创教育的认知，建立一支具备相关专业知识和实践经验的师资队伍。同时，应调整和完善课程体系，确保教学内容与社会需求和专业发展紧密结合。此外，还需搭建起专业教育与双创教育之间的桥梁，形成有机的互动和融合机制，以便学生能够在掌握专业知识的同时，培育出适应未来市场和社会的创新意识和能力。

最后，面临的主要问题是政企资源整合程度不足。在当前环境下，学校、政府和企业间的合作已经成为创新体系不可或缺的内在要求。企业在国内及国际市场上的竞争日趋激烈，它们必须依靠高校的科研力量来解决发展中遇到的技术难题。而高校虽然拥有大量的科研成果，却常因资金和设施限制难以实现成果的转化，迫切需要与企业紧密合作。政府在这方面扮演着关键的引导角色，负责协调沟通学校与企业之间的关系。目前以高校资源为主的创新创业教育模式，往往导致人才的培养与社会实际需求不相吻合。尽管有校企合作和校地合作的形式存在，但政企资源在创新创业人才培养中的深度融合仍显不足，这直接影响了成果转化的效果。为了解决这一问题,需要构建一个更为开放和互联的合作网络,使政府、企业和学校三方的资源和优势能更有效地结合,共同推动创新成果的转化以及创业人才的培养。具体来说,政府可以通过政策引导和财政支持,鼓励企业参与高校的教育过程并投入资源;企业则可以依托高校的研究能力和创新思维,共同开展研发项目,并为学生提供实习实训的机会;高校需要更好地与社会需求对接,调整教育和研究方向,同时提供一个促进科研成果转化的平台。通过这样的多方合作,不仅能够提升学生的创新创业能力,还能加速知识和技术的市场应用,为社会经济发展注入新的活力。

基于上述问题,提出以政企资源、学校资源为基础的"五层次创新创业能力"设计方案。主要研究"培养方案制定、大一、大二、大三、大四、毕业五年内"人才培养全过程各阶段创新创业能力培养规律,按"能力递进式"要求培养创意激发能力、创新实践能力、成果创造能力、创业实施能力、创新再造能力(五层次创新创业能力)(图2-2),设置分阶段培养目标,优化培养方案,匹配课程体系,创新教学方法。具体实施方案是:

内部优化以双融合课程为核心的学校资源,教师将创新方法融入专业课程、创业思维融入专业实践课程,对传统教学模式进行课程改革,提升双创教育与专业课程的融合程度。借助创空间、双创竞赛、科创项目、孵化苗圃、双创实践班等方式,实现学生创新创业能力递进式培养。

外部引入以双创实践人才为核心的政企资源,校城融合平台、招才引智项目、双创实践基地、企业课题、校城融合科技项目等方式,充分利用政企资源为学校教师提供创新方法、创业思维培训服务,结合前沿技术面临的热点问题及企业的实际问题,提高教师的创新创业综合能力。

面向学生全年级开设融入创新方法、创业思维的基础课、专业基础课、专业课及专业实践课,实现对学生创新方法、创业思维全过程培养,"五层次创新创业能力"拓展学生双创能力培养渠道,最终实现学生双创能力的综合提升。

在理论层面,立足于国家创新驱动发展战略的大背景,一些高校已经打破了传统的、碎片化的双创人才培养模式,转而建立了一个系统的、逐级提升的"五层次双创能力"培养体系。这一体系不仅创新性地引入了政府和企业资源的参与,而且实现了校政企在资源共建共享和良性互动方面的深度融合,将双创教育的成果有效地反馈给了地方经济和社会的发展。以提升学生双创能力为主轴,这些高校建立了一个"以学生为中心"的机制,这个机制确保了政府和企业资源能够与双创人才的培养过程完全融合。这样的融合提升了高校双创教育的开放度,并实现了校政企共同建设、共享双创教育成果的良性循环。在理论层面,对高校而言,研究"五层次创新创业能力"的内涵是至关重要的。它们明确了"能力递进式"各个阶段的培养目标，并实施了一个全过程、分阶段、能力逐步提升的双创人才培养模式。这种模式有利于推动双创教育与专业教育相融合的研究，从而丰富高校的人才培养模式。综上所述，这些措施不仅优化了人才培养的质量，也为社会培育了能够适应新时代挑战的创新人才，同时也促进了大学与社会的紧密联系，为国家的创新发展提供了强有力的人才支持和智力支撑。

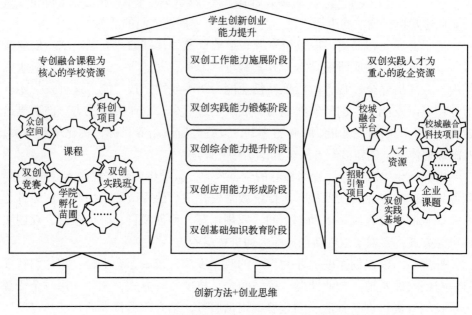

图 2-2 "五层次创新创业能力"改革方案实施示意图

在实践层面上，高校通过广泛引入政府和企业资源，并深度整合校内资源，将这些外部资源融入创业人才的培养体系中。这种做法带来了多重益处：首先，高校能够更准确地把握地方社会对人才的需求，从而明确人才培养目标，这有利于促进学校内涵式的发展。通过与地方政府和企业界的紧密合作，学校不仅能够优化教学内容和方法，还能够根据社会需求调整教育策略和方向，增强学生的就业竞争力和社会适应能力。其次，政府和企业的支持有助于丰富双创教育的资源，尤其是解决师资不足的问题。企业界专家和经验丰富的政府官员可以参与课程教学和项目指导，提供实战经验和市场洞察，从而提高创新型人才的培养质量。同时，这种资源的整合和优化可以直接反哺地方的经济和社会建设，形成校城融合、共同发展的良好态势。学生在校期间就有机会参与到实际的项目中，将理论知识转化为实践经验，为地方创新和经济发展做出贡献。总之，通过实现校园内外资源的协同，不仅提升了教育质量和效果，还构建了一个共建、共享、共赢的区域创新生态系统。这样的系统能够持续培养出适应时代发展需求的创新型人才，对于推动地方乃至国家的经济社会发展具有重要意义。

2.3 基于创新方法、创业思维的 OBE 课程教学改革模型

工程教育认证是在《华盛顿协议》框架下形成的一套国际认可的教育标准，该协议是全球性的工程教育认证协议，其目的是通过制定共同的质量和学术标准，促进签约国之间工程学位、学历和专业经历的相互认可。在中国，工程教育认证是高等教育改革的重要组成部分，它不仅推动了中国工程教育质量的提升，还促进了中国工程师资格的国际互认，有助于中国工程师在全球范围内的职业发展。尽管工程教育和双创教育在形式和方法上存在差异，工程教育更侧重于技术和专业技能的培养，而双创教育则侧重于激发学生的创新精神和创业能力，但两者的核心目标都是提升学生的综合能力和素质，以适应未来社会和市场的需求。两者之间的关联性主要表现在以下几个方面。

① 创新思维：工程教育和双创教育都强调培养学生的创新思维，即能够面对复杂问题时提出新颖的解决方案。

② 实践能力：二者都认为理论与实践相结合是培养高质量人才的关键，鼓励学生通过项目、实习等方式增强实际操作能力。

③ 团队合作：无论是在工程项目还是创新创业中，团队合作能力都是必不可少的，两种教育模式都注重这一点。

④ 终身学习：随着技术的快速变化和市场的不断发展，终身学习成为工程师和创业者必备的素质之一。

⑤ 社会责任：工程教育和双创教育都强调个人对社会的责任，鼓励学生在工作中考虑环境保护、可持续发展等因素。

因此，虽然侧重点不同，工程教育认证与双创教育在培养高素质人才方面相辅相成，共同为培养能够适应未来挑战的复合型人才提供支持。

工程教育认证作为我国高校工科专业人才培养的风向标，确立了一系列旨在保证教育质量和满足行业标准的准则。成果导向教育（outcome-based education，OBE）是一种以学生的学习成果为核心的教育模式。它基于三大理念：学生为中心、成果导向和持续性改进。在 OBE 模式下，教育活动围绕学生

在知识、能力和素质三个维度上的成长进行设计，教学成效的衡量标准是学生的实际表现，并通过这些表现来推动专业的持续改进。将双创教育融入专业课程中，不仅为学生提供了提高其综合素养和竞争力的机会，还实现了专业应用型人才培养与双创教育目标、教育资源和教学内容的深度融合。这种融合促成了一种产教融合、多维互动、分阶段递进的双创教育人才培养模式。紧扣国家发展的战略目标，将创新创业与专业课程教育相结合，鼓励学生积极参与校企合作的工程实践项目，这不仅增强了学生的创新创业能力，也提升了他们解决工程实际问题的能力。通过这种结合，可以促进学生的全面发展，并推动产学研用的紧密结合，这对于培养能够适应快速变化的社会和市场需求的高素质工程技术人才具有重要作用。

双创教育体现了国家对推进创新驱动发展战略和促进经济提质增效的迫切需求。无论是双创教育还是工程教育，它们的根本宗旨都在于提高人才的综合素质和能力。工程教育的认证与评价主要聚焦于 12 项毕业生应具备的核心职业能力。在成果导向教育（OBE）的理念指导下，创新与创业人才以及工程技术人才在能力和素质方面有许多相似之处和潜在的联系，这为基于创新方法和创业思维的课程教学改革提供了理论支撑。然而，与国内许多其他高等教育机构一样，两者之间的合作并不紧密，通常单独进行，缺少有效的整合。这种分隔状态的一个主要原因是对创新与创业教育和工程教育之间联系的研究不足。尽管这两方面的外在形式有所不同，但从教育结果来看，它们都致力于提高人才的综合能力。因此，在 OBE 的视角下，通过深入分析工程人才和创新与创业人才的能力指标体系，探索二者之间的逻辑关系，可以揭示它们的内在联系。这将有助于构建一个更加全面和协调的人才培养框架，从而更好地满足国家战略发展目标的需求，并为学生提供能够适应未来挑战的综合素质和能力。

（1）理论意义

当前，工程教育认证已经建立了一个系统性的工程人才能力指标体系，该体系明确了 12 项毕业生应达到的要求。然而，双创人才的能力指标体系以及它与工程人才能力指标之间的关联性研究还相对缺乏。鉴于此，探索这两个领域之间的联系，不仅对丰富工程教育和双创教育的理论框架具有重要理论价值，而且对于构建跨学科的教育模式和培养更具创新能力和创业精神的工程人才具有实际意义。通过明确定义双创人才的能力指标，并将其与工程人才的能力指标进行对比和整合，可以发展一个更全面的评价和教育体系，以更好地满足当今社会和工业界对工程技术人才的多元需求。

(2) 应用价值

在进行工程教育与双创教育相关性研究的基础上,将从课程层面探讨双创课程、专创融合课程对工程教育认证 12 条毕业要求的支撑作用,最终建立工程教育认证框架下的专创融合人才培养机制。因此,研究对于改变当前工程教育与双创教育各自为战的局面,促成工程教育与双创教育的深度融合具有较大的应用价值。

提升人才综合能力素养是双创教育和工程教育的根本任务,其中工程教育认证评价的核心就是围绕 12 项毕业要求(即学生毕业时应具备的职业能力)达成情况展开的。事实上,在面向产出(OBE)视角下,双创人才与工程人才在能力和素养层面具有诸多共同点和潜在关联,这就是本方案实施的理论基础。具体来说,可从以下几个方面开展思考。

① 面向产出的双创型人才能力指标体系研究:基于 OBE 理念,研究建立创新创业人才能力指标体系。

② 工程人才基本能力与创新创业能力的关联性研究:工程教育认证 12 条毕业要求是对工程人才的基本能力和素质要求,对比双创型人才能力指标,寻找二者之间的异同点,发掘其关联性。

③ 双创课程及双创融合课程对毕业要求达成的支撑作用研究:从课程建设层面探讨双创教育对工程教育认证 12 条毕业要求的现实意义和支撑作用。

④ 工程教育认证框架下的"双创融合"培养模式研究:在上述研究的基础上,尝试建立工程教育认证框架下的"专创融合"人才培养机制,使双创教育与工程教育形成深度有机融合。

(3) 研究思路与方法

在前期广泛调研的基础上,开展对双创型人才能力指标体系的研究,进而与工程教育认证所要求的工程人才能力指标体系进行对比,发掘二者的内在联系。然后,结合各高校目前开设的双创课程和专创融合课程,研究其对相关专业毕业要求的支撑作用。最后尝试在工程教育认证框架下建立"双创融合"人才培养机制。

研究过程中将综合运用调查研究法、文献分析法、对比分析法、案例研究法、总结归纳法等研究方法(如图 2-3 所示)。前期已对我校近三年来 120 多项双创教学改革项目和双创融合课程进行了全面分析,从知识层面整理得出了各种创新方法、创业思维对工程教育认证 12 项毕业要求的支撑情况,如图 2-4 所示。例如思维导图法可以有效帮助学生梳理、记忆不同学科的专业知识;信息交合法可以帮助学生将多学科知识交叉结合,提升其知识应用能力;TRIZ 科学效应和知识库可以从底层打破学科知识限制，帮助学生跨学科应用知识（如表 2-1 所示）。因此，这三种创新方法可以有效地提升学生的知识应用能力。

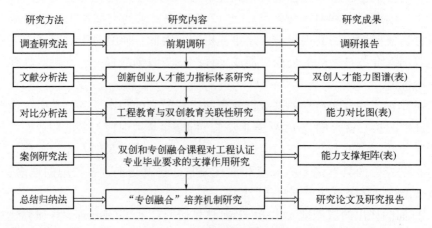

图 2-3 项目研究思路与方法

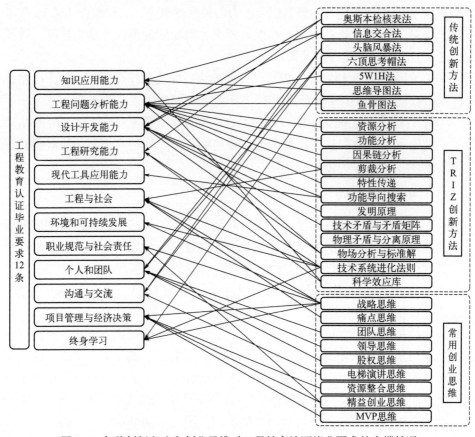

图 2-4 各种创新方法和创业思维对工程教育认证毕业要求的支撑情况

工程教育认证包含三大理念、12 条毕业要求。创新方法及创业思维融入专业课程能促进 12 条毕业要求的实施，具体意义见表 2-1。

表2-1　创新方法及创业思维融入专业课程促进12条毕业要求的实施

序号	工程教育认证12条毕业要求	融入创新方法、创业思维的教育改革实施意义
1	工程知识：能够将数学、自然科学、工程基础和专业知识用于解决复杂工程问题	科学效应库、思维导图、资源分析、信息交合法
2	问题分析：能够应用数学、自然科学和工程科学的基本原理，识别、表达、并通过文献研究分析复杂工程问题，以获得有效结论	功能分析、资源分析、因果分析、物场分析、鱼骨图、5W1H提问法、奥斯本检核表法
3	设计/开发解决方案：能够设计针对复杂工程问题的解决方案，并在设计过程中体现创新意识，考虑社会、健康、安全、法律、文化及环境等因素	物理矛盾、技术矛盾与矛盾矩阵、物场分析、六顶思考帽、技术系统进化法则、标准解、分离原理、功能导向搜索、和田十二法
4	研究：能够基于科学原理并采用科学方法对复杂工程问题进行研究，包括设计实验、分析与解释数据、并通过信息综合得到合理有效的结论	科学效应库、信息交合法、戴尔菲法
5	使用现代工具：能够针对复杂工程问题，开发、选择与使用恰当合理的技术、资源、现代工程工具和信息技术工具，并能够理解其局限性	功能导向搜索、特性传递
6	工程与社会：能够基于工程相关背景知识进行合理分析，评价专业工程实践和复杂工程问题解决方案对社会、健康、安全、法律以及文化的影响，并理解应承担的责任	战略思维、最优理想解、价值工程法、痛点思维
7	环境和可持续发展：能够理解和评价针对复杂工程问题的专业工程实践对环境、社会可持续发展的影响	战略思维、技术进化路线、九屏幕法
8	职业规范：具有人文社会科学素养、社会责任感，能够在工程实践中理解并遵守工程职业道德和规范，履行责任	
9	个人和团队：能够在多学科背景下的团队中承担个体、团队成员以及负责人的角色	团队思维、领导思维、六顶思考帽、股权思维
10	沟通：能够就复杂工程问题与业界同行及社会公众进行有效的沟通和交流，包括撰写报告和设计文稿、陈述发言、清晰表达或回应指令，并具备一定的国际视野，能够在跨文化背景下进行沟通和交流	电梯演讲、头脑风暴法、六顶思考帽

续表

序号	工程教育认证12条毕业要求	融入创新方法、创业思维的教育改革实施意义
11	项目管理：理解并掌握工程管理原理与经济决策方法，并能在多学科环境中应用	战略思维、资源整合思维、精益创业思维、MVP思维、价值工程
12	终身学习：具有自主学习和终身学习的意识，有不断学习和适应发展的能力	技术进化曲线、战略思维、思维导图

明确学校双创教育培养目标，构建双创教育基础知识普及全面化，紧密结合专业教育课程，面向学生进行双创基本能力和素质培养，帮助学生树立双创意识。其次要结合专业培养方案，将双创教育与专业课程"嵌入式"融合，构建系统性双创知识理论框架和实践操作方案，建立"双创+专业"模式，在人才培养计划中，面向双创意识较强的学生具有针对性开展双创训练，从而提升学生双创的基本能力与素质。可以通过将双创课程纳入专业课程体系中，进一步优化专业教学和专业实践。在OBE（面向产出）视角下，从工程人才能力指标体系与双创人才能力指标体系入手，找到二者之间的内在逻辑关系，发掘其关联性。因此，首创基于三维坐标创新方法、创业思维的OBE课程教学改革模式中（如图2-5所示），X轴是要进行教学改革的专业课程（高等数学、大学英语、专业课1、专业课2、实践环节1、…、课程n），Y轴是对学生毕业所学具备能力的要求（终身学习、工程管理与经济决策、沟通与交流、个人和团队、职业规范与社会责任、环境和可持续发展、工程与社会、现代工具应用、工程研究能力、设计开发能力、工程问题分析、知识应用能力），Z轴是计划采用的创新方法（思维导图、发明原理、矛盾矩阵、九屏幕法、电梯演讲思维、股权思维等）。

处于本科阶段的学生已经经历过了长久以往的理论知识学习，对于实践技能的掌握也具备了一定的基础，但是还没有完全接触到社会，而高等教育阶段就是学生从学校进入社会阶段的一种过渡，要求学生在走上不同工作岗位的时候要充分实现自身的价值，才能够将自己的所得所学贡献给社会和国家的建设。OBE教育模式在很大程度上重视对学生能力的培养，有助于其实现自己的人生价值。

① 首先构建了三维坐标系，明确创新方法、创业思维融入专业课程教学改革过程中，专业课程知识点、毕业要求、创新方法创新思维之间的关系问题（图2-5）。

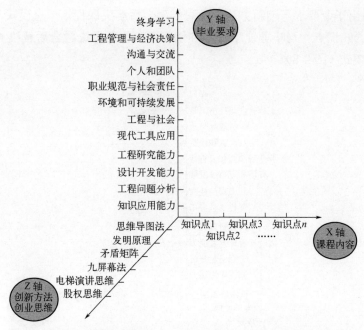

图 2-5　基于三维坐标创新方法、创业思维的 OBE 课程教学改革模式

② 提出课程知识点与创新方法创业思维融合后解决毕业要求模式（图 2-6）。

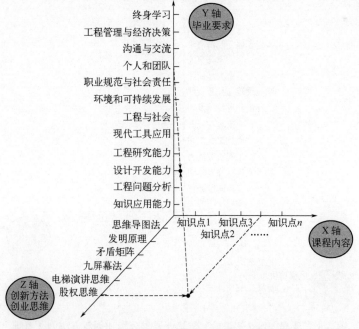

图 2-6　课程知识点与创新方法创业思维融合后解决毕业要求模式

③ 提出毕业要求与创新方法创业思维融合后解决课程知识点模式（图 2-7）、课程内容（知识点）与毕业要求分别和创新方法创业思维融合后解决 OBE 课程教学改革模式（图 2-8）。

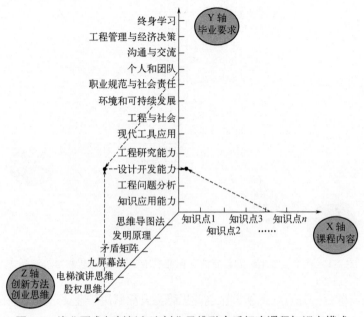

图 2-7　毕业要求与创新方法创业思维融合后解决课程知识点模式

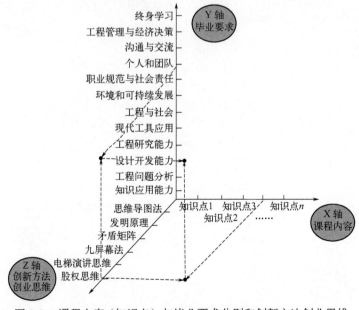

图 2-8　课程内容（知识点）与毕业要求分别和创新方法创业思维融合后解决 OBE 课程教学改革模式

④ 提出基于三维坐标创新方法、创业思维的 OBE 课程教学改革结构（图 2-9）。

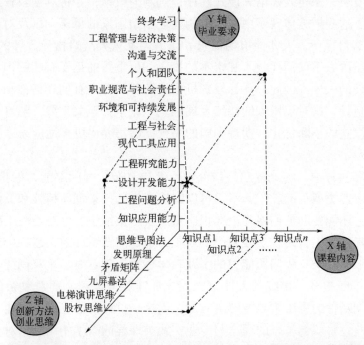

图 2-9　基于三维坐标创新方法、创业思维的 OBE 课程教学改革结构

在进行工程教育与双创教育相关性研究的基础上，将从课程层面探讨双创课程、专创融合课程对工程教育认证 12 条毕业要求的支撑作用，最终建立工程教育认证框架下的专创融合人才培养机制。

2.4　创业思维融入专业实践课程模式

自 1989 年国际教育会议将专业教育、职业教育和双创教育界定为 21 世纪教育的三大关键领域以来，全球教育格局经历了显著的变革。在这一背景下，我国正致力于加强高等教育中的双创教育，并出台了一系列政策文件以推动这一进程。2010 年 4 月，教育部办公厅与科技部办公厅联合发布了《高校学生科技创业实习基地认定办法（试行）》，旨在为大学生提供实践平台，激发他们的创新精神和创业能力。2010 年 5 月，教育部又下发了《关于大力推进高等学校创新创业教育和大学生自主创业工作的意见》，进一步强调了双创教育的重要性。《中国教育报》在 2011 年 1 月 5 日的一篇报道中提出，要推动课堂内外的双创教育并行发展，深化人才培养模式和评价机制的改革，并将双创教育纳入国民教育体系。这些措施体现了中国对于构建创新型国家的承诺，以及对于培养符合这一战略目标所需人才的迫切需求。作为国家重大战略指导方针的一部分，建设创新型国家不仅需要技术和资本的投入，更重要的是要有能够担负起建设和创新重任的人才。因此，高等教育机构肩负着培养具有创新精神和创业能力的学生的重任，这对于国家的持续发展和全球竞争力至关重要。随着政策的实施和教育模式的不断优化，期待中国的高校能够培养出更多适应未来挑战的创新创业型人才。

在高等教育中，实践教学是培养学生解决复杂工程问题能力的重要环节。通过专业实践类课程的教学，不仅可以锻炼学生的探索创新精神和灵活解决问题的技能，还能帮助他们将理论知识应用于实际情境中。针对当前工程教育专业认证的标准和工科院校实践教学的现状，迫切需要系统地构建一个能够有效培养学生解决复杂工程问题能力的实践教学体系。随着对学生双创能力培养的重视程度不断提升，传统的人才培养模式亦需相应改革。面对复杂的工程问题，需要创新性的思维来寻找解决方案，而这一过程恰恰也是双创能力的培养过程。因此，将双创教育的理念与专业实践类课程的教学相结合，对于提升学生解决实际工程问题的能力并实现课程目标具有重要意义。以行业的实际需求为导向，基于创业思维的发展规律，高校正在重构实践课程的教学模式，并建立新的实践平台。在实践教学的各个阶段中融入创业思维训练，不仅有助于学生在解决复杂问题时树立创业理念，还能增强他们适应未来职场的能力。同时，通过对实践教学效果的反馈，可以进一步利用创新方法开发线上资源、调整课堂内容，形成一个线上线下协同的教学模式。这种模式不仅让线上资源丰富课堂教学和实践教学内容，还让实践教学促进线上资源的建设和课堂教学内容的持续完善，形成一个互补和循环的教学生态系统。通过这种方式，学生能够在更加贴近工业界的教育环境中学习和成长，为未来的职业生涯做好充分准备。

（1）创业思维融入专业实践课程教学模式的构建

专业实践课程主要涉及的环节包括：团队分组阶段、前期调研阶段、项目选题阶段、实施管理阶段、报告撰写阶段、项目答辩阶段和成绩考核阶段等。专业实践课程传统教学方法和教学资源常缺乏一定的导向性和系统性，不能适应行业对人才知识和技能的要求以及 OBE 理念的人才培养要求；师资队伍教学能力不能满足学生创新创业实践的需要。创业思维有效融入专业实践课，可以给专业实践课教学方法创新提供新的思路，为学生能力提升提供理论基础。选择融入专业实践课程的创业思维主要有：团队思维，领导思维，战略思维，商业模式思维，价值主张思维，资源整合思维，痛点思维，精益创业思维，MVP思维，病毒营销思维，股权思维，融资思维和电梯演讲思维等。创业思维融入专业实践课程后，在其原有基础上可以增加经济核算阶段和市场营销阶段两个环节。专业实践课程各环节与创业思维深度融合情况如表2-2所示。因此，创业思维的融入，将会给专业实践课注入新的血液，焕发新的活力。

表2-2 创业思维融入专业实践课程各环节情况

环节		创业思维												
		团队思维	领导思维	战略思维	商业模式思维	价值主张思维	资源整合思维	痛点思维	精益创业思维	MVP思维	病毒营销思维	股权思维	融资思维	电梯演讲思维
专业实践课程环节	团队分组阶段	★										★		
	前期调研阶段				★		★	★						
	项目选题阶段				★	★		★						
	经济核算阶段（新增）											★	★	
	实施管理阶段		★				★		★	★				
	市场营销阶段（新增）										★			
	报告撰写阶段	★	★	★	★	★	★	★	★	★	★	★	★	
	项目答辩阶段													★
	成绩考核阶段											★		

专业实践课程更注重对技术和技能型人才培养，通过理论与实践教学的相互贯通，将专业技术的综合实践应用能力与创新创业能力培养作为融汇点和教学重点。专业知识与技能培养的同时，创业思维的融入进一步拓宽了能力的培养领域，并为专业实践课程教学方法的实施提供了新的思路。不同的创业思维所对应的能力提升如表 2-3 所示。

表2-3　创业思维对应能力提升

能力	创业思维												
	团队思维	领导思维	战略思维	商业模式思维	价值主张思维	资源整合思维	痛点思维	精益创业思维	MVP思维	病毒营销思维	股权思维	融资思维	电梯演讲思维
责任感	♥	♥							♥		♥		
服务意识	♥	♥						♥	♥				
团队协作	♥	♥		♥				♥			♥	♥	
竞争意识			♥	♥				♥		♥	♥		
独立精神		♥			♥			♥	♥				
理论联系实际				♥			♥		♥				
寻找发现问题			♥	♥			♥	♥					
精准识别企业痛点			♥	♥			♥	♥					
全局观念	♥	♥	♥	♥		♥		♥			♥	♥	
交流社会能力	♥	♥	♥				♥	♥		♥		♥	
成本意识			♥	♥				♥	♥				
经济独立运算能力				♥			♥	♥	♥				
资金合理支配能力	♥	♥	♥								♥		
项目预算能力	♥	♥		♥				♥	♥				
资源合理利用及整合	♥	♥	♥	♥			♥					♥	

续表

能力	创业思维												
	团队思维	领导思维	战略思维	商业模式思维	价值主张思维	资源整合思维	痛点思维	精益创业思维	MVP思维	病毒营销思维	股权思维	融资思维	电梯演讲思维
能力提升 销售与营销思想				♥						♥			
能力提升 归纳总结及精准表达				♥	♥	♥							♥
能力提升 逻辑思维能力	♥	♥		♥	♥	♥		♥			♥	♥	♥
能力提升 危机意识				♥	♥			♥			♥		

创业思维融入专业实践课程主要体现在：
① 专业技能培养方面融入了创新创业思维观念，拓宽能力培养领域。
② 创业思维融入为专业实践课程教学目标及培养计划制定提供新的指导。
③ 创业思维融入为专业实践课程传统教学方法的改革与创新提供新的理念。
创业思维深度融入专业实践课程带来新的交汇点如图 2-10 所示。

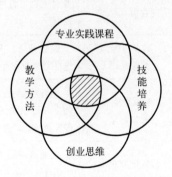

图 2-10　创业思维与专业实践课程融入交汇示意图

（2）以《化工过程控制》课程为例，创业思维融入专业实践课教学效果

《化工过程控制》是化学工程专业本科生的一门必修课，是一门理论性和实践性并重的课程，学生在修读《化工机械设备基础》《化工 CAD 制图》后修读本课程。《化工过程控制》是以化工仪表及化工过程的自动化为研究对象，应用自动控制科学、仪器仪表科学及计算机学科的理论与技术服务于

化学工程的一门学科。化工过程设计课程教师将理论与实践教学相互贯通，重点培养学生的实践应用能力与创新创业能力。教师在进行专业知识与技能培养的同时融入创业思维，进一步拓宽了学生能力培养范围，并为专业实践课程教学方法的实施提供新的思路。在传统的实践教学中环节，学生需要在连续的教学时间内完成特定的课程任务，接受全面、系统的设计训练，重在综合应用知识和技能解决问题。而创业思维的融入，为实践课程教学的实施提供了指导思路，有利于实现课程目标，培养学生的实践能力、创新能力和创业意识。创业思维融入专业实践课教学效果如表2-4所示。

表2-4 创业思维融入专业实践课教学效果

实践环节	传统教学方式	融入的创业思维	教学方式
团队分组	自由分组	团队思维、股权思维	增加小组名称（学生自主确定）及成员特点说明表，确定小组长；完善项目计划，制定每位成员需达成的目标；确定小组每位成员的贡献比例及评价方式；每个小组形成一份完整的工作计划说明书，内容包括项目计划、目标、合作方式、讨论形式等
前期调研	仅将文献作为调研资料	价值主张思维、商业模式思维	对相关企业进行实地调研；多方面、多角度考察项目可行性，判断项目是否能够促进企业发展
项目选题	教师给定或学生自选	痛点思维、战略思维	通过调研，围绕企业痛点"确定选题；明确选题对企业和行业的重要性及市场经济价值"
经济核算	无	融资思维、股权思维	预算项目所需资金，在此基础上撰写融资计划书并规划如何使用项目资金；采用融资思维，多渠道（如广告和宣传）进行资金筹集
实施管理	演示和教师指导	精益创业思维	根据调研结果设计初步的设计方案，再根据小组讨论结果及相关知识对设计方案进行完善
		MVP思维	形成相对完善的设计提纲，对项目的市场价值及应用前景进行考察
		资源整合思维	整合场地资源及人员资源，对设计说明书的内容进行完善
		领导思维	小组长发挥引领和指导作用
市场营销	无	病毒营销思维、团队思维	将设计方案或说明书作为产品进行拟销售和推广

续表

实践环节	传统教学方式	融入的创业思维	教学方式
报告撰写	学生撰写专业实践报告	前述环节所有创业思维的综合	撰写融入创新创业理念的专业实践报告，用以检验"双创"理念融入化工过程设计实践教学的效果
项目答辩	项目演示及答辩	电梯演讲思维	答辩思路清晰，答辩内容完整，时间控制合理
成绩考核	教师打分	股权思维	教师评分、团队得分和项目得分

教学效果如下：

① 团队分组　小组成员作为一个整体要有共同目标，组队过程也是提高自身凝聚力和培养团队协作意识的过程，在团队分组环节融入团队思维和股权思维，有利于提升学生的责任感、服务意识、团队协作精神、竞争意识。

② 前期调研　在设计项目前期调研过程中，融入价值主张思维和商业模式思维，可以加深学生对课堂所学习知识的融会贯通，对理论知识有直观的理解和认识。有利于全面提高学生理论联系实际、寻找和发现实际问题的能力，培养学生的商业模式和价值思维。

③ 项目选题　设计题目拟定是基于前期大量文献调研及实地考察，通过设计题目拟定过程，培养学生交流能力，以及分析问题和解决问题的思维。在项目选题环节融入痛点思维和战略思维，有利于学生在完成项目选题的同时，精准识别企业或行业的"痛点"，树立全局观念，提升沟通交流能力。

④ 预算成本　在进行成本预算过程中，可以培养学生的经济独立运算能力以及资金合理支配能力，同时在获取资金过程中，社交与沟通技能也会获得提升。

⑤ 实施管理　学生在完成项目的整个阶段可以加深了解自动控制系统运行过程中出现的问题和现象，具有灵活应用控制论、系统论、信息论的观点来分析思考的能力，掌握化工过程参数和自动化装置相互关联的综合解决方法、优化设计方案。通过项目完成培养学生发现问题、分析问题和解决问题的能力以及理论联系实际的能力，促进学生养成文献阅读、综合分析、逻辑推理能力，建立科学研究方法，培养工匠精神。

⑥ 市场营销　在进行项目推广过程中，学生会形成提前工作意识，了解所学习内容哪一部分可以产生经济效益，为以后工作奠定基础。同时，根据设计工艺要求，具有与自动控制设计人员共同讨论和提出合理自动控制方案的能力；能够灵活正确选用和使用自动化装置，能为自控设计提供正确的工艺条件和数

据，保证自动控制系统的安全高效运行。有利于提高学生的成本意识、经济独立核算能力、资金合理支配能力、项目预算能力、社交与沟通技能，使学生建立销售与营销思维、专业与市场接轨的思维。

⑦ 撰写报告　多种创业思维的融入可以让学生在撰写设计说明书时形成更加明确的逻辑思路，设计说明书的内容也会更具体系，有利于学生形成创业思维。

⑧ 项目答辩　让学生理解并应用电梯演讲思维，在尽可能短的时间内将项目介绍给受众，并尽可能推广出去，有利于提升学生的归纳总结能力、表达能力和逻辑思维能力。

⑨ 成绩考核　成绩的评判更具公平性和合理性，有利于提升学生的责任意识、个人荣誉感以及危机意识。将双创理念融入化工过程设计的线上线下协同教学中，不仅能够丰富课程的教学资源，还能够有效地培养学生的创新创业意识。这种融合教育的益处主要体现在以下几个方面。

① 强化学生专业技能培养：通过实践项目和案例分析，学生可以直接应用所学知识，从而加深对化工过程设计的理解，并提升解决实际问题的能力。

② 拓宽能力培养范围：除了专业技术技能外，学生还将学习到项目管理、团队合作、市场分析等多维度技能，这些都是创新创业过程中不可或缺的。

③ 为课程教学目标及培养计划的制定提供指导：结合双创理念，教育者可以更有针对性地设计课程目标和培养计划，确保教学内容与市场需求和技术发展同步。

④ 为改革与创新专业实践课程教学方法提供新的思路：传统的教学模式可能过于侧重理论讲授，而融入双创理念后，可以采取更多互动式和参与式的教学方法，如模拟创业项目、创新实验设计等，这些都能激发学生的学习兴趣和创新思维。

综上，将双创理念整合进化工过程设计的线上线下协同教学，有助于构建一个更加全面和动态的教育环境，为学生提供一个能够全面发展其专业和创新能力的平台。

2.5　基于专创融合矩阵的创新方法融入专业课程模式

将创新方法融入专业课程是创新创业教育的新要求，也是促进学生突破传统专业知识体系、提高创新能力的有效途径。要实现创新方法与专业课程的有机、深度融合，就必须依托专业课程的知识体系，对其中蕴含的创新方法元素进行系统性挖掘。

信息交合法又称要素标的发明法或信息反应场法。简单来说，就是将两种信息要素分别设为 X 轴与 Y 轴，构成直角坐标系（信息反应场），坐标系中两个信息的交点（信息交合）均有可能产生新信息。在信息交合法的基础上，首次提出了专创融合矩阵的概念。矩阵中第一列为专业课程的知识模块或知识点，第一行是拟融入的创新方法。基于专创融合矩阵的创新方法融入专业课程模式的主要特点如下。

① 首次提出了一种专创融合元素的系统性挖掘方法。在专创融合矩阵中，除第一行和第一列外，其余空白的交叉格均可用于思考并填入具体专创融合案例或方法（表2-5）。对于一门有 n 个知识点或知识模块的专业课程，如果拟融入 m 种创新方法或工具，专创融合矩阵可为课程设计者（教师）提供 $n\times m$ 个思考方向，极大地提高了专创融合元素挖掘的系统性。

表2-5　专创融合案例或方法（一）

项目	创新方法 1	创新方法 2	……	创新方法 j	……	创新方法 m
专业知识点 1						
专业知识点 2						
……						
专业知识点 i					创新方法 j 融入专业知识点 i 的具体案例或方法		
……						
专业知识点 n						

② 首次提出了一种专业领域新问题的发现方法。在专创融合矩阵中，除第一行、第一列以及已填入的专创融合点外，依然会存在一些空白格，这些格子可供课程学习者（学生）思考发现专业领域的全新问题（表2-6）。

表2-6　专创融合案例或方法（二）

项目	创新方法 1	创新方法 2	……	创新方法 j	……	创新方法 m
专业知识点 1		在专业知识点 1 中应用创新方法 2，会出现哪些新问题？				

续表

项目	创新方法1	创新方法2	……	创新方法 j	……	创新方法 m
专业知识点2						
……						
专业知识点 i				创新方法 j 融入专业知识点 i 的具体案例或方法		
……						
专业知识点 n						

③ 首次提出了一种创新方法融入专业课程的教学改革建设流程。教师针对待改革的专业课程,首先需要总结梳理课程知识模块或知识点,然后选择待融入的创新方法,建立课程的专创融合矩阵,逐个格子系统性思考专业知识点与创新方法的具体融合案例或方法,进而将其体现在课程教学设计中,通过教学实施检验教学效果,如果满意则说明教学改革建设成功,否则再次思考设计融合案例,重新进行教学设计。

④ 首次提出了一种基于专创融合矩阵的专业课程教学方法。教师针对专业知识点,首先进行讲授,然后依据课程专创融合矩阵引入专创融合案例或方法,进而引导学生应用该矩阵,依次思考知识点所在行其余空白格处是否存在新的专业问题,发现专业领域新问题后师生可以共同应用专业知识及创新方法思考解决方案,若可以解决,则该教学过程完成,若暂时未能解决,可留待课后进一步思考。

2.6 鱼骨图创新方法融入中国传统文化教学模式

党的十八大报告指出"文化是民族的血脉,是人民的精神家园",教育部在2014年发布《完善中华优秀传统文化教育指导纲要》,全国各大高校纷纷响应号召,开设了中国传统文化课程。这些课程旨在通过教育和传播中华优秀传统文化,提升大学生的人文素质,加强校园文化建设,并改善高校的整体精神风貌。

实践证明,中国传统文化的教学对于培养大学生的人文素养、弘扬民族文化精神、增强文化自信等方面起到了积极作用。然而，我们也应看到，当前中国传统文化课程在实施过程中仍面临一些挑战。例如，部分学生对这类课程的重视程度不够，教学方法可能过于传统和单一，导致教学效果并不理想。鉴于此，积极探索和融合新型教学模式与创新方法于中国传统文化教学中，不仅是教育教学改革的必然趋势，也是适应时代发展的客观要求。通过引入互动式学习、案例分析、跨学科融合等多元化教学手段，可以有效激发学生的学习兴趣，提高教学效果，从而更好地传承和发展中华优秀传统文化。

（1）传统教学模式存在的问题

① 教学模式单一，教学呈现平面化特点。

尽管我国高等教育经历了二三十年的改革历程，但传统教学模式仍然占有很大比重。传统教学模式是指长期以来施行的以教师为主体、以课堂教学为主阵地，教师讲学生听的单一教学模式。在这种教学模式下，教师讲什么学生听什么，学生没有自主选择教学内容、教学方式的机会，只是在课堂上被动地学习，课后基本不再光顾教学内容，因此无法真正地参与到教学过程中。整个课堂教学如同平静的水面一样，基本没有波澜，呈现出平静如镜的特点，部分学生，或者在玩手机，或者在做着其他事情，很难融入课堂教学中。

② 教学知识面窄、缺乏自主学习与实践环节，三维教学目标难以实现。

中国传统文化博大精深、内容极其丰富，既有涉及传统文化成因、特点与评析的通论，也有思想智慧、文学艺术审美、伦理道德与人生修养、科学技术与创新精神等专题。但教学课时往往极少，因此，即使任课教师讲得再好，学生所掌握的知识也是极其有限的。除了掌握历史文化知识外，传统文化教学还有提升学生审美、为人处世、思辨、创新等方面能力，以及确立正确价值观念、培养热烈情感等要求，如果只是教师讲学生听的教学模式，学生不主动参与教学，这些教学目标都很难实现。

③ 学生参与教学积极性差，教学效果一般。

目前，不少高校的传统文化课程存在学生重视程度不够、教学效果一般等问题。传统的教师讲学生听模式，无法调动学生参与教学的积极性；不少学校将传统文化设置为通识教育课程，这往往使学生产生课程非重要的认识偏差；有些学生将课程归结为历史类，觉得自己在中学已经学习过，似曾相识，因此也失去学习兴趣。学生本身缺乏参与教学的兴趣，传统教学模式又不提供学生自主学习、合作学习、研究型学习的机会，因此学生很难自主建构知识体系，无法进行利用所学知识解决新问题的有意义学习，因此教学效果一般。

总之，改变传统教学模式，利用新的教学模式和方法，引导学生进行有意义学习，这既是课程教学本身变革的需求，也是时代对人才培养的要求。

（2）鱼骨图创新法融入传统文化教学是一种必然趋势

① 鱼骨图创新法融入传统文化教学是现代教育理论引导的结果。

现代教育理论出现于20世纪中期，主要包括美国当代著名教育家和心理学家布卢姆的教育目标分类学和建构主义理论。布卢姆将教学分为知识维度和认知过程维度两个方面，教学的重点在于认知过程维度；认知过程又依据知识层面的差异而分成由浅入深的不同层次。在认知过程中，学生是教学的主体，学生在教师的引导与帮助下进行有意义的学习，即自主学习并运用所学知识去解决新问题、学习新内容、产生新思想、提升新能力。这种有意义的学习，在建构主义教育理论看来，就是学生在原有的知识经验基础上，利用合作学习的交互式教学模式、重视学生实践与体验的认知学徒式教学模式、提出并解决现实问题的抛锚式教学模式、探索并解决教学问题的问题解决式教学模式"生成意义、建构理解的过程"，在这个过程中，教师是教学的设计者、组织者和引导者，而学生才是教学的真正主体，是教学实践的体验者、知识与情意的建构者和获得者。鱼骨图创新法融入传统文化教学，正是现代教育理论引领传统文化教学的体现。

② 鱼骨图创新法融入传统文化教学是课程改革的需要。

传统文化教学改革最主要体现在混合式教学模式实施方面。所谓混合式教学模式，是在建构主义与布卢姆教学理论指导下形成的一种"以学生为中心，在整个教学过程中由教师起组织者、指导者、帮助者和促进者的作用，利用情境、协作、会话等学习环境要素充分发挥学生的主动性、积极性和首创精神，最终达到使学生有效地实现对当前所学知识的意义建构的目的"的新型教学模式，该教学模式通过线上与线下教学、教师与学生互动、课堂内与课堂外教学的有机结合，起到真正调动学生参与教学积极性，实现知识内化与迁移的深度学习和有意义学习的教学效果。混合式教学模式强调学生广泛、深入地参与教学，鱼骨图创新法正是适应混合式教学模式需要、为之注入新鲜血液的一种教学方式。

③ 鱼骨图创新法融入传统文化教学是创新时代的需求。

在科技发展日新月异的今天，创新思维的培养是时代赋予传统文化教育工作者的重要使命。目前我国正处在"大众创新,万众创业"的新时代,而大学生又是双创的主体,因此,将鱼骨图创新法融入中国传统文化教学是时代的需求。

鱼骨图创新方法是建立在因果关系基础上的整理问题、查找问题根源、探讨解决问题方案的示意图,具有方便有效、层次分明、条理清楚等特点。该方法要求:一个图只解决一个问题;原因与整理问题图鱼头向右;对策图鱼头向左;分别用大骨、中骨、小骨和不同颜色表示不同层次的内容;鱼骨图法需要建立在讨论基础上,可与头脑风暴、5W1H法连用。

(3) 教学内容选择

鱼骨图分为整理问题型、原因分析型、对策探寻型三种类型。整理问题型是将与特性值没有因果关系的各要素归纳整理在一起的类型,如归纳整理中国传统文化特点、中国古代科技成就、古代衣食住行成果等;原因分析型是通过层层剖析以查找特性值产生的根本原因的类型,如分析中国古代贫困产生的原因;对策探寻型是探讨解决或维系特性值方案的类型,比如如何打好脱贫攻坚战、如何维系自强不息精神等。

中国传统文化成因与特点涉及当代国情及民族精神是什么样和为什么是这样的问题,因此是中国传统文化教学的重要内容之一。这部分内容具有涉及问题广泛、理论性强,学生似曾相识但又缺乏深刻认识等特点,按传统教学方法,是以老师讲为主,在实施改革后,或采用小组讨论、交流互动式教学方法,但学生的讲解往往是照本宣科、缺乏深度,因此,这部分内容完全可以通过鱼骨图创新法引导学生进行深度学习。

(4) 教学内容的分解与分配

课前需要将选取的传统文化成因与特点内容分解为若干小点,根据教学内容,我们最终分成自强不息成因与保持方案、厚德载物原因与保持方案、世俗主义产生原因与遵守方案、伦理主义产生原因与坚持方案、中庸之道产生原因与遵循方案、天人合一的表现与维持方案、贫困产生原因与脱贫攻坚方案、关系主义产生原因与解决方案、权利主义产生原因与解决方案、男尊女卑产生原因与应对方案等要点,共设计了10个方面20个小问题,随机分配到不同的教学小组。中国传统文化作为通识课程,往往由几个小的自然班组合成一个大的教学班,每个教学班学生通常在百人左右,因此,学习小组以4～6人为单位,课前由班级负责同学划分而成。由小组长进行分工,各自围绕自己的任务查阅教材或查找网络资料。

(5) 鱼骨图制作与应用讲解

教师须简单介绍鱼骨图的内涵以及制作与应用要点。鱼骨图采用鱼骨形状，先画鱼头和主骨，再画大骨、中骨、小骨甚至是孙骨，大骨与主骨呈60°角，中骨与主骨平行，大骨与小骨平行。整理问题及原因图，鱼头向右；对策图鱼头朝左（见图2-11）。一个鱼骨图只解决一个问题（也称特性），并将问题醒目地写在鱼头处。在鱼骨图应用时，以小组为单位，采用头脑风暴法，进行智力激荡，尽可能多地对问题进行逐层剖析，以便找出问题产生的根本原因或最佳解决方案。

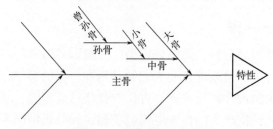

图2-11　鱼骨图基本结构

(6) 小组头脑风暴

头脑风暴法又称智力激荡法，是1938年美国学者、现代创造学创始人阿历克斯·奥斯本提出的集体开发创造性思维的方法。该创新法的特点就是禁止批评，主张在自由思考基础上，天马行空、畅所欲言、互相启发、集思广益，力争在开放思维和思维激荡中找到最切实的原因或解决问题的方法。学生在基本掌握鱼骨图创新法内涵及制作方法后，由小组长率领，按各自的主题，利用课堂时间，根据已经掌握的知识和查找的资料，实施头脑风暴，畅所欲言，在一个大的研讨氛围中，基本完成本小组的研究任务。

(7) 鱼骨图制作与提交

各个学习小组在课堂上所完成的，主要是研究主题的探究，也就是层层剥离、追根溯源，有的小组探究的答案还不够全面、完善，大多小组还没有进行鱼骨图制作，因此，整个学习任务还需要在课后进一步完成，最主要的就是由负责鱼骨图制作的同学，制作完成鱼骨图。混合式教学法要求充分利用网络教学平台，因此，各个小组制作完成的鱼骨图，需要按时提交到网络教学平台中已经设置好的作业栏目中。

(8) 鱼骨图交流与讲评

教师课后及时批阅，并在下一次课进行讲评。从学生提交作品来看，有些制作精美，研究内容深刻，涉及范围广泛，值得肯定。但也存在一些问题，比如，鱼头方向不正确；缺乏学校名称、专业班级、小组成员姓名、制作时间等关联信息；审美观念不够强，图形不够美观大方，色彩对比不够鲜艳明快；有些内容过于宏观，有些带有想象性，缺乏史实与事实依据。及时进行讲评，主要是为了提高审美水准，培养细致工作作风，树立珍爱劳动成果和对自己成果负责的观念。

(9) 鱼骨图创新法应用于中国传统文化教学的效果分析

《中国传统文化》是高校的人文素质教育课程，它不仅能起到确立正确的价值观念，提高审美情趣、思想品质、道德情操、人际交往能力等作用，而且具有培养创新与创业思维能力的功能。将鱼骨图创新方法融入《中国传统文化》教学，是培养双创能力的方法之一。

中国传统文化的特点与成因是《中国传统文化》教学的重要内容，它们分别决定中国历史文化发展的结果与方向，是解决中国社会是怎样以及为什么是这样的关键。在传统教学中，往往采用教师主讲、学生讨论的方式，教学呈现平面化特征，内容枯燥、抽象，学生不感兴趣；学生参与度低，教学效果一般。将鱼骨图法融入《中国传统文化》课程，教学会呈现出立体化、学生参与度高、教学效果明显等特点。

《中国传统文化》是一门人文素质教育课程，它在依托中华五千年灿烂文明，确立学生价值观念、规范学生伦理道德、提升学生能力、指导学生前进方向、激发学生奋进动力等方面具有无法估量的价值与作用。如何借助中国传统文化课程提升学生素质，历来是中国传统文化教育工作者探讨的课题。目前，我校在教学目标设计、教学内容选择、混合式教学模式应用、课程思政、金课建设等方面已经做了不少工作，并且取得了可喜的成就，如何使《中国传统文化》教学发挥更加全面的作用和更大的功能成为新的研究方向。为此，课程组在校内课题立项基础上，进行了创新方法应用于中国传统文化教学的探索，并取得了良好的效果。本节着重以鱼骨图创新法应用于《中国传统文化》教学为例，探讨创新方法与中国传统文化教学有机融合问题。鱼骨图创新法应用于中国传统文化教学的尝试证明，创新方法应用于课程教学是可行且有益的。教学成果主要体现在大量具有新意的鱼骨图的出现，以及学生对于这次教学创新活动的肯定。

(10) 学生作品喜获丰收

在鱼骨图制作过程中，四个专业的学生，每个专业各有二十多种作品出现，内容涵盖了从中国传统文化成因部分分解的教学内容的所有方面。鱼骨图形式多样、内容丰富、五彩缤纷，体现出学生开阔的思路和较好的学识。

（11）学生对鱼骨图教学法的评价

教学活动结束后，为了了解学生对活动的感受，以及评价活动的效果，教师进行了网络问卷调查。结果显示，不少学生认为这是打破常规的、很有意思的教学模式，90.2%的人愿意把这种教学方法运用到其他教学内容中。归纳而言，收获主要体现在以下方面：方法新颖，打破常规，有利于调动活动积极性；形象直观，印象深刻；有利于提高审美情趣；有利于培养合作能力、创新思维和思辨能力；有利于进行深度学习有利于深化对传统文化的掌握和理解，有利于提高创新能力。

（12）鱼骨图创新法适宜于传统文化教学的原因分析

鱼骨图创新法之所以成果丰硕，并且得到学生好评，主要原因在于它的形象直观、简洁明了、概括凝练特点，以及提高学生参与度高、促进学生深度学习功能。

① 形象直观、概括凝练

正如《科学前沿图谱 知识可视化的探索》中所说："一图展春秋，一览无余；一图胜万言，一目了然。"鱼骨图就如同思维导图、概念图一样，可视、美观、简洁、可视，便于直接观看，相比于阅读文字而言，具有一目了然的特点；美观，就像欣赏艺术品一样，具有趣味性和吸引力；凝练，它以要点方式出现，非常简洁，具有高度概括性和凝练性，纵使五千年、横及广大无边的文化，在此皆可一览无余。

② 便于深度学习

在鱼骨图制作过程中，学生集思广益，畅所欲言，开阔思路，因此每个人都可以深入其中，既具有参与的广度，又具有参与的深度，能够达到深度学习教学目标。

③ 打破常规

传统的教师讲模式、普通小组讨论模式，学生已经习以为常，现在老师提供一种新的教学方式，既能增加学生的好奇心，又能激发学生应对挑战的欲望，因此，在给教学带来新意的同时，还能培养学生的创新精神和探究能力。

下面分别以中国传统文化的特点（图2-12）、男尊女卑的原因（图2-13）、男尊女卑解决对策（图2-14）展示三种不同类型的鱼骨图。使用者可根据图2-12

中的要点，向里添加第二或三层次的内容。

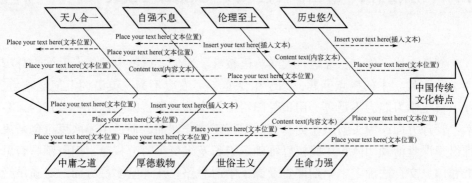

图 2-12 中国传统文化的特点

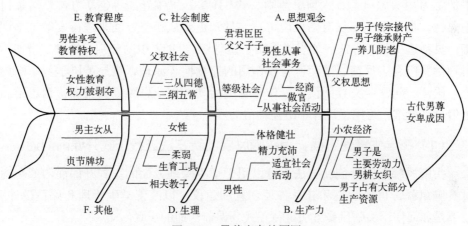

图 2-13 男尊女卑的原因

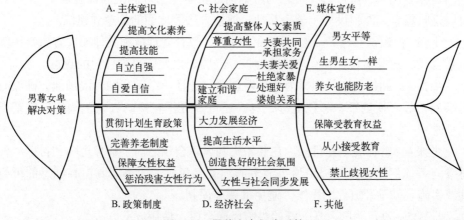

图 2-14 男尊女卑解决对策

2.7 创新方法、创业思维融入大学英语课程模式

创新方法、创业思维融入大学英语教学，用创业思维中的痛点思维来分析大学英语教学中的痛点问题，如学生课堂学习效率不高、英语词汇记忆吃力、课下自主学习能力不足等，用鱼骨图给出解决的对策，师生达成一致目的。在学生管理方面，用头脑风暴创新方法进行正式开课前沟通；用团队思维创新思维组建课堂活动团队；用股权思维确定组长及组员平时分权重；用资源整合思维和信息交合法确定本学期课堂及课下学习思路。在课堂实操方面，对新单元学习用希望点列举法，让学生列出通过本单元学习要达到的目的；基于课堂小组的练习用头脑风暴、六项思考帽、5W1H法、思维导图等创新方法，增加讨论热情，指导学生不仅有话可说可写，且知道要从哪些方面来进行发散思维训练；灵活运用创新方法，如思维导图、鱼骨图、TRIZ中的分割、抽取、增加不对称性、组合、反馈、嵌套、有效作用的连续性等原理，指导英语学习中的词汇、语法、句法、文章阅读、写作等各项活动；创业思维，如病毒营销思维和价值主张思维，可用于设计小组互动活动。

（1）在学生管理方面，用头脑风暴创新方法进行正式开课前沟通

头脑风暴是一种创新方法，可以用于学生管理方面的正式开课前沟通。通过头脑风暴，可以收集和分享各种创意和建议，以改善学生管理和课程设计。以下是如何使用头脑风暴方法进行正式开课前沟通的步骤。

步骤1：确定主题和目标。在开始头脑风暴之前，明确讨论的主题和期望达到的目标。例如，可以选择主题为"如何改善学生管理和提高课程效果"，目标可以是收集有关课程设计、学生互动、评估方法等方面的创意和建议。

步骤2：邀请参与者。邀请相关的教师、教育管理员和其他相关方参与头脑风暴会议。确保参与者具有多样的背景和经验，以便获得多样化的观点。

步骤3：创建创意氛围。为了激发创意，选择一个适合的会议场地，确保有足够的白板、便笺纸、彩色笔等工具。还可以提供轻松的气氛，例如提供茶点或小吃。

步骤4：解释规则和目标。在开始头脑风暴会议之前，解释规则和目标。告诉参与者他们的任务是提出尽可能多的创意和建议，而不需要担心创意的可行性或实施。鼓励开放性的思维，避免批评或评判。

步骤5：进行头脑风暴。开始头脑风暴会议，使用以下方法。

① 自由写作：要求每个参与者在一定时间内写下与主题相关的创意或建议。可以是短语、单词、句子或图像。

② 轮流发言：每个参与者依次陈述他们的创意或建议，其他人可以记录下来或补充。

③ 联想法：通过将一个创意与另一个创意相关联，产生新的创意。例如，某人提出了一个课程设计的想法，另一个人可能会提出与之相关的评估方法的建议。

步骤6：分类和筛选。一旦收集了许多创意和建议，开始对它们进行分类和筛选。将类似的创意组合在一起，并讨论哪些是最有前景的，可以在课程中实施的。

步骤7：制定计划和行动步骤。基于筛选后的创意和建议，制定一个具体的计划和行动步骤。确定谁将负责实施每个建议，并建立时间表和监测机制。

步骤8：总结和反馈。总结头脑风暴会议的结果，向所有参与者提供反馈，并分享下一步行动计划。鼓励反馈，以便不断改进学生管理和课程设计。

通过使用头脑风暴方法进行正式开课前沟通，您可以获得来自多个角度的创意和建议，有助于改进教育管理和课程设计，提高课程效果和学生管理质量。这种方法还可以增强团队合作和创新意识，为教育领域的改进提供有力支持。

（2）用团队思维创新思维组建课堂活动团队

① 确定活动目标和课程需求：在开始组建团队之前，明确课程活动的目标以及需要解决的问题或挑战。这将有助于团队成员理解任务的重要性和目标。

② 识别潜在团队成员：考虑谁可能是适合的团队成员。这些成员可以包括学生、其他教师、教育专家或相关领域的专业人士。确保团队成员具有各自不同的技能和背景，以便能够提供多样化的观点和创意。

③ 召开团队会议：安排一次初步会议，邀请潜在团队成员参加。在会议中，明确课堂活动的目标，解释任务和预期的结果。强调团队合作和创新的重要性，鼓励每个成员分享自己的想法。

④ 使用创新工具和方法：为了促进创新思维，可以使用各种创新工具和方法，如头脑风暴、设计思维、角色扮演等。这些方法可以帮助团队成员产生新的创意和解决方案。

⑤ 制定团队目标和角色：在团队中明确定义每个成员的角色和责任。确保每个成员都知道他们在团队中的作用，并将其与整个课堂活动的目标相连接。

⑥ 促进有效沟通：建立有效的沟通渠道，确保团队成员之间可以自由交流想法和进展。使用在线协作工具、团队会议和电子邮件等方式进行沟通。

⑦ 创造创新环境：为团队提供一个鼓励创新和试验的环境。鼓励团队成员提出不同的观点，不怕失败，以便寻找最佳解决方案。

⑧ 持续反馈和改进：定期举行团队会议，以跟踪进展并提供反馈。鼓励团队成员分享他们的发现和教训，以不断改进课堂活动。

⑨ 资源管理：在组建课堂活动团队时，要有效地管理资源，包括时间、材料和人力资源。确保资源得到充分利用，以实现团队的目标。

⑩ 评估和总结：在课堂活动完成后，进行评估和总结。分析团队的工作，看看哪些方面取得了成功，哪些需要改进，并从中汲取教训，为未来的课堂活动团队提供经验。

通过使用团队思维和创新思维，您可以建立一个高效的课堂活动团队，推动教育创新，提供更丰富、有趣和有挑战性的学习体验。这将有助于提高学生的参与度和学习成果，为他们提供更有价值的教育经验。

（3）用股权思维确定组长及组员平时分权重

使用股权思维来确定组长和组员的平时分权重是一种有趣的方法，它可以根据每个成员在项目或团队中的贡献来分配权重。以下是一种基本的方法。

① 定义股权权重：在开始项目或团队工作之前，明确每个成员在团队中的股权权重。股权权重可以表示为百分比，例如，组长可以分配40%的股权，而组员则分配60%的股权。这个初始分配可以根据每个成员的经验、技能和责任来决定。

② 制定股权积分系统：创建一个股权积分系统，用于跟踪和记录每个成员在项目或团队中的贡献。这个系统可以包括以下元素。

a. 任务和责任：明确每个成员的任务和责任，确保每个人知道他们在团队中的角色。

b. 贡献度评估：定期评估每个成员的贡献度。可以包括完成任务的质量、按时交付、解决问题的能力等。

c. 时间和工作量：记录每个成员在项目中花费的时间和工作量，有助于确定每个成员的投入程度。

③ 定期评估和调整：定期进行评估，例如每个月或每个季度，以确定每个成员的股权分配是否仍然准确。根据评估的结果，可以对股权权重进行调整。

④ 基于表现奖励：根据每个成员的表现奖励他们。可以是奖金、奖品、特权或其他激励措施。奖励的性质和大小可以根据股权权重和贡献度来确定。

⑤ 透明和公平：保持透明和公平是关键。确保每个成员都清楚地知道如何获得股权，以及他们的贡献如何影响股权分配。

⑥ 团队合作和目标一致：尽管使用股权思维来确定分权重，但团队合作和目标的一致性仍然非常重要。成员应该明白，他们的个人贡献最终是为了团队的成功和项目的达成。

这种方法可以在团队中建立一种更具激励性和奖励性的氛围，鼓励每个成员更积极地参与和贡献。然而，需要谨慎使用，以确保公平和公正，并在需要时进行调整以满足项目或团队的实际需求。最终，股权思维应该与其他评估和激励方法结合使用，以实现最佳的团队绩效（如图 2-15 所示）。

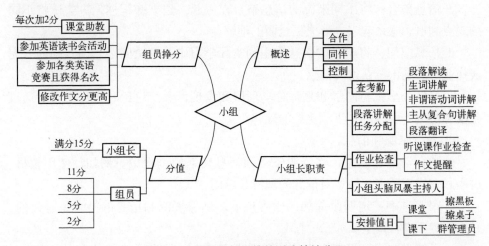

图 2-15　基于股权思维的团队绩效分配

（4）用资源整合思维和信息交合法确定本学期课堂及课下学习思路

资源整合思维和信息交汇法是一种有助于确定本学期课堂和课下学习思路的方法，它能够帮助有效地整合各种资源和信息，以优化学习体验。以下是使用这两种方法的步骤。

① 资源整合思维。

a. 识别资源：明确可用的学习资源，包括教材、课程大纲、讲座、在线学习平台、同学、教师和其他学习工具。

b. 评估资源质量：对于每种资源，评估其质量和可信度。确保依赖于可靠和高质量的信息和材料。

c. 设定学习目标：根据课程要求和个人目标，明确本学期的学习目标。有助于确定需要哪些资源来实现这些目标。

d. 资源匹配：将资源与学习目标相匹配。确定哪些资源最适合帮助您达到特定的学习目标。

e. 时间管理：制定时间管理计划，将不同的资源和学习活动安排在适当的时间段内。确保合理分配时间，以保证全面学习。

② 信息交汇法。

a. 信息收集：主动寻找和收集相关信息，包括课堂讲义、教科书、在线文章、视频、学习笔记等，确保信息来源多样化。

b. 信息分析：对收集到的信息进行深入分析和理解。提取关键概念、观点和信息，以便更好地理解课程内容。

c. 信息整合：将不同来源的信息整合在一起，建立知识框架。尝试将不同的观点和概念联系起来，形成更全面的理解。

d. 信息应用：将学到的信息应用到实际学习中。解决问题、回答问题或完成作业时，利用所获得的信息。

e. 信息分享：与同学和教师分享理解和发现，参与讨论和合作学习。通过分享和交流，可以进一步深化您的理解。

③ 整合资源和信息。

a. 结合资源和信息：将资源整合到信息交汇的过程中。例如，使用教材、讲座和在线资源来支持您对信息的理解和应用。

b. 跟踪进度：定期跟踪您的学习进度，确保资源和信息的整合是有效的，并根据需要进行调整。

c. 反馈和改进：根据学习经验和课堂表现，不断改进学习思路。借鉴他人的经验和建议，以进一步优化学习策略。

④ 持续学习。

a. 自我评估：定期对自己的学习进行评估，检查是否达到了学习目标，是否需要调整学习思路。

b. 反思和调整：不断反思学习经验，识别成功和改进的机会，以使下一个学期的学习思路更加有效。

通过资源整合思维和信息交汇法，可以更系统地确定本学期的课堂和课下学习思路，优化学习过程，提高学习效率，并更好地应对各种学习挑战。这种方法强调了信息的获取、整合和应用，有助于提升学习表现和知识储备（如图2-16所示）。

⑤ 在课堂实操方面，对新单元学习用希望点列举法，让学生列出通过本单元学习要达到的目的；基于课堂小组的练习用头脑风暴、六顶思考帽、5W1H法、思维导图等创新方法，增加讨论热情，指导学生不仅有话可说可写，且知道要从哪些方面来进行发散思维训练（如图2-17所示）。

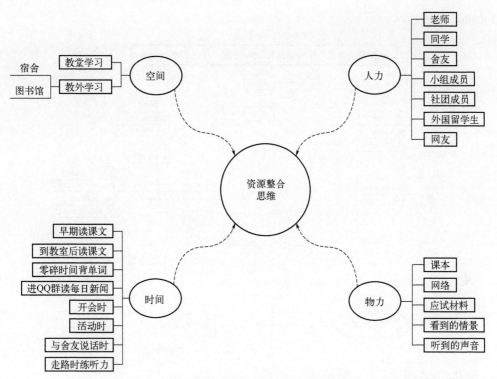

图 2-16　基于资源整合思维和信息交汇法确定课堂及课下学习思路

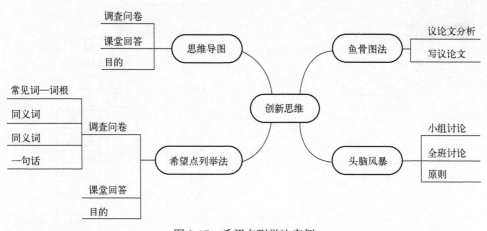

图 2-17　希望点列举法实例

⑥ 灵活运用创新方法，如思维导图、鱼骨图、TRIZ 中的分割、抽取、增加不对称性、组合、反馈、嵌套、有效作用的连续性等原理，指导英语学习中的词汇、语法、句法、文章阅读、写作等各项活动（如图 2-18 所示）。

⑦ 创业思维，如病毒营销思维和价值主张思维，可用于设计小组互动活动

(如图2-19所示)。

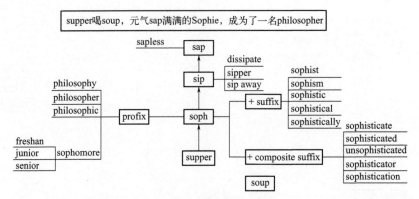

图 2-18　思维导图实例

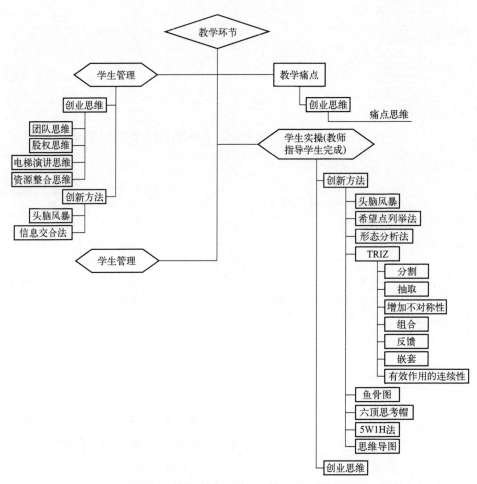

图 2-19　病毒营销思维和价值主张思维实例

2.8　基于技术创新需求的三种创新流程

TRIZ 理论，作为解决技术系统难题的强大工具，已经被越来越多的人所掌握。然而，尽管有众多 TRIZ 理论的爱好者，他们往往只能零散地应用这些创新工具。在真实的学习和生产环境中，当面对具体的技术挑战时，如何系统化地运用这些创新方法成了广大实践者共同面临的难题。现行的现代 TRIZ 理论流程虽然结构严谨，但在实际应用中往往显得不够灵活，特别是当面对多变的创新需求时，这一固定流程难以为解决问题提供一个流畅的路径。为了有效地利用 TRIZ 理论，需要对现有的方法和流程进行改进，使其更加适应实际情况。这可能意味着需要对 TRIZ 的工具和步骤进行重新组合，甚至发明全新的方法来补充传统的 TRIZ 工具箱。通过这种方式，不仅能够提高解决技术问题的效率，还能够根据不同情境的需求，灵活地调整解题策略。

在十几年的创新方法教学及实践中，本书作者总结出了一套流程，它基于实际的创新需求并遵循解决技术问题的常规思维模式。这个简化的流程专为不同类型的技术系统难题设计，使读者能够迅速体验到运用创新工具解决这些问题的过程。通过这一流程，读者能进一步熟练地掌握并运用这些创新方法工具。

技术系统创新不仅是应对市场和社会不断变化的需求，更是企业和个人持续成长、保持竞争力的关键。创新的驱动力通常在以下三种情境中显现。

① 原发性功能需求：当出现全新的需求或市场机遇时，需要开发前所未有的技术解决方案，以实现原始的、尚未被满足的功能。

② 现有技术系统的优化：对已有技术系统进行改进，提升性能和效率，降低操作成本或提高用户体验，以适应日益激烈的市场竞争和更高的用户需求。

③ 解决技术缺陷：针对现有技术系统中出现的问题或局限性，通过创新来克服这些缺陷，确保系统的可靠性和安全性，同时打开新的应用可能。

这三种情境分别激发了特定类型的创新流程，每种流程都侧重不同的目标和策略。了解这些情境及其对应的流程，能够帮助组织和个人更有效地导向创新活动，实现目标。

（1）基于原发性功能需求的创新流程

在工业生产及生活中，经常因为实际需求，找不到与这个需求相匹配功能的技术系统，由此，激发了人们的创造、创新欲望。此类技术系统创新过程可以按照如图 2-20 所示的流程。

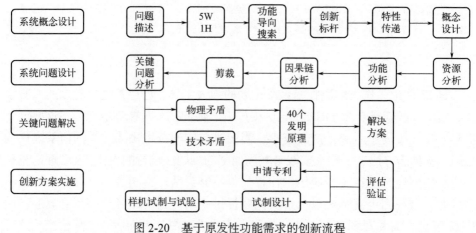

图 2-20　基于原发性功能需求的创新流程

基于原发性功能需求的创新流程步骤解释如下。

第 1 部分：系统概念设计。本部分主要是基于专业知识、专业背景，对功能需要进行梳理、创新，生成初步的技术系统设计方案。

a. 问题描述。功能需求方对原发性功能的详细描述，文字内容因需求方专业不同、知识背景不同、工作性质不同、性别不同等，有不同的写作方式，技术系统创新人员要指导功能需求方尽可能详细地描述需求。

b. 5W1H 分析法。在功能需求方详细描述具体需求基础上，指导需求方重新梳理其功能需求，按 5W1H 提问的内容，回答各个问题，从而更加明确功能需求要创新的技术系统。

c. 功能导向搜索。在现代的 TRIZ 解决流程中，功能导向搜索放在关键问题分析之后，但基于功能需要创新时，最初提出的是全新功能需求，既然是全新功能，那么就应该从功能入手，进行创新研究；在应用功能导向搜索工具时，首先要完成功能的一般化描述，即明确功能的载体、功能的对象、功能的一般化动词，通过功能的一般化处理，寻找领先领域、成熟领域的解决方案，为创新提供思路及借鉴。

d. 创新标杆。基于全新功能需求的创新，不是改善一个旧系统，而是设计一个全新的系统；通过功能导向搜索，获得领先领域、成熟领域、相关领域的技术系统设计方案，在此基础上，可以确定类似功能或者实现部分功能的已有技术系统作为标杆，为全新系统的设计提供更加明确的创新思路；创新标杆，可以是工艺流程、结构、技术路线、配方、程序等形式；创新标杆不应该局限于一个，而应该有多个，为创新提供更多思路。

e. 特性传递。分析创新标杆步骤获得的各个标杆系统，选择竞争系统、备选系统、基础系统、特性来源系统,通过特性传递,把优异的其他系统特性进行整合,从而搭建新系统框架,使系统创新更加明确。

f. 概念设计。前几个步骤完成后,在个人专业知识、团队其他成员创新能力、团队合作等基础上进行全新功能的系统设计,本步骤至少要完成一个实现功能的全新技术系统的设计任务。

第 2 部分:系统问题分析。第 1 部分完成了全新功能系统的初步设计,对已经存在的技术系统进行深入分析、深入梳理,寻找技术系统的关键问题。

g. 资源分析。对设计的全新技术系统进行资源分析,包括超系统资源、系统资源、子系统资源、组件资源等,超系统资源可以不局限于一个超系统,当组件比较多时,可以把多个组件组合成一个子系统进行资源分析;通过资源分析,对全新技术系统进行梳理,为新系统的完善以及最终创新方案确定奠定基础。

h. 功能分析。对概念设计完成的技术系统进行组件级别的分析,梳理超系统组件、系统组件,分析各个组件执行的功能,找到组件的正常功能、不足功能、过量功能、有害功能,分析组件与组件之间的关系,建立功能模型图。

i. 因果链分析。分析技术系统存在的缺陷,逐级、逐层详细梳理造成缺陷的原因,从罗列的逻辑关系中找到关键缺陷,从而更快地找到解决问题的思路。

j. 剪裁分析。在功能分析、因果链分析中,对于存在缺陷的组件、作用少的组件,可以采取剪裁措施,通过剪裁分析,找到合理的被剪裁组件,实现创新。

k. 关键问题分析。通过资源分析、功能分析、因果链分析、剪裁分析,找到技术系统中主要存在的技术问题、技术矛盾,找到技术系统创新过程中的关键技术问题。

第 3 部分:关键问题解决。对创新过程中遇到的关键技术问题进行深入分析,通过 TRIZ 相关工具进行解决。

l. 物理矛盾。在关键技术问题中,当改变单一参数解决技术问题、形成单一参数正反两个方向的矛盾时,构成物理矛盾,解决物理矛盾,可以直接采用分离原理或采用分离原理对应的发明原理进行解决。

m. 技术矛盾。在关键技术问题中,当改变某一组件、某一个子系统带来技术系统的创新时,会使其中一个参数得到改进优化,但同时带来另一个参数的恶化,这样的问题可以通过查阅矛盾矩阵,寻找对应的发明原理进行解决。值得注意的是,对于同一个创新过程中的问题,可以采用不同的改善参数、不同的恶化参数进行分析,从而获得多个发明原理的启示。

n. 40个发明原理。在技术矛盾、物理矛盾分析后，会得到几个发明原理，在发明原理启示下，思考解决关键问题的技术方案。

o. 解决方案。在这个步骤，要总括第3部分涉及的功能分析、因果链分析、剪裁分析、物理矛盾、技术矛盾、40个发明原理等获得的创新思路，获得一系列具有实践意义的技术系统创新方案。这部分步骤获得的创新方案是在解决第2部分创新方案问题基础上的优化后的创新方案，技术系统更加完善。

第4部分：创新方案实施。本部分是在前期步骤获得若干个创新方案基础上，对所有技术方案进行深入评估，最终选出最优方案，进行专利申请及实施。

p. 评估验证。对获得的若干技术系统设计方案从可实施性、制造成本、实施周期、技术制约因素等各个环节进行分析，确定可实施、可落地的技术方案。

q. 申请专利。通过前面步骤的分析，已经获得具体的实施方案及能加工的技术系统，在能够实施创新、实施加工的技术系统基础上，要申请专利进行保护，在申请专利时，要重新回顾整个创新流程中的所有创新思路，要构建技术系统专利池；本步骤建议邀请专利代理工程师参与，围绕创新的技术系统，做好知识产权布局及保护。

r. 试制设计。本环节要组织工程师从生产角度入手，对技术系统的图纸、控制流程、程序等更加细节的部分进行设计、分析，使技术系统涉及的要素具有可加工性、可实操性，从而实现可具体实施的设计要求。

s. 样机试制与试验。在本环节要实现模型制作、零部件生产、流程试运行等，直至获得产品样机及完善可执行的工业流程。

（2）基于已经存在技术系统功能优化的创新流程

当已经存在的某一技术系统能够正常发挥作用，但希望其功能更加强大、更加适用于所处环境时，就会激发人们的创新欲望。此类技术系统创新过程可以按照如图2-21所示流程。

第1部分：优化概念设计。本部分从技术系统优化角度出发，在技术系统正常运行的基础上，利用相关创新工具对技术系统重新分析、重新思考，并完成技术系统创新后的概念设计。

a. 问题描述。对技术系统目前的运行情况及创新需求进行详细描述。

b. 5W1H分析法。在技术系统优化需求方详细描述具体需求基础上，指导需求方重新梳理其功能需求，按5W1H提问的内容，回答各个问题，从而更加明确功能优化需求要创新的技术系统。

c. 九屏幕法分析。本步骤通过对技术系统的过去、未来，子系统的过去、未来，超系统的过去、未来进行梳理，为技术系统的优化提供思考方向。必须注意的是，技术系统就是我们要优化创新的系统，只有一个，而子系统可能有若干，超系统也可能有若干，在分析子系统、超系统时，尽可能要全面。

d. 进化法则分析。经典的进化法则有 8 条，要围绕技术系统、子系统、超系统分别思考应用 8 条进化法则，从而为系统优化提供更多创新思考方向。

e. 特性传递。寻找待优化技术系统的优点，查询互补系统的优点，实现技术系统优点的转移，实现技术系统创新优化。

f. 概念设计。基于优化分析基础上，组织团队，重新设计技术系统。

第 2 部分系统问题分析、第 3 部分关键问题解决、第 4 部分创新方案实施与全新功能设计相同，这里不再赘述。

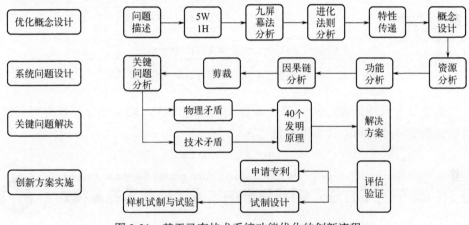

图 2-21　基于已有技术系统功能优化的创新流程

（3）基于改进已经存在技术系统功能缺陷的创新流程

当发现某些技术系统存在缺陷，或技术系统中的某些子系统、组件存在缺陷时，就会激发人们改进这个技术系统的创新欲望，尤其是技术系统的弊端越来越凸显时，创新欲望会越来越强烈。此类技术系统创新过程可以按照如图 2-22 所示的流程。

第 1 部分：缺陷问题定义。通过对原有技术系统缺陷分析，明确技术系统缺陷问题。

a. 问题描述。对技术系统目前的运行情况及缺陷问题解决需求进行详细描述。

b. 5W1H 分析法。在技术系统改进需求方详细描述系统缺陷基础上，指导需求方重新梳理技术系统缺陷优化需求，按 5W1H 提问的内容，回答各个问题，从而更加明确技术系统缺陷改进创新的要点。

c. 问题定义。对技术系统的缺陷问题进行明确，罗列技术系统缺陷，并进行解释性说明。

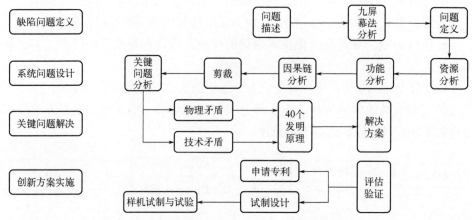

图 2-22　基于改进已有技术系统功能缺陷的创新流程

第 2 部分系统问题分析、第 3 部分关键问题解决、第 4 部分创新方案实施与全新功能设计相同，这里不再赘述。

2.9　基于创新方法、创业思维的二维坐标教学改革模式

高等教育以培养综合素质高、具备创造潜能的人才为目标，这一使命决定了发展学生创造力是教学的根本任务。为了实现这一目标，基于创新方法和创业思维的教学改革模式显得尤为重要。这一模式需要实现两个关键性的转变。首先，要将创新方法与专业知识、教学组织紧密融合，实现从单纯的知识传授向培养学生创新力与创新意识的转变。传统的教学模式往往侧重于知识的灌输，而忽视了学生创新能力和创新意识的培养。在新的教学改革模式下，应该将创新方法融入专业知识的教学中，引导学生主动思考、积极探索，培养他们的创新思维和解决问题的能力。同时，还需要优化教学组织，为学生提供更多的实践机会和创新空间，让他们在实践中不断提升自己的创新能力。其次，要充分发挥创业思维的主体作用，打造多层次、多维度、多样性的教学改革模式。创

业思维是一种具有开创性的思维方式，它能够帮助学生发现问题、分析问题并解决问题。在教学改革中，应该注重培养学生的创业思维，让他们具备敏锐的市场洞察力和创新创业的能力。为此，需要构建多样化的课程体系，包括创新方法课程、创业实践课程等，以满足不同学生的需求。同时，还要加强与企业、社会的合作，为学生提供更多的实践机会和创业资源，帮助他们实现创新创业的梦想。

通过实现这两个转变，可以深入推进具有本专业特色的教学综合改革。这种改革不仅能够提升学生的创新能力和创业思维，还能够促进专业教学的创新与发展。在实施过程中，需要注重顶层设计，制定详细的实施方案和评估机制，确保改革能够落地生根并取得实效。总之，基于创新方法和创业思维的教学改革模式是高等教育发展的重要方向。通过实现上述两个转变，可以培养更多具有创新精神和实践能力的人才，为社会的创新发展和国家的繁荣富强做出更大的贡献。

基于创新方法二维坐标教学改革模式，X轴是专业知识点或教学组织（X轴的内容可以依据具体情况标注专业知识点或教学组织）。Y轴是创新方法轴，涉及创新方法，包括40个发明原理（分割原理、抽取原理、局部质量原理、非对称原理、合并原理、多用性原理、嵌套原理、重量补偿原理、预先反作用原理、预先作用原理、事先防范原理、等势原理、反向作用原理、曲面化原理、动态化原理、不足或超额行动、维数变化、机械振动、周期性动作、有效作用的连续性原理、快速通过原理、变害为利原理、反馈原理、中介物原理、自服务原理、复制原理、廉价替代品原理、机械系统替代品、气压和液压结构原理、柔性壳体和薄膜原理、多空材料原理、改变颜色原理、同质性原理、抛弃与修复原理、参数变化原理、相变原理、热膨胀原理、强氧化性原理、惰性原理、复合材料原理），以及8大进化法则［完备性进化（有效性、完整性）、能量传递（缩短路径、充分流动）、向超系统进化（系统剥离、单-双-多系统）、向微观级进化（场的应用、微观化）、子系统协调进化（材料协调、频率协调、参数协调、结构协调）、动态性进化（提高可控性、提高移动性、提高柔性）、子系统不均衡进化（进化速度、进化矛盾、S曲线）、提高理想度进化（降低成本、减少有害影响、功能增加）］。

创业思维二维坐标教学改革模式中，X轴是专业知识点或教学组织，Y轴是要融入的创业思维（包括：电梯演讲思维、融资思维、股权思维、病毒营销思维、MVP思维、精益创业思维、痛点思维、资源整合思维、价值主张思维、商业模式思维、战略思维、领导思维以及团队思维），从宏观角度，专业知识或教学组织设计可以融入16种创新方法（信息交合法、中山正和法、价值工程法、六顶思考帽、希望点列举法、5W1H 提问法、德尔菲法、思维导图法、概念图法、综摄法、鱼骨图法、检核表法、功能模拟法、创造问题解决理论、形态分析法、智力激励法）。

具体内容是：a. 在创新方法 40 个发明原理（Y 轴）融入教学改革模式二维坐标系中，空白交叉点均可用于思考并填入具体案例或方法，专业课程如果有 n 个专业知识点或 n 个教学组织，二维坐标系可以为教学改革者（老师）提供 $40×n$ 个思考维度（图 2-23、图 2-24）；b. 提出了 8 大进化法则与专业知识点融合的教学改革模式（图 2-25）、8 大进化法则与教学组织融合的教学改革模式（图 2-26）；c. 提出创业思维融入教学改革模式中，各专业教师针对待改革的课程，总结归纳专业知识点或教学组织方式，选择融入创业思维，建立如图 2-27、图 2-28 所示二维坐标系；d. 明确了 16 种创新方法融入教学改革模式，每一个融合点可为教改者提供新思想，发现新问题（图 2-29、图 2-30）。

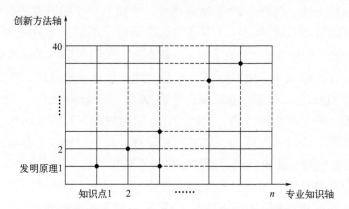

图 2-23　40 个发明原理（Y 轴）与专业知识点融入教学改革模式二维坐标系

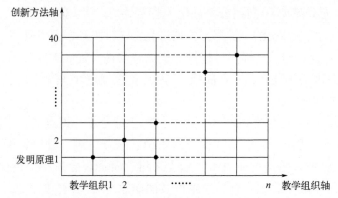

图 2-24　40 个发明原理（Y 轴）与教学组织融入教学改革模式二维坐标系

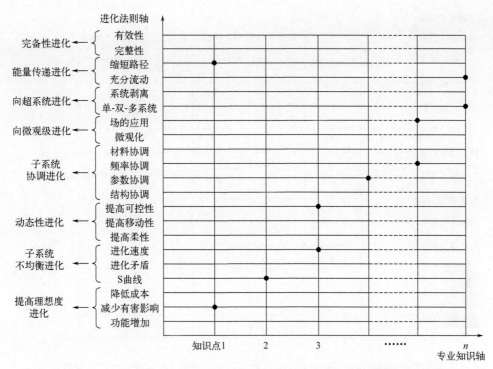

图 2-25　8 大进化法则（Y 轴）与专业知识点融合的教学改革模式二维坐标系

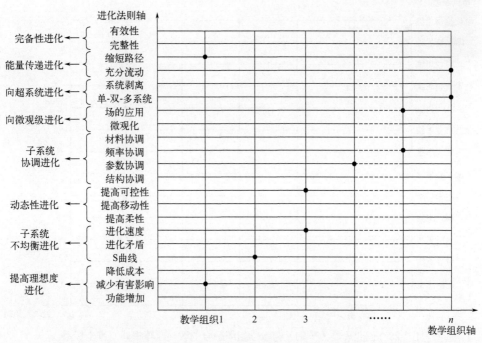

图 2-26　8 大进化法则（Y 轴）与教学组织融合的教学改革模式二维坐标系

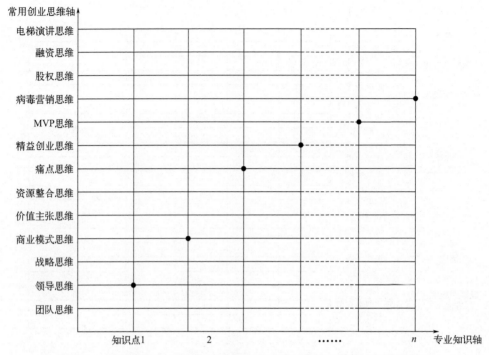

图 2-27 创业思维（Y 轴）与专业知识点融合的教学改革模式二维坐标系

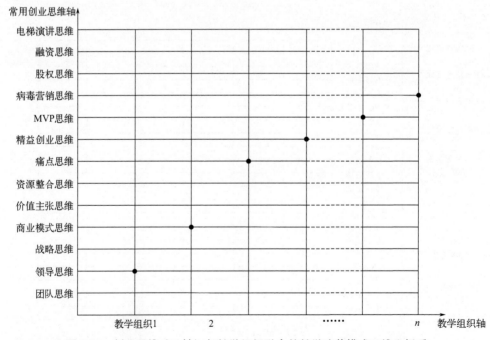

图 2-28 创业思维（Y 轴）与教学组织融合的教学改革模式二维坐标系

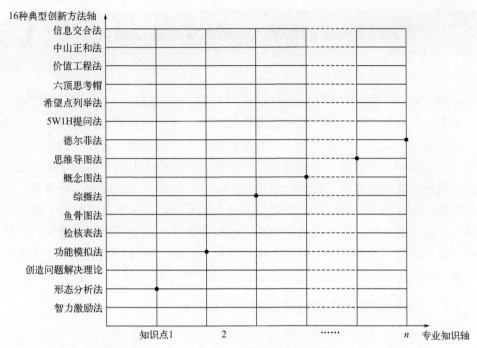

图 2-29 16 种创新方法（Y 轴）与专业知识点融合的教学改革模式二维坐标系

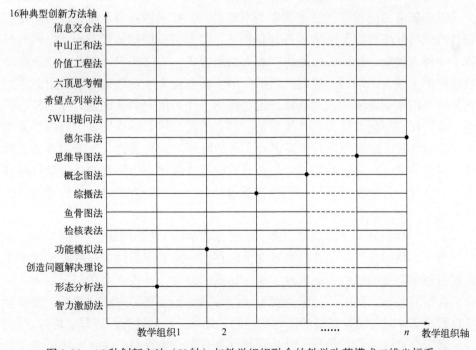

图 2-30 16 种创新方法（Y 轴）与教学组织融合的教学改革模式二维坐标系

2.10 基于三维坐标的创新方法融入专业课程模式

随着双创教育不断被注入新的内涵，它同样面临着持续更新的要求和挑战。专业教育与双创教育的深度融合便是挑战之一。在这一背景下，创新方法与专业课程教学的结合应以提升学生在其专业领域内的创新能力为核心目标。特别是在当前强调创新的新发展模式下，必须更为清晰地认识到双创教育和专业教育的发展现状，并找到二者融合的最佳切入点。创新方法的融入专业课程应是有机的、有目的的，并且针对性强的。这意味着创新方法不能仅仅为了融入而融入，也不能不加以选择地或是没有明确理由地并入专业课程中。相反，创新方法应当在特定的条件下，针对具体的任务和问题，有选择性地融入专业课程之中，确保其对培养学生的创新能力起到实质性的支持作用。

（1）目前高等院校专创融合教学存在困难

创新驱动已确立为我国解决发展难题的优先战略，而创新创业人才的培养则成为推动国家繁荣、民族振兴的关键基石。必须将双创教育深深植根于人才培养的每一个环节，用创造之教育孕育创造之人才，进而以这些人才构筑起一个充满创新活力的国家。经过数年的不懈努力，我国创新创业教育取得了令人瞩目的成绩，培育出了一批具备创新精神、敢于实践探索的优秀人才，同时开创了一种由校企、校所、校地协同育人的新模式，为创新引领创业、创业带动就业提供了强大的动力。然而，当前我国创新创业人才在数量和质量上尚不能充分满足国家创新驱动发展战略的迫切需求。作为培养创新创业人才的核心阵地，高校在创新创业教育的环境营造、理念更新、培养体系完善、资源配置优化以及师资队伍建设等方面仍需进行深入的改革。只有如此，才能培养出更多适应时代需求、具备创新精神和创业能力的优秀人才，为国家的长远发展提供坚实的支撑。目前我国高校双创教育普遍存在以下三个方面的问题，对地方高校来说第三个问题尤其突出。

① 大学生创新基础薄弱和创新创业能力培养碎片化的问题。

当前，我国在创新创业教育理念上还存在一定的滞后性。一些高校过于注重创新创业竞赛的成绩，而忽视了课程体系的建设，导致学生在创新创业方面缺乏扎实的基础。同时，过于强调知识的传授，却轻视了方法的教授，使得学生在面对实际问题时缺乏灵活应对的能力。此外，双创教育的环节也相对散乱，缺乏贯通全过程的系统设计。学生在接受创新创业教育时，往往无法形成完整的知识体系和技能结构,导致创新创业能力的培养变得碎片化。这不仅影响了学生的学习效果,也制约了他们在创新创业领域的发展潜力。因此,需要对双创教育理念进行更新,将重点从竞赛转向课程建设,从知识传授转向方法教授。同时,加强双创教育的系统设计,确保各个环节相互衔接,形成完整的教育链条。这样,才能为学生提供更为全面、系统的双创教育,培养出更多具备创新创业精神和能力的人才。

② 专业教育与双创教育融合深度不足的"专创两张皮"问题。

当前,部分高校在推进创新创业教育时,往往将其简单地视为选修课、课外活动、讲座或技能培训的附加项,这种做法显然忽视了创新型人才培养的深层次逻辑。双创教育并非孤立存在,而应当与人才培养模式改革、专业教育体系进行有机结合,形成协同育人的强大合力。然而,现实情况却是:双创教育与专业教育之间往往难以深度融合,形成了所谓的"专创两张皮"现象。这种现象的存在,不仅削弱了双创教育的实际效果,也限制了专业教育在培养创新型人才方面的潜力。为了破解这一难题,高校应当重新审视双创教育的定位与功能,将其纳入人才培养的整体框架中,与专业教育进行深度融合。具体而言,可以通过优化课程设置、改进教学方法、加强实践环节等方式,将双创教育的理念和内容渗透到专业教育的各个环节中,使学生在掌握专业知识的同时,也能够培养创新创业意识和能力。此外,高校还应加强与企业、行业、社会的联系与合作,构建产学研用紧密结合的协同育人机制,为学生提供更多的创新创业实践机会和资源支持。通过这些措施的实施,相信能够有效推动双创教育与专业教育的深度融合,培养出更多具备创新精神和实践能力的高素质人才。

③ 创新创业教育优质资源缺乏与可持续发展能力不足的问题。

不少高校,特别是地方高校,由于办学资源紧张,对双创教育的投入显得捉襟见肘。这导致在双创教育方面,不仅师资力量薄弱,缺乏具备丰富实践经验和创新思维的教师,而且教学设施和实践基地的建设也相对滞后,无法满足学生创新创业实践的需求。同时,高校与政府部门、行业企业之间的产教协同机制尚不健全,缺乏互利共赢的合作模式。驻地政府虽然出台了一些有关双创教育的政策,但这些政策往往过于笼统,缺乏具体可行的操作方案,导致政策难以得到有效落实。行业企业方面,由于缺乏对双创教育的深刻认识,往往缺乏投入的积极性,无法为高校提供有力的支持。这些因素共同导致了高校双创教育优质资源的匮乏,可持续发展能力受到严重制约。为了改善这一状况,高校需要加大投入,提升师资水平,完善教学设施和实践基地。同时,积极与政府部门、行业企业建立紧密的合作关系,形成有效的产教协同机制,共同推动双创教育的发展。此外，政府也应出台更加具体、可行的政策，为高校双创教育提供有力支持。

(2) 专创融合教育要勇于探索

自2018年起，教育部积极响应时代号召，持续深化双创教育改革，明确提出了一系列重要举措。其中，着力建设双创教育优质课程以及打造线上"金课"成为改革的重中之重。这一改革导向旨在提升大学生的学业挑战度，引导他们走出舒适区，积极面对学业上的各种挑战。为了实现这一目标，教育部要求各高校全面梳理各门课程的教学内容，坚决淘汰那些内容陈旧、缺乏深度和挑战性的"水课"。同时，积极打造具有深度、难度和挑战度的"金课"，让学生在学习过程中真正能够有所收获，提升自己的综合素质和能力。在打造"金课"的过程中，各高校需要注重课程内容的更新和拓展，引入前沿知识和技术，使课程内容与时俱进。同时，也要关注课程难度的合理提升，让学生在掌握基础知识的基础上，能够进一步拓展自己的思维和视野。此外，增加课程的选择性也是打造"金课"的重要举措之一，为学生提供更多元化的学习路径和选择。通过这一系列改革措施的实施，期待能够切实提高课程教学质量，培养出更多具备创新创业精神和能力的高素质人才。这些人才将成为推动社会进步和发展的重要力量，为我国的创新发展注入新的活力和动力。

爱因斯坦的名言深刻揭示了大学本科教育的核心：不仅仅是传授知识，更重要的是培养大脑的思考能力。这种思考，绝非随波逐流的人云亦云，而是要求个人独立审视、判断问题，这种独立思考的精神正是创新性与批判性思考的基石。爱因斯坦强调独立思考和判断能力的重要性，甚至将其置于获取专门知识之上，这为我们指明了教育的方向。

在专创教育的背景下，打造"金课"成为提升教育质量的关键。从"高阶性"的角度出发，我们应当将专业问题与创新方法相结合，这涵盖了从基本问题到复杂问题，再到跨学科高阶问题的全面探索。同时，引入创新思维方法、逻辑性的创新工具以及专业课程领域工具，旨在培养学生的综合能力和高级思维，使他们能够独立思考并解决复杂问题。

在"创新性"的改革中，专业课程不应局限于基本问题的讲解，而应拓展到相关复杂问题、跨学科高阶问题乃至随机问题的探讨。这样的改革不仅使教学形式更具先进性和互动性，也使课程内容更加反映前沿性和时代性。学生的学习结果将不再是单一的知识掌握，而是具备探究性和个性化的思维特质。"挑战度"方面，专业课的知识点、问题以及创新方法的融合对教师备课和学生课下学习都提出了更高要求。课程内容需要有一定的难度，以激发学生的求知欲和挑战精神。这样的课程设计不仅有助于提升学生的学业挑战度，更能培养他们深度思考和解决问题的能力。基于专创教育的"金课"打造，需要从高阶性、创新性和挑战度三个维度进行全面改革。这样的改革不仅有助于提升学生的综合素质和能力，更能培养出更多具备独立思考和创新能力的人才，为社会的创新发展注入新的活力。

创新，作为推动社会进步的核心动力，已经成为当今时代的最强音。在这一背景下，"万众创新，方法先行"的理念显得尤为重要。创新方法不仅是创新创业能力培养的底层驱动，更是实现"人人皆可创新"的关键突破口。王大珩、刘东生、叶笃正三位院士在给国务院的《关于加强创新方法工作的建议》中，深刻指出了创新方法工作相对薄弱的问题，这无疑是制约我国自主创新、建设创新型国家的源头问题。他们的观点不仅揭示了创新方法的重要性，更指明了前进的方向。创新方法的掌握与运用，对于个人、企业乃至整个国家的发展都至关重要。同时，创新方法也是培养创新型人才的关键。通过系统地学习和实践创新方法，人们可以不断提升自己的创新能力，为社会的创新发展贡献更多的力量。为了加强创新方法工作，需要从多个方面入手。首先，政府应加大对创新方法研究和推广的支持力度，鼓励更多的科研机构和高校参与到创新方法的研究中来。其次，企业应重视创新方法的应用，将其融入产品研发、生产管理等各个环节中，以提高企业的创新能力和市场竞争力。此外，还应加强创新方法的普及教育，让更多的人了解并掌握创新方法，为实现"人人皆可创新"的目标打下坚实的基础。

正是基于此逻辑点，以创新方法与专业教育的结合推动专创融合，以创新方法普及教育奠定学生创新创业基础，以创新方法推广应用促进创新城市建设和企业创新发展，开展专创深度融合理论研究与实践探索，围绕学生"创意激发—创新实践—创造实施—创业孵化"四阶创新创业能力的递进式提升，对现有创新创业教育体系进行了全面分析。

制定了专创深度融合实施路径，研发了适用于不同学科专业、课程类型的《基于三维坐标的创新方法融入专业课程模式》，形成了特色鲜明的以创新方法为核心的专业课程教学体系。

基于三维坐标的创新方法融入专业课程模式中，X轴是专业知识点（包括课本知识点、网络知识点），Y轴是要解决的专业问题（基本问题、相关复杂问题、跨学科高阶问题、随机复杂问题），Z轴是要采用的创新方法（X轴、Y轴、Z轴的内容可以依据具体情况标注专业问题、知识点或创新方法，主要包括创新思维方法、有逻辑性的创新工具、专业课程领域工具）。创新方法融入专业课程模式的主要特点是：

① 明确创新方法融入专业课程教学改革过程中，课程知识点、课程专业问题、创新方法之间的关系问题（图2-31），该模式要有条件、有任务、有问题的融入。

② 提出专业问题与创新方法融合后，采用专业知识点解决专业问题的模式（图2-32）、提出知识点与创新方法融合后解决专业问题模式（图2-33）、知识点与专业问题分别和创新方法融合后解决专业问题的模式（图2-34）三种创新方法融入专业课程模式。

③ 提出基于三维坐标的创新方法融入专业课程多种模式结构（图2-35）。

④ 明确创新方法融入专业课程的流程（图2-36）。

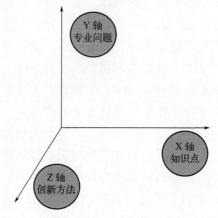

图2-31　课程知识点、课程专业问题、创新方法之间的关系问题三维坐标图

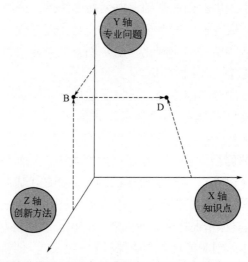

图2-32　专业问题与创新方法融合后采用专业知识点解决专业问题的三维坐标图

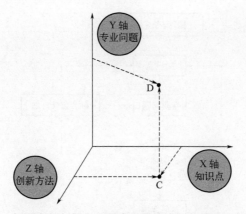

图 2-33　知识点与创新方法融合后解决专业问题的三维坐标图

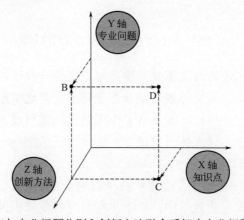

图 2-34　知识点与专业问题分别和创新方法融合后解决专业问题的三维坐标图

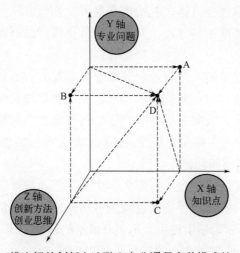

图 2-35　三维坐标的创新方法融入专业课程多种模式的三维坐标图

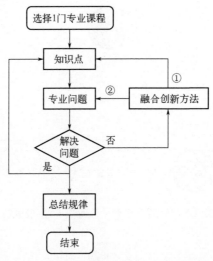

图 2-36　创新方法融入专业课程的流程图

深化高校创新创业教育改革是推进高等教育综合改革的重要突破口，其目的在于面向全体学生，分类施教，结合专业特点，强化实践环节，以促进学生全面发展。要实现这一目标，需要从多个关键领域进行改革，包括创新创业教育与专业教育的融合、课程体系的优化、教学方法的创新、实践训练的加强以及师资队伍的建设等。

首先，推动双创教育与专业教育的深度融合是关键。通过整合教育资源，将双创教育理念融入专业教学中，使学生在学习专业知识的同时，也能培养创新创业精神和实践能力。这要求我们在课程设置上注重创新方法课程的开设，将其作为创新教育落地、具体实施的根本保障。创新方法课程应面向全校各个专业的学生，尤其是理工科专业，并在大学低年级阶段开设，以便学生尽早接触并掌握创新方法。

其次，对传统教学模式进行课程改革也是必要的。通过将创新方法融入专业课程，创业思维融入专业实践课程，可以突破学生被动学习的固有模式，形成学生主动发现问题、教师引导解决问题的智慧型教学新模式。这种新模式不仅能够激发学生的学习兴趣和积极性，还能够培养他们的创新思维和实践能力，从根本上推动专业课程的创新性建设。

此外，加强创新创业实践、搭建大学生创新创业与社会需求对接平台也是提升双创教育水平的重要途径。通过组织各种形式的实践活动和竞赛，如"互联网+"大赛等，可以为学生提供展示创新成果的舞台，同时也能够让他们更好地了解社会需求，为未来的创业之路打下坚实基础。

最后，加强创新创业示范高校建设和创新创业导师培训也是提升双创教育水平的重要保障。通过建设一批具有示范引领作用的高校和培养一批高水平的创新创业导师，可以推动整个高等教育体系在创新创业教育方面的进步和发展。

因此，深化高校双创教育改革需要从多个方面入手，注重创新方法课程的开设和教学模式的改革，加强实践环节和师资队伍建设，以实现对学生创新方法、创业思维全过程培养，最终提升学生的创新创业能力。这不仅有利于学生的个人发展，也有利于推动高等教育综合改革的深入进行。

第3章
基于二维、三维坐标模式对传感器教学改革的探索及应用

传统的专业课程教学过程侧重于理论教学，教学方法和教学资源缺乏一定的导向和系统性，无法满足社会和行业对高水平人才的培养要求，以及解决复杂工程技术问题的能力培养；同时，专业课程培养模式固有单一，缺少一定的方向指导，无法满足学生创新创业能力培养的需要。这里，以传感器教学为例，重点阐述二维、三维坐标模式在部分传感器教学内容的渗透与融合，促进对专创教学改革的探索及应用。

3.1 电阻式传感器

3.1.1 电阻式传感器的基本概念及主要特点

(1) 基本原理

电阻式传感器是将被测量的变化转化为传感器电阻值的变化,再经过一定的测量电路实现对测量结果的输出。电阻式传感器的应用广泛、种类繁多,如应变电阻式、气敏电阻、湿敏电阻和热电阻等。

(2) 可检测场景及参数

电学场景,用于核定待测系统或元件整体电学性能,包括但不限于以下检测内容:电压、电流、短路、断路、过电压、绝缘、电弧、闪络、过负荷、导电性、泄漏电流、绝缘层磨损、接地。

力学场景,通过施加外力并测量材料的应力和应变来评估其力学性能,包括但不限于以下检测内容:机械振动、拉力、油压、气压、稳定性。

运动场景,检测物体相对于其周围环境的位置变化或周围环境相对于物体的变化过程,包括但不限于以下检测内容:加速度、速度、转速、位移、倾斜角度。

气流场景,用于区域内气流方向和性质的检测,包括但不限于以下检测内容:气体、风力。

环境场景,指对环境中各种因素进行观测、测量、分析和评价的过程,以了解环境的现状和变化趋势,为环境保护和管理提供科学依据,包括但不限于以下检测内容:温度、湿度、洁净度、腐蚀性、声音、pH 值。

其他创新性场景,未被开发的有价值的检测内容,包括但不限于以下检测内容:开合闸、完整度、剩磁、液位。

3.1.2 应变电阻式传感器的基本原理

(1) 工作原理

应变是物体在外部压力或拉力作用下发生形变的现象。当外力去除后物体又能完全恢复其原来的尺寸和形状的应变称为弹性应变。具有弹性应变特性的物体称为弹性元件。

应变电阻式传感器是利用电阻应变片将应变转换为电阻变化的传感器。应变电阻式传感器在力、力矩、压力、加速度、重量等参数的测量中得到了广泛的应用。

应变电阻式传感器的基本工作原理：当被测物理量作用在弹性元件上，弹性元件在力、力矩或压力等的作用下发生形变，产生相应的应变或位移，然后传递给与之相连的电阻应变片，引起应变敏感元件的电阻值发生变化，通过测量电路变成电压等电量输出。输出的电压大小反映了被测物理量的大小。

（2）应变效应

如图 3-1 所示。一根具有应变效应的金属电阻丝，在未受力时，原始电阻值为：

$$R = \frac{\rho L}{A} \tag{3-1}$$

式中　R——电阻丝的电阻；
　　　ρ——电阻丝的电阻率；
　　　L——电阻丝的长度；
　　　A——电阻丝的截面积。

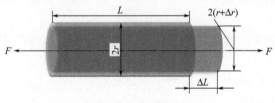

图 3-1　应变效应

当电阻丝受到拉力 F 作用时将伸长，横截面积相应减小，电阻率也将因形变而改变（增加），故引起的电阻值相对变化量通过对式（3-1）进行全微分可得：

$$\frac{\Delta R}{R} = \frac{\Delta \rho}{\rho} + \frac{\Delta L}{L} - 2\frac{\Delta r}{r} \tag{3-2}$$

式中　$\dfrac{\Delta L}{L}$——电阻丝轴向（长度）相对变化量，即轴向应变，用 ε 表示。即：

$$\varepsilon = \frac{\Delta L}{L} \tag{3-3}$$

基于材料力学相关知识，径向应变与轴向应变的关系为：

$$\frac{\Delta r}{r} = -\mu \frac{\Delta L}{L} = -\mu\varepsilon \tag{3-4}$$

式中　μ——电阻丝材料的泊松比。

将式（3-3）、式（3-4）代入式（3-2）可得：

$$\frac{\Delta R}{R} = \frac{\Delta \rho}{\rho} + (1+2\mu)\varepsilon \tag{3-5}$$

通常把单位应变引起的电阻值相对变化量称为电阻丝的灵敏度系数，表示为：

$$K = \frac{\frac{\Delta R}{R}}{\varepsilon} = 1 + 2\mu + \frac{\Delta \rho}{\rho\varepsilon} \tag{3-6}$$

实验证明：在电阻丝拉伸极限内，电阻的相对变化与应变成正比，即 K 为常数。

（3）电阻应变片的种类

应力与应变的关系为：

$$\sigma = E\varepsilon \tag{3-7}$$

式中　σ——被测试件的应力；

　　　E——被测试件的材料弹性模量。

应力 σ 与力 F、受力面积 A 的关系可表示为：

$$\sigma = \frac{F}{A} \tag{3-8}$$

常用的电阻应变片有两种：金属电阻应变片和半导体电阻应变片。

1）金属电阻应变片（应变效应为主）

金属电阻应变片有丝式和箔式等结构形式。丝式电阻应变片是用一根金属细丝弯曲后用胶黏剂贴于衬底上，衬底用纸或有机聚合物等材料制成，电阻丝的两端焊有引出线，电阻丝直径为 0.012～0.050mm。

箔式电阻应变片是用光刻、腐蚀等工艺方法制成的一种很薄的金属箔栅，其厚度一般在 0.003～0.010mm。它的优点是表面积和截面积之比大，散热条件好，故允许通过较大的电流，并可做成任意的形状，便于大量生产。

金属电阻应变片的工作原理主要基于应变效应导致其材料几何尺寸的变化，因此金属电阻应变片的灵敏度系数为：

$$K \approx 1 + 2\mu \text{（常数）}$$

2）半导体电阻应变片（压阻效应为主）

半导体电阻应变片的结构如图 3-2 所示。它的使用方法与丝式电阻应变片相同，即粘贴在被测物体上，随被测件的应变其电阻发生相应的变化。

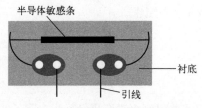

图 3-2　半导体电阻应变片结构

半导体电阻应变片的工作原理主要基于半导体材料的压阻效应，即单晶半导体材料沿某一轴向受到外力作用时，其电阻率发生变化的现象。半导体敏感元件产生压阻效应时其电阻率的相对变化与应力间的关系为：

$$\frac{\Delta \rho}{\rho} = \pi \sigma = \pi E \varepsilon \quad (3-9)$$

式中　π——半导体材料的压阻系数。

因此，对于半导体电阻应变片来说，其灵敏度系数为：

$$K \approx \frac{\Delta \rho}{\rho \varepsilon} = \pi E \text{（常数）} \quad (3-10)$$

3.1.3　气敏电阻

（1）气敏电阻的定义

气敏电阻是感知环境中气体成分及其浓度的一种敏感性元件，它将气体种类及其浓度有关的信息转换成电信号。

（2）气敏电阻的主要参数与特性

① 灵敏度 S：指气敏电阻对气体的敏感程度。用阻值变化量 ΔR 与气体浓度变化量 ΔP 之比来表示，即：

$$S = \frac{\Delta R}{\Delta P}$$

灵敏度还有一种表示方法，即气敏电阻在空气中的阻值 R_0 被测气体中的阻值 R 之比，用 K 表示

$$K = \frac{R_0}{R}$$

② 响应时间：从气敏电阻接触到一定浓度的被测气体开始，至气敏电阻的阻值达到该浓度下新的恒定值所需要的时间称为响应时间。它表示气敏电阻对被测气体浓度的响应速度。

③ 选择性：指在多种气体共存的条件下，气敏电阻区分气体种类的能力。

④ 稳定性：当被测气体浓度不变时，若其他条件（温度、压力、磁场等）发生改变，在规定时间内气敏电阻输出特性保持不变的能力，称为稳定性。稳定性反映了气敏电阻的抗干扰能力。

⑤ 温度特性：气敏电阻灵敏度随温度的变化而变化的特性。温度包括元件自身温度和环境温度。

⑥ 湿度特性：气敏电阻灵敏度随湿度变化而变化的特性。

⑦ 电源电压特性：气敏电阻灵敏度随电源电压变化而变化的特性。

⑧ 时效性与互换性：反映元件气敏电阻特性稳定程度的时间，就是时效性；同一型号元件之间气敏特性的一致性，反映了它的互换性。

（3）气敏电阻的工作原理

气敏电阻式利用半导体气敏元件（主要是氧化锡、氧化锌、三氧化二铁等）同待测气体接触，造成半导体的电导率等物理性质发生变化的原理，来检测特定气体的成分或者浓度。

电阻式气敏电阻通常都工作在高温状态，目的是使附着在其上的油雾、尘埃等有害物质去掉，并加速气体与金属氧化物的氧化还原反应，提高元件的灵敏度和响应速度。

当所测气体浓度发生变化时，气敏电阻的阻值发生变化，从而使输出发生变化。

3.1.4 湿敏电阻

（1）湿度的定义及其表示方法

① 绝对湿度：指在一定温度和压力条件下，单位体积空气内所含水蒸气的质量。绝对湿度给出了水分在空气中的具体含量。

② 相对湿度：指被测气体的绝对湿度与同一温度下达到饱和状态的绝对湿度之比，或待测空气中实际所含的水蒸气分压与相同温度下饱和水蒸气压比值的百分数。相对湿度给出了大气的潮湿程度，实际中多使用相对湿度。

③ 露点：在一定大气压下，将含有水蒸气的空气冷却，当温度下降到某特定值时，空气中的水蒸气达到饱和状态，开始从气态变成液态而凝结成露珠，

这种现象称为结露，这一特定温度就称为露点温度，简称露点。在一定大气压下，湿度越大，露点越高；湿度越小，露点越低。

（2）湿敏电阻的主要参数

① 感湿特性　湿敏电阻特征值（如电阻值、电容值等）随湿度变化而变化的特性。

② 湿滞特性　同一湿敏电阻吸湿过程（相对湿度增大）和脱湿过程（相对湿度减小）感湿特性曲线不重合的现象就称为湿滞特性。

③ 老化特性　指湿敏电阻在一定温度、湿度环境下存放一段时间后，其感湿特性将会发生改变的特性。

④ 湿度量程　为湿敏电阻技术规范所规定的感湿范围。

⑤ 灵敏度　为湿敏电阻的感湿特征量随环境湿度变化的程度。

⑥ 响应时间　指在一定环境温度下，当被测相对湿度发生跃变时。湿敏电阻的感湿特征量达到稳定变化量的规定比例所需的时间。

⑦ 感湿温度系数　当被测环境湿度恒定不变时，温度每变化1℃，引起湿敏电阻感湿特征量的变化量，就称为感湿温度系数。

（3）工作原理

① 电解质式湿敏电阻　电解质式湿敏电阻典型代表是氧化锂湿敏电阻，它是利用吸湿性盐类"潮解"，离子电导率发生变化而制成的测湿元件。

② 陶瓷式湿敏电阻　陶瓷式湿敏电阻通常是以两种以上金属氧化物混合烧结而成的多孔陶瓷作为敏感元件，根据感湿材料吸附水分后其电阻率会发生变化的原理来进行湿度检测。

③ 高分子式湿敏电阻　利用高分子电解质吸湿而导致电阻率发生变化的基本原理来进行测量。

3.1.5　传感器的检测内容创新

（1）检测内容信息检核二维坐标图构建

通过构建检测内容与传感器影响参数的信息检核二维坐标图，进行系统逻辑分析，从而解决问题。构建检核二维坐标图信息标轴，每个轴上各点的信息可以依次与另一轴上的信息点发生交合，从而创新性产生新的信息。将传感器可检测内容作为研究中心，构造两条互相垂直的坐标轴线，分别是X轴（横轴）和Y轴（纵轴），X轴表示电容式传感器影响参数，Y轴代表不同检测场景下的检测内容，其中 X 轴上的信息点可以为应变电阻电阻率 ρ、应变电阻长度 L、横截面积 A。

应变电阻中 ρ（电阻率），表示各种物质电阻特性的物理量，电阻率与导体的长度、横截面积等因素无关，是导体材料本身的电学性质，由导体的材料决定，且与温度有关。

气敏电阻，一种将检测到的气体的成分和浓度转换为电信号的传感器，它是利用某些半导体吸收某种气体后发生氧化还原反应制成的，主要成分是金属氧化物。

湿敏电阻，利用湿敏材料吸收空气中的水分而导致本身电阻值发生变化的原理制成的。工业上流行的湿敏电阻主要有氯化锂湿敏电阻、有机高分子膜湿敏电阻。

Y 轴的信息点可以为：电压、电流、短路、断路、过电压、绝缘、电弧、闪络、过负荷、导电性、泄漏电流、绝缘层磨损、接地；机械振动、拉力、油压、气压、稳定性；加速度、速度、转速、位移、倾斜角度；气体、风力；温度、湿度、洁净度、腐蚀性、声音、pH 值；开合闸、完整度、剩磁、液位。构建的信息检核二维坐标图如图 3-3 所示。

（2）检测内容创新

通过构建传感器可检测场景内容与影响参数的信息检核二维坐标图，可以根据不同的影响参数与检测场景信息交合点，创新性构造一系列新的检测场景内容，进而根据相关影响参数对传感器进行设计，从而实现传感器内容创新。图 3-4 中所示为采用信息检核二维坐标图，对传感器检测内容的至少 12 类创新举例，其中 5 类为已有传感器检测内容（圆点），7 类为可检测内容的创新（三角点）。

对于已有传感器检测内容创新，应变电阻的长度 L 在外力（拉力）作用下会发生形变，因此可以建立 L 与拉力和稳定性的检测关系。应变电阻的横截面积 A 在拉力作用下同样会发生变化，因此同样可以建立 A 与拉力的检测关系。气敏电阻，利用检测气体成分和浓度转换为电信号的传感器，因此可以实现对气体的检测。湿敏电阻，利用湿敏材料吸收空气中的水分而导致本身电阻值发生变化实现检测，因此可以利用此特点对湿度进行检测。

对于传感器检测内容的创新，由于应变电阻中电阻率 ρ 是导体材料本身的电学性质，由导体的材料自身决定，因此可以通过 ρ 值的变化反映导电性能强弱，而由于其受温度的影响，因此可以实现温度的检测。应变电阻的长度 L 可以实现小范围内位移变化的测量。具有倾斜角度变化时，应变电阻的横截面积 A

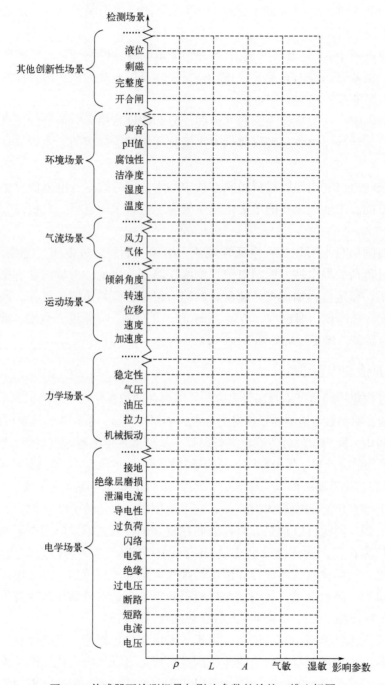

图 3-3 传感器可检测场景与影响参数的检核二维坐标图

第3章 基于二维、三维坐标模式对传感器教学改革的探索及应用

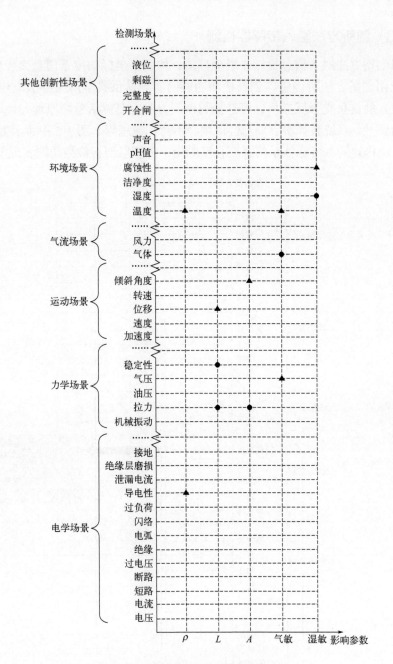

图 3-4 传感器可检测场景创新举例

可以反映倾斜程度，进而实现倾斜角度检测。气敏和湿敏电阻，由于其检测过程与气体性质和环境湿度、温度密切相关，因此可以分别建立气敏电阻与气压，气敏电阻与温度，湿敏电阻与腐蚀程度的检测关系。

(3) 创新方法融入传感器检测

将创新方法融入信息检核二维坐标图，构建三坐标轴体系信息交合反应场，从而利用创新方法对传感器创新检测功能的实现提供科学解决办法。构建创新方法融入的信息交合反应场，可选择的创新方法主要包括分割原理、抽取原理、中介物原理、系统替代法、局部性原理和不对称原理等。图3-5中所示为在融合创新方法构建的三坐标体系信息交合反应场中传感器创新检测功能实现举例。

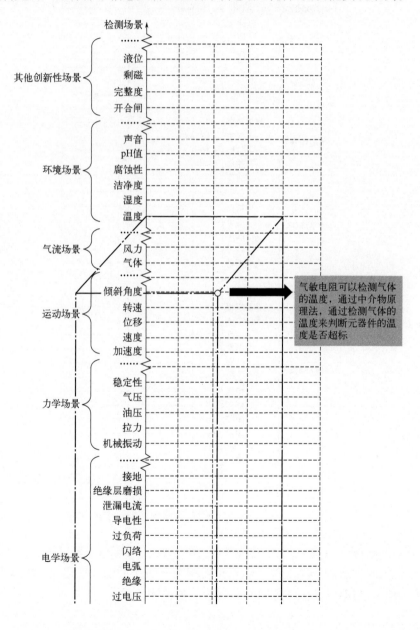

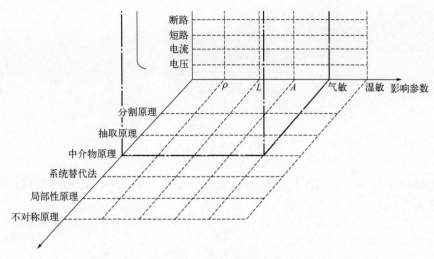

图 3-5　创新方法融入传感器检测场景可实现办法举例

3.2　电容式传感器

3.2.1　电容式传感器的基本概念及主要特点

（1）基本概念

电容式传感器是以不同类型的电容器作为传感元件，并通过电容传感元件把被测物理量的变化转换成电容量的变化，然后经转换电路转换成电压、电流或频率等信号输出的测量装置。

（2）可检测场景及参数

电容式传感器的可检测场景及参数与电阻式传感器相同，在此不再赘述。

3.2.2　电容式传感器的工作原理及结构

（1）平板电容式传感器工作原理

平板电容式传感器的工作原理可以从图 3-6 所示的平板式电容器中得到说明。

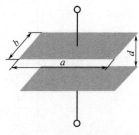

图 3-6 平板式电容器

由物理学可知,由两平行极板所组成的电容器,如果不考虑边缘效应,其电容量为:

$$C = \frac{\varepsilon_0 \varepsilon_r ab}{d} \tag{3-11}$$

式中 ε_0——自由空间(真空)介电常数,其值为 8.854×10^{-12}F/m;

ε_r——电容极板间介质的相对介电常数;

a,b——平板电容式传感器两平行板所覆盖部分的长和宽;

d——平板电容式传感器两平行板之间的距离。

由以上计算公式可见,当被测量使 a、b、d、ε_r 四个参数中任何一项发生变化时,电容量就要随之发生变化。

(2)圆筒电容式传感器

圆筒电容式传感器的结构如图 3-7 所示。

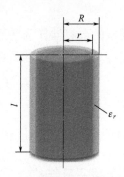

图 3-7 圆筒电容式传感器的结构

其电容量的计算公式为:

$$C = \frac{2\pi\varepsilon_0\varepsilon_r l}{\ln\frac{R}{r}} \tag{3-12}$$

式中　　l——内外极板所覆盖的长度；

　　　　R, r——分别为外极板及内极板的半径；

　　　　ε_0——自由空间（真空）介电常数，$\varepsilon_0 = 8.854 \times 10^{-12}$ F/m；

　　　　ε_r——极板间介质的相对介电常数。

由上式可见，当被测参数变化引起 ε_r 或 l 变化时，将导致圆筒电容式传感器的电容量 C 随之发生变化。圆筒电容式传感器可分为两种：变介质介电常数的变介质型和变极板间覆盖高度的变面积型。

3.2.3　传感器的检测内容创新

（1）检测内容信息检核二维坐标图构建

通过构建检测内容与传感器影响参数的信息检核二维坐标图，进行系统逻辑分析，从而解决问题。构建检核二维坐标图信息标轴，每个轴上各点的信息可以依次与另一轴上的信息点发生交合，从而创新性产生新的信息。将传感器可检测内容作为研究中心，构造两条互相垂直的坐标轴线，分别是 X 轴（横轴）和 Y 轴（纵轴），X 轴表示电容式传感器影响参数，Y 轴代表不同检测场景下的检测内容，其中 X 轴上的信息点可以为：ε 介电常数、a 平板电容式传感器两平行板所覆盖部分的长、b 平板电容式传感器两平行板所覆盖部分的宽、d 平板电容式传感器两平行板之间的距离、R 圆筒电容式传感器的外极板的半径、r 圆筒电容式传感器的内极板的半径、l 内外极板所覆盖的长度。Y 轴的信息点可以为：电压、电流、短路、断路、过电压、绝缘、电弧、闪络、过负荷、导电性、泄漏电流、绝缘层磨损、接地；机械振动、拉力、油压、气压、稳定性；加速度、速度、转速、位移、倾斜角度；气体、风力；温度、湿度、洁净度、腐蚀性、声音、pH 值；开合闸、完整度、剩磁、液位。构建的信息检核二维坐标图如图 3-8 所示。

（2）检测内容创新

通过构建传感器可检测场景内容与影响参数的信息检核二维坐标图，可以根据不同的影响参数与检测场景信息交合点，创新性构造一系列新的检测场景内容，进而根据相关影响参数对传感器进行设计，从而实现传感器内容创新。图 3-9 中所示为采用信息检核二维坐标图，对传感器检测内容的至少 11 类创新举例，其中 5 类为已有传感器检测内容（圆点），6 类为可检测内容的创新（三角点）。

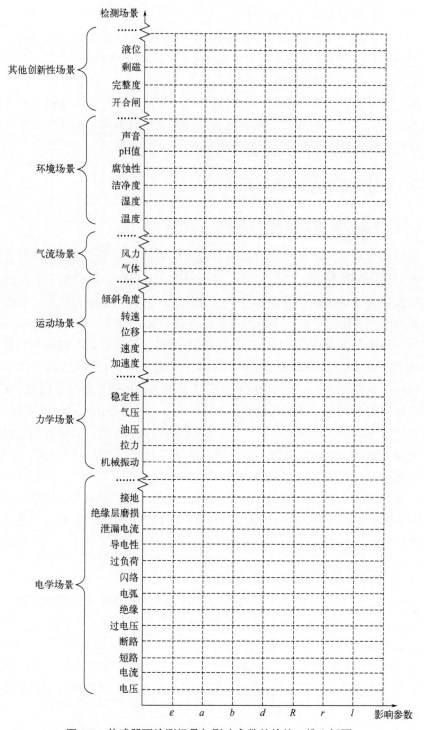

图 3-8 传感器可检测场景与影响参数的检核二维坐标图

第3章 基于二维、三维坐标模式对传感器教学改革的探索及应用

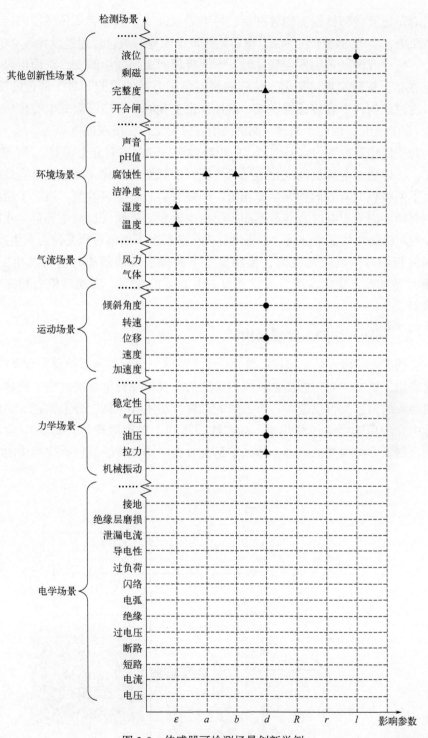

图 3-9 传感器可检测场景创新举例

对于已有传感器检测内容创新，可以通过改变平板电容式传感器两极板之间的距离，实现对油压、气压、位移、倾斜角度等的测量。通过设计差动电容，压力、位移或倾斜角度发生变化时，不同极板间距离发生改变，进而电容差值发生变化，从而实现对压力、位移和倾斜角度等量的检测。对于液位的检测，可以通过圆筒式电容传感器实现，液位发生变化时，对应圆筒式电容传感器的长度 l 随之变化，因此，通过检测圆筒电容量变化，获得液位值。

对于传感器检测内容的创新，由于环境温度和湿度对介电常数 ε 存在影响，因此，可以通过电容量的变化值反映环境温度和湿度变化。当平板电容式传感器上下两极板的有效面积发生变化时，同样会引起电容量改变，当上下两极板受到腐蚀性因素影响时，其有效面积会发生改变，进而通过对电容量变化的检测实现对腐蚀性的定量分析。平板电容式传感器上下两极板所受拉力发生改变，或两极板的厚度发生改变时，传感器上下两极板间的距离相应会发生变化，从而引起电容量变化，因此可以通过对电容量的检测，实现对拉力和完整度的检测。

（3）创新方法融入传感器检测

将创新方法融入信息检核二维坐标图，构建三坐标轴体系信息交合反应场，从而利用创新方法对传感器创新检测功能的实现提供科学解决办法。构建创新方法融入的信息交合反应场，可选择的创新方法主要包括，分割原理、抽取原理、中介物原理、系统替代法、局部性原理和不对称原理等。图3-10所示为在融合创新方法构建的三坐标体系信息交合反应场中传感器创新检测功能实现举例。

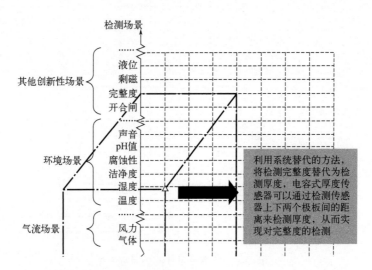

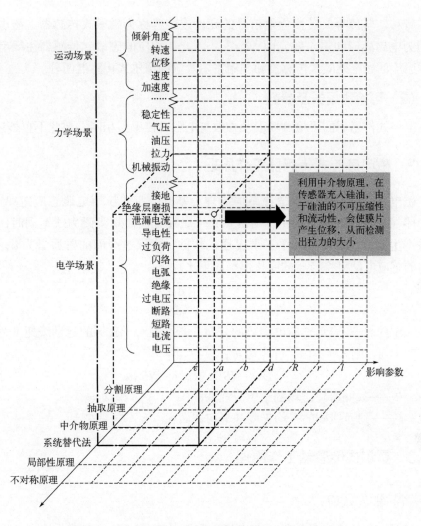

图 3-10 创新方法融入传感器检测场景可实现办法举例

3.3 磁敏式传感器

3.3.1 磁敏式传感器的基本概念及主要特点

（1）基本概念

对磁场参量（如磁感应强度 B、磁通）敏感、通过磁电作用将被测量（如振动、行移、转速等）转换为电信号的元件或装置称为磁敏式传感器。磁电作用分别为电磁感应和霍尔效应两种情况，因此，相应的磁敏式传感器主要有利用电磁感应的磁电感应式传感器和利用霍尔效应的霍尔式传感器两种。

（2）可检测场景及参数

磁敏式传感器的可检测场景及参数与电阻式传感器相同，在此不再赘述。

3.3.2 磁电感应式传感器工作原理

磁电感应式传感器以电磁感应原理为基础。由法拉第电磁感应定律可知，当导体在稳定均匀的磁场中，沿着垂直于磁场方向做切割磁力线运动时，导体内将产生感应电动势。对于一个 N 匝的线圈，设穿过线圈的磁通量为 φ，则线圈内的感应电动势将与 φ 的变化速率成正比，即：

$$E = -N\frac{\mathrm{d}\varphi}{\mathrm{d}t} \tag{3-13}$$

式中的"-"表示感应电动势的方向。若线圈对于磁场的运动线速度为 v 或角速度为 ω，则式（3-13）可改写为：

$$E = -NBLv \text{ 或 } E = -NBS\omega \tag{3-14}$$

式中　B——线圈所在磁场的磁感应强度；

　　　L,S——每匝线圈的平均长度和平均截面积。

3.3.3 霍尔式传感器工作原理

（1）霍尔效应

当载流导体或半导体处于与电流相垂直的磁场中时，在其两端将产生电位差，这一现象被称为霍尔效应。霍尔效应产生的电动势被称为霍尔电动势。霍尔效应的产生是由于运动电荷受磁场中洛伦兹力作用的结果。

如图3-11所示，在一块长度为 l、宽度为 b、厚度为 d 的长方形导电板上，两对垂直侧面各装上电极，如果在长度方向通入控制电流 I，在厚度方向施加磁感应强度为 B 的磁场时，导电板中的自由电子将在电场的作用下定向运动。此时，每个电子受到洛伦兹力 f_L 的大小为：

$$f_L = eBv \tag{3-15}$$

式中　e——单个电子的电荷量，$e=1.6\times10^{-19}\mathrm{C}$；

　　　B——磁感应强度；

　　　v——电子平均运动速度。

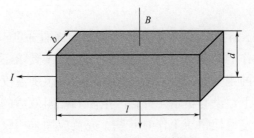

图 3-11　霍尔效应示意图

洛伦兹力 f_L 的方向在图 3-11 中是向后的，此时电子除了沿电流反方向作定向运动外，还在 f_L 作用下向后漂移，结果在导电板后表面积累了电子，而前表面积累了正电荷，将形成附加内电场 E_H，称为霍尔电场。在霍尔电场作用下，电子将受到一个与洛伦兹力方向相反的电场力的作用，此力阻止电荷的继续积聚，当在金属体内电子积累达到动态平衡时（电荷不再积聚），电子所受洛伦兹力和电场力大小相等，即：

$$eE_H = eBv \tag{3-16}$$

因此有：

$$E_H = Bv \tag{3-17}$$

则相应的电动势就称为霍尔电动势 U_H，其大小可以表示为：

$$U_H = E_H b \text{ 或 } U_H = vBb \tag{3-18}$$

式中　b——导电板宽度。

霍尔电动势与霍尔系数或霍尔灵敏度的关系可表示为：

$$U_H = R_H \frac{IB}{d} = K_H IB \tag{3-19}$$

霍尔灵敏度 K_H 表征了一个霍尔元件在单位控制电流和单位磁感应强度时产生的霍尔电动势的大小。K_H 为霍尔元件的灵敏度。它是表征对应于单位磁感应强度和单位控制电流时输出霍尔电压大小的一个重要参数，一般要求它越大越好。K_H 与元件材料的性质和几何尺寸有关。由于半导体（尤其是 N 型半导体）的霍尔常数 R_H 要比金属的大得多，所以在实际应用中，一般都采用 N 型半导体材料做霍尔元件。元件的厚度 d 对灵敏度的影响也很大，元件越薄，灵敏度就越高。

（2）霍尔元件

霍尔元件可分为霍尔开关器件和霍尔线性器件。应用霍尔传感器制作的器具有磁通计、电流计、磁读头、位移计、速度计、振动计、罗盘、转速计、无触点开关等。

在实际应用中,霍尔元件可以在恒压或恒流条件下工作,其特性不一样。恒压工作比恒流工作的性能要差些,只适用于对精度要求不太高的地方,在恒压条件下性能不好的主要原因为:霍尔元件输入电阻随温度变化和磁阻效应的影响。在恒流工作下,没有霍尔元件输入电阻和磁阻效应的影响,但是恒流工作时偏移电压的稳定性比恒压工作时差些。究竟应用采用哪种方式,要根据用途来选择。

霍尔元件的误差主要有不等位电势、温度误差。由于在制作霍尔元件时,不可能保证将霍尔电极焊在同一等位面上,因此当控制电流 I 流过元件时,即使磁场强度 B 等于零,在霍尔电极上仍有电势存在,该电势就称为不等位电势。不等位电势是一个主要的零位误差。

由于半导体材料的电阻率、迁移率和载流子浓度等会随温度的变化而发生变化,因此霍尔元件的性能参数(如内阻、霍尔电势等)对温度的变化也是很灵敏的。

3.3.4 传感器的检测内容创新

(1) 检测内容信息检核二维坐标图构建

通过构建检测内容与传感器影响参数的信息检核二维坐标图,进行系统逻辑分析,从而解决问题。构建检核二维坐标图信息标轴,每个轴上各点的信息可以依次与另一轴上的信息点发生交合,从而创新性产生新的信息。将传感器可检测内容作为研究中心,构造两条互相垂直的坐标轴线,分别是 X 轴(横轴)和 Y 轴(纵轴),X 轴表示电容式传感器影响参数,Y 轴代表不同检测场景下的检测内容,其中 X 轴上的信息点可以为:磁电感应式传感器中,N(线圈的匝数)、B(线圈所在磁场的磁感应强度)、L 和 S(每匝线圈的平均长度和平均横截面积)、ω 和 v(线圈相对磁场运动的角速度和线速度)。霍尔式传感器中:K_H(霍尔灵敏度,表征了一个霍尔元件在单位控制电流和单位磁感应强度时产生的霍尔电动势的大小)、I(通入导体的电流)。Y 轴的信息点可以为:电压、电流、短路、断路、过电压、绝缘、电弧、闪络、过负荷、导电性、泄漏电流、绝缘层磨损、接地;机械振动、拉力、油压、气压、稳定性;加速度、速度、转速、位移、倾斜角度;气体、风力;温度、湿度、洁净度、腐蚀性、声音、pH 值;开合闸、完整度、剩磁、液位。构建的信息检核二维坐标图如图 3-12 所示。

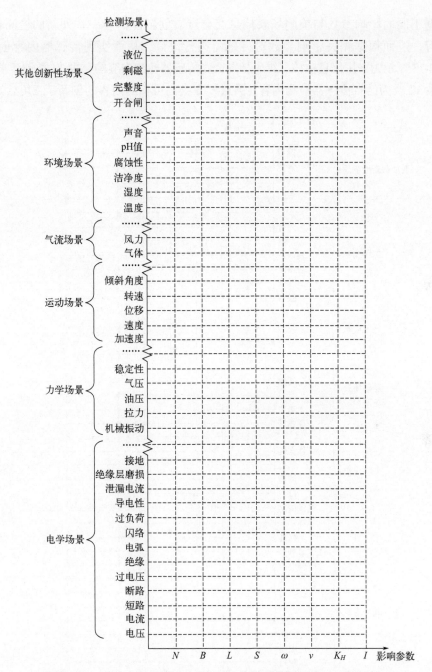

图 3-12 磁敏式传感器可检测场景与影响参数的检核二维坐标图

(2) 检测内容创新

通过构建传感器可检测场景内容与影响参数的信息检核二维坐标图,可以根据不同的影响参数与检测场景信息交合点，创新性构造一系列新的检测场景内容，进而根据相关影响参数对传感器进行设计，从而实现传感器内容创新。图 3-13 所示为采用信息检核二维坐标图，对传感器检测内容的至少 14 类创新举例，其中 12 类为已有传感器检测内容（圆点），2 类为可检测内容的创新（三角点）。

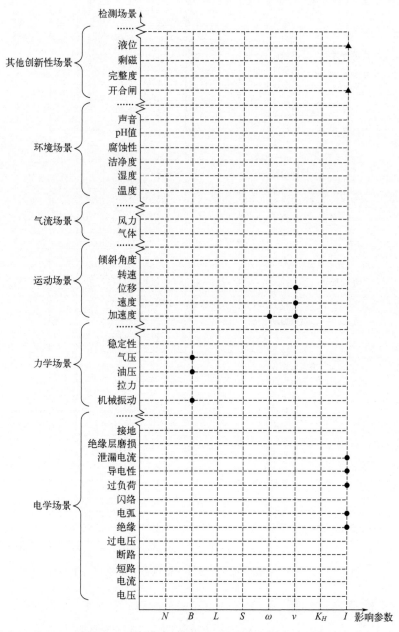

图 3-13 磁敏式传感器可检测场景创新举例

对于已有传感器检测内容创新,可以通过将霍尔片式传感器与弹性元件进行组合,通过压力信号改变弹性元件的形变,引起磁感应强度变化,从而实现对气压、油压以及机械振动的检测。通过磁电感应式传感器中,线圈相对磁场运动的角速度和线速度变化,实现对位移、速度和加速度等参数的检测。通过霍尔式传感器电流检测,实现对众多电学场景的测量。

对于传感器检测内容的创新,可以借助霍尔式传感器中电流值变化,实现对开合闸和液位检测。

(3) 创新方法融入传感器检测

将创新方法融入信息检核二维坐标图,构建三坐标轴体系信息交合反应场,从而利用创新方法对传感器创新检测功能的实现提供科学解决办法。构建创新方法融入的信息交合反应场,可选择的创新方法主要包括,分割原理、抽取原理、中介物原理、系统替代法、局部性原理、状态变化原理和不对称原理等。图 3-14 所示为在融合创新方法构建的三坐标体系信息交合反应场中,磁敏式传感器创新检测功能实现举例。

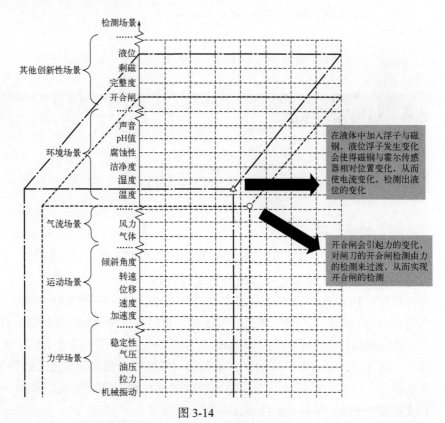

图 3-14

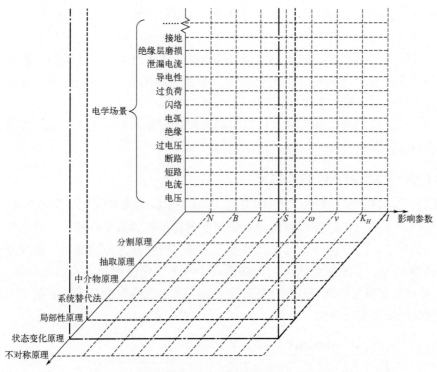

图 3-14　创新方法融入磁敏式传感器检测场景可实现办法举例

3.4　热电式传感器

3.4.1　热电式传感器的基本概念及主要特点

（1）基本概念

在工业生产过程中，温度通常是需要测量和控制的重要参数之一。热电式传感器是一种能将温度变化转换为电量变化的元件。在各种热电式传感器中，以将温度转换为电动势或电阻的方法最为普遍，对应的元件分别称为热电偶、热电阻和热敏电阻。即热电偶是将温度变化转换为电阻值变化的测温元件。

热电偶被广泛用于测量 100~1300℃ 范围内的温度，它具有结构简单、制作容易、精度高、温度测量范围宽、动态响应特性好、输出信号便于远传等优点。热电偶是一种有源传感器，测量时不需要外加电源，使用方便，常用于测量炉子或管道内气体、液体的温度或固体的表面温度。

（2）可检测场景及参数

热电式传感器的可检测场景及参数同电阻式传感器，在此不再赘述。

3.4.2 热电偶传感器

（1）热电效应

两种不同材料的导体（或半导体）组成一个闭合回路，当两接点温度 t 和 t_0 不同时，则在该回路中就会产生电动势，该电动势称为热电动势。这两种不同导体的组合称为热电偶，称 A、B 两导体为热电极。两个接点，一个为工作端或热端（t），测温时将它置于被测温度场中，另一个为自由端或冷端（t_0），一般要求它固定在某一温度。热电偶结构原理如图 3-15 所示。

实际上，热电动势来源于两个方面，一部分由两种导体的接触电动势构成，另一部分是单一导体的温差电动势。

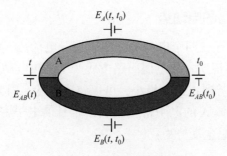

图 3-15 热电偶结构原理

（2）两种导体的接触电动势

由于两种不同导体的自由电子密度不同而在接触处形成的电动势为接触电动势。接触电动势的大小与导体的材料、接点的温度有关，而与导体的直径、长度、几何形状等无关。接触电动势示意图如图 3-16 所示。接触电动势的数值取决于两种不同导体的材料特性和接触点的温度。

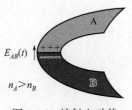

图 3-16 接触电动势

接触电动势 $E_{AB}(t)$ 可表示为：

$$E_{AB}(t) = \frac{kt}{e} = \ln\frac{n_A(t)}{n_B(t)} \qquad (3\text{-}20)$$

式中　$E_{AB}(t)$ ——A、B 两种材料在温度 t（热力学温度）时的接触电动势；
　　　k——玻尔兹曼常数，$k=1.38 \times 10^{-23}$ J；
$n_A(t)$，$n_B(t)$ ——材料 A、B 在温度 t 下的自由电子密度；
　　　e——单个电子的电荷量，$e=1.6 \times 10^{-19}$ C。

（3）单一导体的温差电动势

同一导体的两端因其温度不同而产生的一种电动势。高温端的电子能量要比低温端的电子能量大，从高温端跑到低温端的电子数比从低温端跑到高温端的要多，结果高温端因失去电子而带正电，低温端因获得多余的电子而带负电，在导体两端便形成温差电动势。

（4）热电偶回路的电动势

热电偶回路总共存在四个电动势：两个接触电动势、两个温差电动势，如图 3-16 所示。但实践证明，热电偶回路中所产生的热电动势主要是由接触电动势引起的，温差电动势所占比例极小，可以忽略不计；因为 $E_{AB}(t)$ 和 $E_{AB}(t_0)$ 的极性相反，假设导体 A 的电子密度大于导体 B 的电子密度，且 A 为正极、B 为负极，那么回路的总电动势为：

$$\begin{aligned}E_{AB}(t,t_0) &= E_{AB}(t) - E_A(t,t_0) + E_B(t,t_0) - E_{AB}(t_0) \\ &\approx E_{AB}(t) - E_{AB}(t_0) \\ &= \frac{kt}{e}\ln\frac{n_A(t)}{n_B(t)} - \frac{kt_0}{e}\ln\frac{n_A(t_0)}{n_B(t_0)}\end{aligned} \qquad (3\text{-}21)$$

① 影响因素取决于材料和接点温度，与形状、尺寸等无关。
② 两热电极相同时，总电动势为 0。
③ 两接点温度相同时，总电动势为 0。
④ 对于已选定的热电偶，当参考端温度 t_0 恒定时，$E_{AB}(t_0) = C$ 为常数，则总的热电动势就只与温度 t 成单值函数关系，即：

$$E_{AB}(t,t_0) = f(t) - f(t_0) = f(t) - C = \varphi(t) \qquad (3\text{-}22)$$

可见：只要测出 $E_{AB}(t,t_0)$ 的大小，就能得到被测温度 t，这就是利用热电偶测温的原理。

(5) 热电偶的分度表

不同金属组成的热电偶，温度与热电动势之间有不同的函数关系，一般通过实验的方法来确定，并将不同温度下测得的结果列成表格，编制出热电势与温度的对照表，即分度表。

供查阅使用，每 10℃分档。中间值按内插法计算：

$$t_M = t_L + \frac{E_M - E_L}{E_H - E_L} \times (t_H - t_L) \tag{3-23}$$

式中　　t_M——被测的温度值；

　　　　t_H，t_L——较高和较低的温度值；

E_M，E_H，E_L——分别为温度 t_M、t_H、t_L 对应的热电动势。

3.4.3　热电阻传感器

热电阻传感器是利用导体的电阻值随温度变化而变化的原理进行测温的。

热电阻广泛用来测量 -200～850℃范围内的温度，少数情况下，低温可测量至 1K，高温达 1000℃。标准铂电阻温度计的精确度高，作为复现国际温标的标准仪器。

对用于制造热电阻材料的要求：

① 具有尽可能大且稳定的电阻温度系数和电阻率；

② R-t 关系最好呈线性；

③ 物理化学性能稳定；

④ 容易加工、价格尽量便宜等。

目前常用的热电阻有铂热电阻和铜热电阻。

3.4.4　热敏电阻

热敏电阻是利用半导体（某些金属氧化物如 NiO，MnO_2，CuO，TiO_2）的电阻值随温度显著变化这一特性制成的一种热敏元件，其特点是电阻率随温度而显著变化。一般测温范围：-50～+300℃。

热敏电阻的电阻温度特性：

大多数热敏电阻有负温度系数。热敏电阻在不同值时的电阻-温度特性为温度越高，阻值越小，且有明显的非线性。NTC 热敏电阻具有很高的负电阻温度系数，特别适用于 -100～+300℃之间测温。

PTC 热敏电阻的阻值随温度升高而增大，且有斜率最大的区域，当温度超过某一数值时,其电阻值朝正的方向快速变化。其用途主要是彩电消磁、各种电器设备的过热保护等。

CTR 也具有负温度系数,但在某个温度范围内电阻值急剧下降,曲线斜率在此区段特别陡,灵敏度极高。主要用作温度开关。

各种热敏电阻的阻值在常温下很大(数千欧以上),不必采用三线制或四线制接法,给使用带来方便。

3.4.5 传感器的检测内容创新

(1) 检测内容信息检核二维坐标图构建

通过构建检测内容与传感器影响参数的信息检核二维坐标图,进行系统逻辑分析,从而解决问题。构建检核二维坐标图信息标轴,每个轴上各点的信息可以依次与另一轴上的信息点发生交合,从而创新性产生新的信息。将传感器可检测内容作为研究中心,构造两条互相垂直的坐标轴线,分别是 X 轴(横轴)和 Y 轴(纵轴),X 轴表示热电偶传感器影响参数,Y 轴代表不同检测场景下的检测内容,其中 X 轴上的信息点可以为:热电偶传感器中,t(某一温度值)、$n_A(t)$,$n_B(t)$(材料 A、B 在温度 t 下的自由电子密度)。Y 轴的信息点可以为:电压、电流、短路、断路、过电压、绝缘、电弧、闪络、过负荷、导电性、泄漏电流、绝缘层磨损、接地;机械振动、拉力、油压、气压、稳定性;加速度、速度、转速、位移、倾斜角度;气体、风力、温度、湿度、洁净度、腐蚀性、声音、pH 值;开合闸、完整度、剩磁、液位。构建的信息检核二维坐标图如图 3-17 所示。

(2) 检测内容创新

通过构建传感器可检测场景内容与影响参数的信息检核二维坐标图,根据不同的影响参数与检测场景信息交合点,创新性构造一系列新的检测场景内容,进而根据相关影响参数对传感器进行设计,从而实现传感器内容创新。图 3-18 所示为采用信息检核二维坐标图,对传感器检测内容的至少 9 类创新举例,其中 3 类为已有传感器检测内容(圆点),6 类为可检测内容的创新(三角点)。

对于已有传感器检测内容创新,可以构建不同电极构成的热电偶传感器,通过热电效应和不同电极材料中自由电子密度变化,从而实现对温度的检测。

对于热电偶传感器检测内容的创新,可以借助不同电极材料中自由电子密度变化,实现对电流和电压等电量的检测。

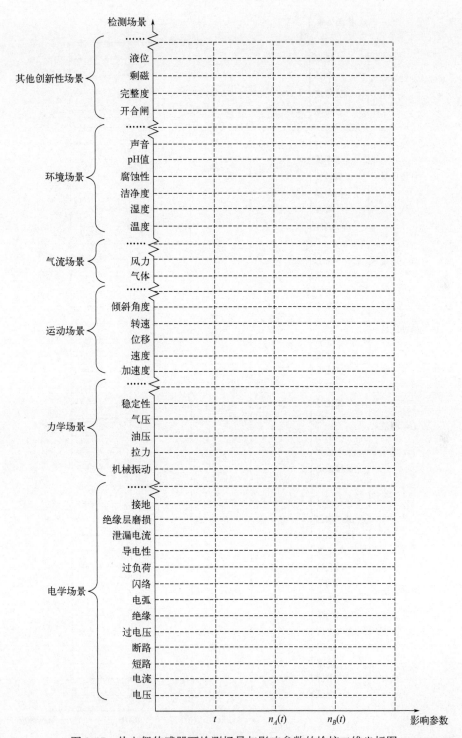

图 3-17 热电偶传感器可检测场景与影响参数的检核二维坐标图

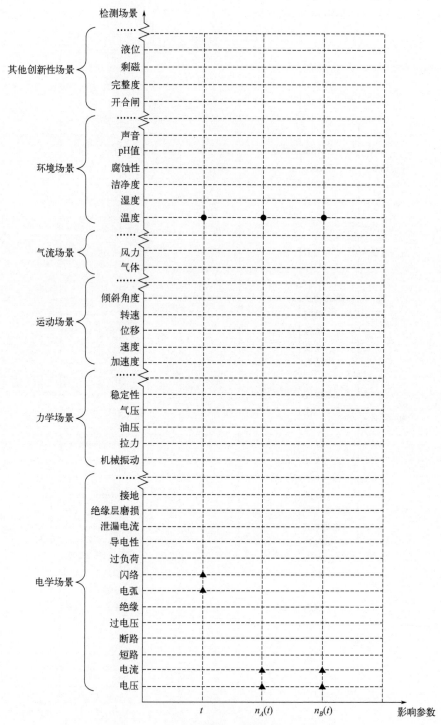

图 3-18 热电偶传感器可检测场景创新举例

(3) 创新方法融入传感器检测

将创新方法融入信息检核二维坐标图，构建三坐标轴体系信息交合反应场，从而利用创新方法对传感器创新检测功能的实现提供科学解决办法。构建创新方法融入的信息交合反应场，可选择的创新方法主要包括分割原理、抽取原理、中介物原理、系统替代法、局部性原理、状态变化原理和不对称原理等。图 3-19 所示为在融合创新方法构建的三坐标体系信息交合反应场中，热电偶传感器创新检测功能实现举例。

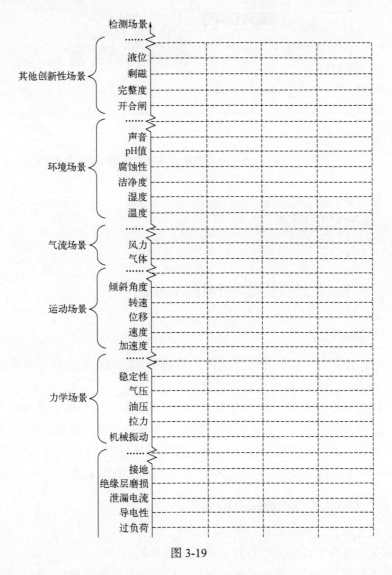

图 3-19

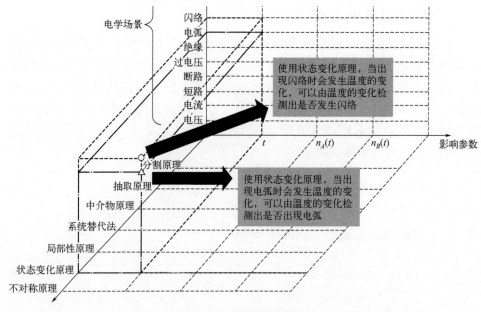

图 3-19　创新方法融入热电偶传感器检测场景可实现办法举例

3.5　光电式传感器

3.5.1　光电式传感器的概念及其基本形式

(1) 基本概念

光电式传感器（或称光敏传感器）是利用光电器件把光信号转换成电信号（电压、电流、电荷、电阻等）的装置。

其特点主要表现为：①结构简单、响应速度快、高精度、高分辨率、高可靠性、抗干扰能力强（不受电磁辐射影响，本身也不辐射电磁波），可实现非接触式测量等；②可以直接检测光信号，间接测量温度、压力、位移、速度、加速度等；③其发展速度快、应用范围广，具有很大的应用潜力。

(2) 光电式传感器的基本形式

① 由光路及电路两大部分组成；
② 光路部分实现被测信号对光量的控制和调制；
③ 电路部分完成从光信号到电信号的转换后的电信号传输与输出等。

(3) 可检测场景及参数

光电式传感器的可检测场景及参数同电阻式传感器,在此不再赘述。

3.5.2 光电效应

光子是具有能量的粒子,每个光子的能量可表示为:

$$E = h v_0 \tag{3-24}$$

式中　h——普朗克常量,$h=6.626\times 10^{-34}$ J·s;

　　　v_0——光的频率。

当光照射在某些物体上时,光能量作用于被测物体,一个光子的能量传递给一个电子,电子的状态会发生变化(释放出电子),从而使受光照射的物体产生相应的电效应,这种现象被称为光电效应。光电效应中所释放出的电子叫光电子。能产生光电效应的敏感材料称作光电材料。

光电效应一般分为外光电效应和内光电效应两大类。

① 外光电效应:当光照射到金属或金属氧化物的光电材料上时,光子的能量传给光电材料表面的电子,如果入射到表面的光能使电子获得足够的能量,电子会克服正离子对它的吸引力,脱离材料表面而进入外界空间的现象,即外光电效应是在光线作用下,电子逸出物体表面的现象。根据外光电效应做出的光电器件有光电管和光电倍增管。

② 内光电效应:在光线作用下,物体的导电性能发生变化或产生光生电动势的现象。内光电效应可分为因光照引起半导体电阻率变化的光电导效应与因光照产生电动势的光生伏特效应。

根据光电效应可以做出相应的光电转换元件,简称光电器件或光敏器件。

3.5.3　光纤传感器

(1) 光纤传感器的概念

① 工作基础:光纤中所传输的光信号(光波)的特征量(如光强、相位、频率、偏振态等)将随外界环境因素(温度、压力、电场、磁场等)的变化而变化。

② 光纤传感器的优点:

a. 频带宽、动态范围大、灵敏度高;

b. 固有的安全性好;

c. 抗电磁干扰；

d. 耐高温、耐腐蚀、电绝缘性好；

e. 能与数字通信系统兼容，集传感与传输于一体，易实现远距离测量等。

③ 应用：光纤传感器受到世界各国的广泛重视。光纤传感器已用于位移、振动、转动、压力、速度、加速度、电流、磁场、电压、温度等 70 多个物理量的测量。

④ 基本原理：由于外界因素（温度、压力、电场、磁场、振动等）对光纤的作用，会引起光波特征参量（振幅、相位、频率、偏振态等）发生变化，只要能测出这些参量随外界因素的变化关系，就可以用它作为传感元件来检测对应物理量的变化。

（2）光纤传感器的分类

1) 按光纤在传感器中功能的不同分

① 功能型（传感型）光纤传感器　利用光纤本身的特性把光纤作为敏感元件，被测量对光纤内传输的光波进行调制，使传输的光信号的强度、相位、频率或偏振等特性发生变化，再通过对被调制过的信号进行解调，从而得出被测信号。

② 非功能型（传光型）光纤传感器　利用其他敏感元件感受被测量的变化，与其他敏感元件组合而成的传感器，光纤只作为光信号的传输介质。

2) 按光纤传感器调制的光波参数不同分

① 强度调制光纤传感器　一种利用被测对象的变化引起敏感元件的折射率、吸收或反射等参数的变化，而导致光强度变化来实现敏感测量的传感器。有利用光纤的微弯损耗，各物质的吸收特性，振动膜或液晶的反射光强度的变化，物质因各种粒子射线或化学、机械的激励而发光的现象，以及物质的荧光辐射或光路的遮断等来构成压力、振动、温度、位移、气体等各种强度调制型光纤传感器。

② 相位调制光纤传感器　将光纤的光分为两束，一束相位受外界信息的调制，另一束作为参考光，使两束光叠加形成干涉条纹，通过检测干涉条纹的变化可确定出两束光相位的变化，从而测出使相位变化的待测物理量。其调制机理分为两类：一类是将机械效应转变为相位调制，如将应变、位移、水声的声压等通过某些机械元件转换成光纤的光学量（折射率等）的变化，从而使光波的相位变化；另一类利用光学相位调制器将压力、转动等信号直接转变为相位变化。

③ 波长（频率）调制光纤传感器　单色光照射到运动物体上后，反射回来时，由于多普勒效应，其频率将发生变化，频移后的频率为：

$$f' = \frac{f_i}{1-v/c} \approx f_i(1+v/c) \quad （v/c \ll 1 \text{ 运动物体靠近光源方向移动}）$$

$$f' = \frac{f_i}{1+v/c} \approx f_i(1-v/c) \quad (v/c \ll 1 \text{ 运动物体远离光源方向移动}) \quad (3\text{-}25)$$

式中 f'，f_i——反射光的频率和入射光的频率；

c——光速；

v——运动物体的速度。

④ 时分调制光纤传感器 利用外界因素调制返回信号的基带频谱，通过检测基带的延迟时间、幅度大小的变化来测量各种物理量的大小和空间分布的方法。

⑤ 偏振调制光纤传感器 外界因素作用使光的某一方向振动比其他方向占优势，这种调制方式为调振调制。

3.5.4 传感器的检测内容创新

（1）检测内容信息检核二维坐标图构建

通过构建检测内容与传感器影响参数的信息检核二维坐标图，进行系统逻辑分析，从而解决问题。构建检核二维坐标图信息标轴，每个轴上各点的信息可以依次与另一轴上的信息点发生交合，从而创新性产生新的信息。将传感器可检测内容作为研究中心，构造两条互相垂直的坐标轴线，分别是X轴（横轴）和Y轴（纵轴），X轴表示光纤传感器影响参数，Y轴代表不同检测场景下的检测内容，其中X轴上的信息点可以为：h（普朗克常量）、v_0（光的频率、光纤传感器中，强度调制型光纤传感器、相位调制型光纤传感器、波长调制型光纤传感器、时分调制型光纤传感器、偏振调制型光纤传感器）。Y轴的信息点可以为：电压、电流、短路、断路、过电压、绝缘、电弧、闪络、过负荷、导电性、泄漏电流、绝缘层磨损、接地；机械振动、拉力、油压、气压、稳定性；加速度、速度、转速、位移、倾斜角度；气体、风力；温度、湿度、洁净度、腐蚀性、声音、pH值；开合闸、完整度、剩磁、液位。构建的信息检核二维坐标图如图3-20所示。

（2）检测内容创新

通过构建传感器可检测场景内容与影响参数的信息检核二维坐标图，可以根据不同的影响参数与检测场景信息交合点，创新性构造一系列新的检测场景内容，进而根据相关影响参数对传感器进行设计，从而实现传感器内容创新。图3-21中所示为采用信息检核二维坐标图，对传感器检测内容的至少20类创新举例，其中15类为已有传感器检测内容（圆点），5类为可检测内容的创新（三角点）。

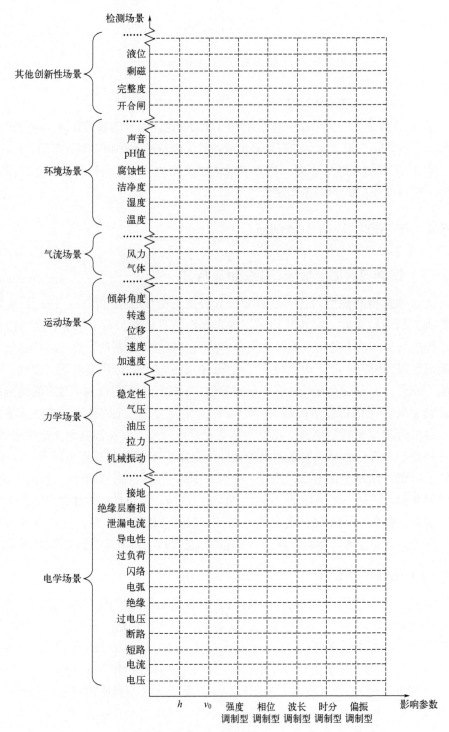

图 3-20 光纤传感器可检测场景与影响参数的检核二维坐标图

第3章 基于二维、三维坐标模式对传感器教学改革的探索及应用

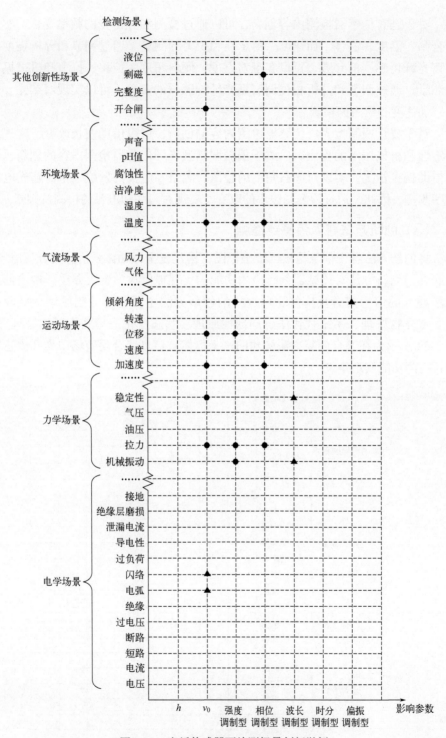

图 3-21 光纤传感器可检测场景创新举例

对于已有传感器检测内容创新，可以通过检测和分析光的频率变化，实现开合闸、温度、位移、加速度、稳定性和拉力的测量。通过调节和分析强度调制型光纤传感器的参数，可以实现对温度、倾斜角度、位移、拉力和机械振动的测量。通过调节和分析相位调制型光纤传感器的参数，可以实现对剩磁、温度、加速度和拉力的检测。

对于波长调制型光纤传感器检测内容的创新，可以借助波长改变，实现对稳定性和机械振动的检测。而对于偏振调制型光纤传感器检测内容的创新，可以借助偏振情况，实现对倾斜角度的检测。闪络和电弧的发生，常伴随光电及温度改变，因此，通过检测光频率的改变，实现对闪络和电弧的检测及判断。

（3）创新方法融入传感器检测

将创新方法融入信息检核二维坐标图，构建三坐标轴体系信息交合反应场，从而利用创新方法对传感器创新检测功能的实现提供科学解决办法。构建创新方法融入的信息交合反应场，可选择的创新方法主要包括分割原理、抽取原理、中介物原理、系统替代法、局部性原理、状态变化原理和不对称原理等。图 3-22 所示为在融合创新方法构建的三坐标体系信息交合反应场中光纤传感器创新检测功能实现举例。

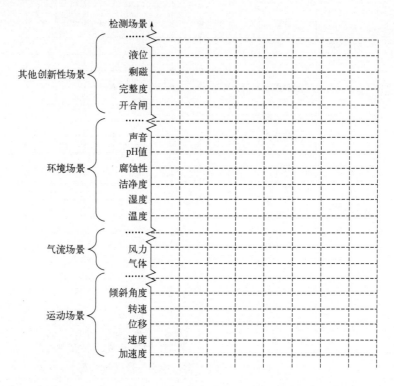

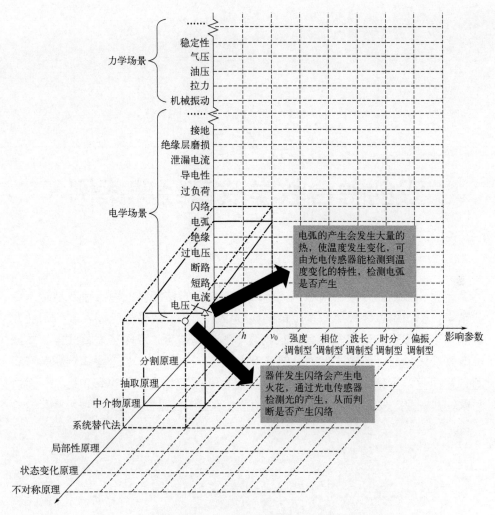

图 3-22 创新方法融入光纤传感器检测场景可实现办法举例

第 4 章
双创融合教学改革经典案例

随着创新创业教育的不断深入,如何将创新方法和创业思维有效地融入专业教学,已成为高等教育教学改革的重要议题。我校积极响应国家创新创业教育的号召,不断探索双创教育与专业教学的有机结合,取得了显著成果。本章选取九项双创融合教学改革的经典案例(2019—2023 年),这些案例涵盖了不同专业课程,充分体现了创新方法和创业思维在专业教学中的有效融入。通过对这些案例深入分析,希望能够为更多的教育工作者提供有益的参考和启示。

4.1 融入 TRIZ 方法的《物理光学》课程教学改革

4.1.1 专业课程简介

（主要阐述目前课程开设过程中遇到的缺乏创新方法或创新思维或创业思维的相关情况，以及课程教学过程中的局限性。）

《物理光学》是光电信息、光学工程等方向的专业必修基础课，也是绝大部分光学相关专业的考研必考课程，当前物理光学教学存在以下问题：

① 概念抽象、公式复杂，学生接受困难，学习效率急需提高；

② 教师教学和学生学习受困于传统教材，欠缺发散和创新思维，难以获得成就感。

需要将 TRIZ 创新原理和创新思维融入物理光学课程教学，给教学活动带来新的思维和灵感，不断提高学生学习效能感，激发学习兴趣和创新动力。

4.1.2 融入方法选择

（主要阐述拟采用的创新方法或创新思维或创业思维。）

根据 TRIZ 的理念，主要采用如下创新原理：

教学方式上，采用复制原理＋物理或化学参数改变原理：自编程序实时改变参数，将抽象复杂的光学规律以形象生动的仿真动画显示，这将有力提高教学效果。

具体教学内容上，灵活采用其他原理，如分割原理（电矢量、磁矢量；p 分量和 s 分量；o 光和 e 光）、抽取原理（振荡电偶极子）、增加不对称性（磁光隔离器）、等势（洛埃镜与杨氏双缝）、一维变多维（比如普克尔斯盒中两维的电光效应）、借助中介物（光学示性曲面）、多孔材料（单缝与光栅）等。

4.1.3 建设目标

① 物理光学团队成员对 TRIZ 从了解、熟悉到能够灵活运用。

② 形成并完善创新方法融入《物理光学》的课程标准一套。

③ 在科学软件 Mathematica 环境下编写具有公式推导、实时参数交互、动画演示功能为一体的物理光学仿真讲义一套，为后续正式出版教材做好积累工作；完成一套融合了 TRIZ 创新方法的物理光学教学 PPT。

④ 教学方式方法灵活，能够激发学生创新灵感，提高学生利用物理光学知识创新性地解决实际问题的能力。总结创新方法融入课程建设的经验。

4.1.4 建设内容

（主要结合相关项目类型的建设标准，重点阐述融合专业课程的方法、路线、考核形式及可行性等。）

（1）TRIZ 融入《物理光学》课程的方法和路线

根据《物理光学》课程特点，结合 TRIZ 的 40 个创新原理，融合课程的步骤为：描述一个光学问题—转化为当时技术矛盾—识别矛盾参数—化为阿奇舒勒工程参数—根据矛盾矩阵确定创新原理。基于前期准备工作，拟采用如下创新原理：

① 复制原理＋物理或化学参数改变原理。

在科学计算软件 Mathematica 环境中编写程序，模拟仿真物理光学现象，并实时交互性地改变控制参数，将抽象复杂的光学规律以图片、动画的形式形象化显示，将艰深的物理过程清晰地展现出来，以提高教学效果，如光矢量的振动、垂直振动的合成、平面简谐电磁波的传播、驻波（如图 4-1 所示）、光波的

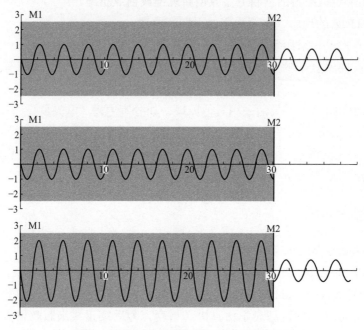

图 4-1　激光谐振腔内的驻波形成示意图

傅里叶分解、拍频与群速度和相速度（如图 4-2 所示）、FP 标准具（如图 4-3 所示）、偏振光经过波片（如图 4-4 所示）等；这种化抽象为形象、化复杂为生动的创新的教学方法，将有力提高学生对教学内容的深入理解，这一方法将贯穿于整个教学过程中。

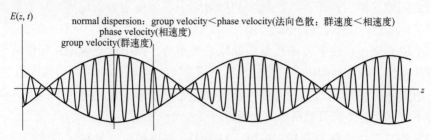

图 4-2　模拟仿真正常色散介质中的群速度小于相速度

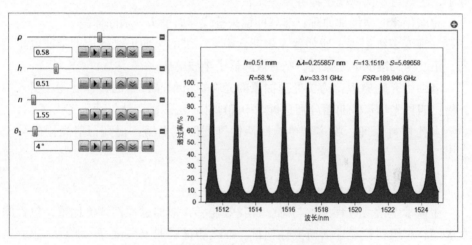

图 4-3　FP 标准具动态交互式调节参数示意图

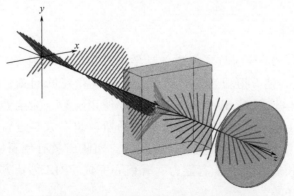

图 4-4　线偏振光经 1/4 波片和反射镜返回后的偏振态示意图

② 其他创新原理的灵活运用。

结合具体教学内容，灵活采取合适的 TRIZ 创新原理，举例如下。

分割原理：如光的电磁波原理，将电矢量和磁矢量分开讨论；光的界面反射中，将 p 分量和 s 分量分开讨论；双折射晶体中 o 光和 e 光分别分析；从普通光栅到闪耀光栅，将干涉零级极大和衍射因子零级极大分割偏离，从而最大化利用衍射能量，增加衍射光栅实用性。

抽取原理：从现实复杂现象中抽取主要矛盾，提出理想模型、如讲解平面简谐波模型、振荡电偶极子模型时灵活采用。

增加不对称性原理：如法拉第磁光效应光隔离器，在光的两个传播方向上增加不对称性，使光只能沿单方向通过。

等势原理：讲解菲涅耳双棱镜、双面镜、洛埃镜、比累对切透镜的分析过程中，将其与杨氏双缝干涉等势类比。

曲面化、曲率增加原理：非球面镜头替代球面镜头，消除球差。

一维变多维原理：比如普克尔斯盒中，一维的纵向电光效应的半波电压过高，拓展为二维的电光效应，则有效降低了半波电压。

借助中介物原理：为了处理抽象的光在双折射晶体中的传播问题，引入中介物：四种光学示性曲面分别是折射率椭球体、法线面、波矢面、光线面。

多孔材料原理：将多个单缝周期性排列形成光栅，提高衍射光栅的分光能力。

（2）考核形式

注重学生学习过程的参与感、自我效能感，增加过程性评价比重，包含课堂提问、小组讨论、课后研究性项目、在线测试、期末考试等。课后作业适当加入 TRIZ 创新方法解决物理光学问题的研究性题目，考查学生对创新原理的理解和掌握。

（3）可行性

申请人自 2008 年起负责《物理光学》教学，2010 年承担《物理光学》核心课程建设，对《物理光学》课程的设置、存在的问题、解决方法有深刻认识。对科学软件 Mathematica 有 15 年使用经验，完全胜任光学的模拟仿真工作。2019 年暑假随教务处赴美国扬斯敦州立大学进行交流学习，在教学技能和国际化视野方面有了大幅提升。团队成员有创新创业指导经验、经验丰富。本团队成员完全有能力、有信心完成 TRIZ 创新方法融入物理光学课程的教改任务。

4.2 创新思维及创新方法融入《机械设计》课程教学的研究与建设

4.2.1 专业课程简介

《机械设计》课程是近机类专业开设的一门重要的专业基础课,旨在培养具有一定机械设计理论知识与机械设计能力的人才。

目前依然主要采用以教师为中心的教学方式,尽管采用了多媒体教学,但仍旧按照教材内容讲授内容,对整个课程的创新性没有体现出来,作为学习过程主体的学生,在整个教学过程中依旧处于被动接受状态。整个课程还缺乏创新思维的设计,缺乏创新案例,授课中缺乏创新设计的引导,限制了学生在学习中的主动性和创新精神的培养,束缚了学生的发散思维和想象力,失去了创新精神与创新能力。

4.2.2 融入方法选择

思维是承载知识的"系统",只有不断更新自己的思考模式,才能真正运用知识完成个人能力提升。将创新思维纳入《机械设计》课程中,重点将创新思维7种模式中的发散性思维、多向思维、换元思维融入。发散性思维从一个事物的特征、背景或相关的线索发散开来,可以丰富事物的内容。多向思维是从多方面思考问题,从而达到效果整体优化的方法,不局限于点、线、面的限制,立体化思考,在遇到问题的时候,能从多方面考虑,能用什么方法让事情更好更快地解决。换元思维是根据事物的构成因素,进行拆分、变换元素,以打开新思路。

4.2.3 建设目标

在项目建设期内,团队成员至少有1人次参加创新方法培训;每学年至少有1人次开设创新方法课程;至少有1人次开设创新方法与专业课融合课程。设计1套创新方法融入专业课程的教案或PPT。主编1套区别于目前已有专业课程教材且实现创新方法专业课程相融合的讲义或教师指导用讲义(若能够出版将按照出版教材另行立项,给予经费支持);构建创新方法与专业课程相融合的课程大纲。进行启发、探究式方式进行教学;发表1篇以上创新方法与专业课程融合的教学改革论文。构建微视频;进行经验交流。

4.2.4 建设内容

思维就是承载知识的"系统"，只有不断更新自己的思考模式，才能真正运用知识完成能力升级。在专业课的教学中，将创新思维不断地应用于课程的教学中，比如发散性思维、多向思维、移植思维，不断地训练学生的创新思维模式思考方式，提高学生创新思维和创造能力。

（1）主要建设的内容

① 成立教学团队，加强团队建设，积极开展教研活动，培养团队成员热爱创新、热爱创新教育，每年团队成员须至少参加一次创新类培训，建设期间开展一次创新类课程。

② 建成具有创新思维的教学大纲和考核大纲。建立建设团队成员目标与要求。《机械设计》作为机械类重要的专业核心课程，将课程以创新作为点，统领整个课程，全面思考课程内容，寻找并归纳课程中创新章节与内容，将创新思维与创新设计融入专业课程中的讲授中。构建具有创新思维的教学大纲与相关的考核大纲。

③ 建成与创新思维相融合的机械设计课件库、案例库。团队成员重新构建课件库，将创新融入机械设计程中。

④ 建成《机械设计》在线开放课程，实施混合式教学模式，将创新思维与创新方法融入课程教学中。建成《机械设计》在线开放课程，实施混合式教学模式，以线上与线下相结合，以线上学生课余听课学习、线下授课与讨论的方式进行。

⑤ 将创新方法融入课程中。分割原理、抽出原理、不对称原理、合并原理、多功能原理、质量补偿原理、反作用原理等融入专业课中。

创新思维、创新方法与《机械设计》课程融合的举例如下：

① 发散性思维应用于课程：在讲轴承结构设计时，将创新技术中的组合法介绍给学生，组合法有同类组合法、异类组合法。轴承的组合过程就是一种创新过程，而组合设计有串联式组合、并联式组合等，学生根据受力情况，可以举出多种组合方式（可采用头脑风暴法），学生自行分析并得出结论。又如，在创新设计作品开始选择题目时，给学生讲头脑风暴规则，采用头脑风暴的方法（发散性思维）出题。

② 多向思维应用于课程：多向思维其实是从多方面思考问题，从而达到效果整体优化的方法，不局限于点、线、面的限制，立体化思考，既可以从单一思维模式出发，也可以从多个思维方式思考。在《机械设计》的教学中，对于

所设计的机构都要进行参数的设计与选择，参数的选择需要从多向思维考虑，因此其值是有一个度的，比如在讲斜齿轮时，为什么要设计斜齿轮？为什么斜齿轮的螺旋角选在 8°～25°之间？通过这样的讨论与分析，使学生从多向思维进行思考，锻炼了学生的多向思维，养成了多向思维的模式，从而提高学生的创新与创造的能力。

③ 将换元思维（移植原理）应用于课程：换元思维是根据事物的构成因素，进行拆分、变换元素，以打开新思路。在联轴器章节，将换元思维（移植原理）介绍给学生，给学生联轴器外界工作条件，让学生采用头脑风暴式讨论设计联轴器结构。采用换元思维（移植原理），将用于传动的齿轮啮合，将啮合原理移植到联轴器，产生了齿式联轴器。滚动轴承的结构移植到移动导轨上产生了滚动导轨，移植到螺旋传动上产生了滚珠丝杠。

④ 在课程建设阶段，不断地寻找课程中的创新元素，将创新元素规划，合理地融入课程，将创新思维的思考方式融入课程，使学生在不断地应用创新思维与设计思维的练习与锻炼当中，形成创新思维设计的习惯，利于学生创新创业。

⑤ 增加创新性考核方式，构建创新设计考核题库。增加考核形式——创新设计大作业，检验学生——利用创新设计的方式进行检验，学生自由分小组，每组约 5 人，学生利用课下采用头脑风暴式进行讨论寻找需要创新作品，课上提出定好创新设计作品，课下设计，隔两周后进行课上演讲提出问题，寻找解决问题的办法，课下再设计再修改，最终将作品设计成功，以三维结构图、设计说明书、PPT 以及仿真等方式提交，这些内容作为考核的一部分。这种方式锻炼了学生发现问题、解决问题、团队成员团结协作、学生演讲的能力等。构建学生创新设计考核题库。

⑥ 构建学生创新设计实践小组，组织并参加学科竞赛。创新理论与实践相结合，建成多个创新设计小组，进行创新实践，对于学生设计得好的作品参加各类学科竞赛。

（2）可行性分析

团队成员多年来一直进行创新思维类及《机械设计》课程的教学，具有较扎实的基础知识。前期进行了《机械设计》课程的在线开放建设，实施混合式教学已经纳入规划。在前期的教学中团队成员一直在探索创新与专业课的融合，已经进行初步的实施。团队成员团结一致，具有扎实的基础和积极性，并具有带学生创新比赛的经验。该项目的实施具有可行性。

4.2.5 项目进度安排

按 6 个月为一个计划周期，周期内任务指标要可考核。

① 第一阶段工作内容：课程规划，构建融入创新的课程大纲、考核大纲。

② 第二阶段工作内容：在线开放课程建设、制作课件、案例。

③ 第三阶段工作内容：混合式教学内容建设，构建创新设计考核题库。

④ 第四阶段工作内容：混合式教学实施，组建创新小组，组织学生创新比赛，撰写教研论文，总结该项目撰写结题报告。

4.3 《电力系统分析》课程创新方法融入模式探索与实践

4.3.1 专业课程简介

① 课时数不断减少与教学要求不断提高的矛盾，目前该课程的理论课时为 56，实验 8 学时。若依然采用传统的知识点全部到位的授课模式，理论课时远远不足，且不能达到预期教学和毕业目标要求。

② 教学内容抽象与实际电力系统的工程性衔接的矛盾，传统授课方式限制了教师将教学内容与实际工程经验和研究成果的融合与发挥，学生对知识点的理解浮于表面。

③ 教学方法和思维陈旧，学生的碎片式知识难以与实际电力系统综合性问题相结合，造成学生无法对工程问题和综合性问题进行分析和解决。

④ 实验教学内容陈旧，与课堂教学缺乏互补，实践教学辅助作用不能发挥，造成学生实践能力和工程素质培养欠缺。

4.3.2 融入方法选择

① 将创新方法中的形象思维、具体思维、逆向思维引入课堂教学，通过具体实例、类比等方式，对课程中抽象的概念进行类比，加深学生的理解，引发学生进一步思考。

② 将创新方法中矛盾分析、分离原理、技术进化、分类方法等引入课堂教学，学生从中体会 TRIZ 方法及其应用，同时提升学生解决问题的能力。

③ 探寻多样混合式教学模式（启发式、探究式、讨论式、参与式、案例式、项目驱动式等）的教学方式，并分析总结教学效果。

4.3.3 建设目标

① 设计融合 TRIZ 创新方法的《电力系统分析》教学大纲；
② 团队成员每年至少参与一次创新方法培训或开设一次创新方法课程；
③ 设计并制作融合 TRIZ 创新方法的《电力系统分析》教案或 PPT；
④ 课程开课学期开设融合创新方法的《电力系统分析》课程实践；
⑤ 提供一套能够反映创新方法与专业课程融合的学生作业样本或考核方案；
⑥ 录用/发表一篇教学改革论文；
⑦ 提供两段 10min 的微视频。

4.3.4 建设内容

《电力系统分析》是一门理论与实践相结合的课程，该课程具有大量理论内容和许多与工程相关的实践性内容。为了使创新方法融入课程教学中，首先对课程内容知识点进行梳理并按基础性、交叉性、实践性进行重新分类；然后根据知识点分类确定所使用到的 TRIZ 创新方法，并按照所选方法特点对于知识点辅以案例分析；在考核环节中除了常规理论考试外，引入实践、讨论环节的考查，尤其考核 TRIZ 方法使用的有效性，最后每次完成一轮教学过程后，对于成果进行总结、问题进行分析，为教学的持续改进提供支撑。

在课程讲授中，将技术进化法则、周期性动作、预先作用等方法应用于第 1 章（电力系统基本概念）；将分割、抽取等方法引入第 2 章（电力网络元件的参数和等值电路）；对于第 3 章（简单电力系统潮流计算）、第 15 章（电力网络数学模型）、第 17 章（电力系统潮流计算的计算机算法）采用分类方法、抽取、分割等进行分析；将分割、矛盾分析等方法应用于第 4 章（有功功率平衡与频率调整）和第 5 章（无功功率平衡与电压调整）；将因果链、物场分析、资源分析等方法应用于电力系统电磁暂态部分（图4-5）的讲授；将逆向思维、嵌套反馈、物理参数改变等创新方法引入电力系统机电暂态的部分。

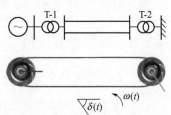

图 4-5 暂态稳定概念类比

① 打破传统授课思路，引入创新方法，形象化和具体化抽象的知识点，使理论课堂趣味化。例如，学生通常反映电力系统暂态稳定部分的概念模糊，无法理解稳定与不稳定的物理概念，因此本部分内容可以采用类比和引导式教学方法，利用动画效

果演示暂态稳定与不稳定的含义。

可以将发电机转子和无穷大系统类比为两个齿轮动态旋转，转轴的相对位置用旋转的黄色和蓝色标杆类比，两电机间的电气联系类比为履带。暂态不稳定时履带联系被打破，系统解列为两个独立的旋转系统。

② 混合教学方法引入课堂教学，突破以教材为范本的顺序、单向的教学方式，通过创设问题—分析问题—解决问题的方式，引导学生思考—求知—求学的工程素养。

例如，在学习发电机三相短路的短路电流时，学生对纯数学的理论推导和公式演化存在抵触情绪，面对冗长的公式推导，学生普遍直接跳过，转到结论性的文字中寻求答案，但授课后对这部分内容仍然无法理解。因此本部分可以采用"倒叙"的教学方式，首先利用仿真软件对短路后的电流进行仿真，通过设置不同仿真时间，让学生从仿真现象中总结规律，然后针对短路电流现象提出问题，引导学生思考问题，从而激发学生求知、求学。

③ 充分利用计算机和电力系统仿真软件，从仿真算例的调试过程中，引导学生对教学内容的理解，同时培养学生应用计算机解决问题的能力，提高学生的实践和动手能力。

例如，《电力系统分析》课程开设在大学三年级，学生对利用计算机实现实际工程任务的情景还比较陌生。根据以往授课经验，如果直接讲解支路追加法的一般通式，学生不容易理解，因此可以引导学生使用仿真软件从小规模算例入手，动手调试程序，观察追加不同形式的支路的情况，引导学生掌握支路追加法的注意事项，从而加深学生对知识的理解。调试过程中可以在程序中设置bug，引导学生发现问题和动手解决问题的工程素质。

综上所述，本次课程改革项目的宗旨是"以创新方法为基础，以工程应用为背景，以培养学生工程素质为导向，加深理论教学，突出以学生为中心的实践能力培养"，体现理论教学、实践教学和工程应用的有机结合。

4.3.5 项目进度安排

按 6 个月为一个计划周期，周期内任务指标要可考核。

(1) 第一阶段工作内容

学习和消化 TRIZ 思想及创新方法，一名团队成员参与创新方法培训；结合《电力系统分析》课程特点，形成创新方法在课程教学中应用的案例，撰写融合创新方法的《电力系统分析》教学大纲。

（2）第二阶段工作内容

制作《电力系统分析》创新方法融合课件和教案。

（3）第三阶段工作内容

一名团队成员参与创新方法培训；根据课堂授课情况，结合学生反馈效果，修改融合创新方法的《电力系统分析》教学大纲。

（4）第四阶段工作内容

制作《电力系统分析》创新方法融合课件，并在课堂教学中应用，同时总结融合创新方法的《电力系统分析》课程建设效果。

4.4 《汽车运用工程》课程创新创业教育理论探索与课堂实践

4.4.1 专业课程简介

（1）创新方法没有融入课堂教学

原有的教学模式局限于知识的记忆与理解，集中于传统的"教师讲、学生听"信息单向传输教学模式，学生处于被动地位。如何将创新方法融入课堂教学，实现认知—应用—创新三个层次的学生知识掌握的依次递进，是当前急需解决的问题。

（2）缺少与时俱进的创新创业案例库

《汽车运用工程》课程教材比较多，大多是系统性、综合性的普通教材，由于教材的编写周期以及知识更新的原因，其内容往往落后于时代，因此《汽车运用工程》发展的新动态、新观念得不到及时的呈现。而目前例如共享出行等新的案例库急需挖掘整理，从而更好地培养学生的创新创业思维。

4.4.2 融入方法选择

在《汽车运用工程》课程中，融入 TRIZ 理论，让学生突破原有的各种思维惯性，以实现创新。在教学中，可融入以下方法。

(1) 用系统的观点分析汽车运用问题

TRIZ 理论的技术系统进化法则,是将一个产品或物体看作是一个技术系统,系统是由多个子系统组成的,通过子系统间的相互作用来实现一定的功能,同时,系统是处于超系统中的,超系统是系统所在的环境,对系统的子系统进行持续改进,以提高整个系统的性能,即技术系统的进行化过程,适用于汽车各部件的演进及改进过程分析。

(2) 掌握矛盾分析法解决汽车运用问题

对于一个无法找到对应解的问题,需要先将此问题转换表达为一个 TRIZ 理论问题,然后利用 TRIZ 理论体系中的理论和工具方法获得 TRIZ 理论的通用解,最后再把 TRIZ 理论通用解转化为具体问题的解,在实际问题中加以实现,最终获得问题的解决。

4.4.3 建设目标

本课程将 TRIZ 理论融入《汽车运用工程》的课程建设中,并研究探索融入专业课程的 TRIZ 理论对大学生创新能力和创新思维的培养,开展基于目标导向的课程设计,实现 TRIZ 理论与课程内容、实验设计的融合,开展基于学习行为分析的形成性评价,从而为创新能力的培养提供更多的实现手段。

此外,组建一支对 TRIZ 理论内涵特点有明确认识的教学团队,制定实现创新方法与专业课程内容相融合的教学大纲,建设创新创业案例库。力争通过融入 TRIZ 理论的课程建设,培养学生的创新创业能力,激发学生创新的热情。

4.4.4 建设内容

(1) 教学方法

1)引入 TRIZ 理论,创新课程内容

在《汽车运用工程》教学中引入 TRIZ 理论,一是将 TRIZ 理论作为教学内容,传授给学生其理论精髓;二是将 TRIZ 理论作为一种工具,应用其相关原理来实现现有教学内容的创新。

将 TRIZ 理论作为教学内容,应做到有选择、有侧重。利用 1~2 节课时间向学生讲授"40 条发明原理""矛盾矩阵"等内容,对于"系统进化理论""物场分析理论"等内容可以视具体情况而定。

2）基于 TRIZ 理论，创新教学模式

传统的教学模式都是教师教、学生听的形式，基于 TRIZ 理论，需要打破这种传统的教学方式，运用探究式、讨论式、参与式等多样化的混合教学模式，实现以学生为中心的教学模式，培养学生批判性、创新性思维。

在学生自主学习阶段，可通过小组讨论、翻转课堂、情景设置模拟的方式激发学生学习热情，真正由"身"参与走向"心"参与。对于课堂中问题的设置，要应用 TRIZ 理论提出经得起推敲的问题，打破传统教学中用按部就班的直线式思维就能得分的旧方法，使学生的思维在头脑风暴中得以提升。

（2）教学路线

1）理论教学内容注重与时俱进

TRIZ 理论能将社会发展需求、学科前沿和传统的基础课程教学进行有机结合，更能适应新时期对人才培养的新要求。而《汽车运用工程》课程教材由于编写周期以及知识更新的原因，其内容往往落后于时代，因此汽车运用工程发展的新动态、新观念得不到及时体现。

为了弥补教材内容滞后的特点，可以通过网站、期刊论文等途径给学生收集最新的研究成果及应用。汽车运用工程的前沿知识，例如汽车运行关键技术及智能运输系统的应用作为课程内容的核心，应当有意识地讲述一些汽车运用领域前沿技术及实际应用，从而开阔学生的视野，增强学生的学习兴趣。例如在介绍交通运行系统相关技术及其应用时，可以引入代表智能交通发展潮流的新技术和新产品，如 Google 开发的无人驾驶车辆技术、深圳华世未来泊车设备有限公司开发的立体快巴、多个国家参与开发的空中铁路。通过理论知识的与时俱进，有效调动学生学习的积极性与主动性，进一步培养学生的创新能力。

2）实验教学环节注重创新能力培养

在设计制作《汽车运用工程》实验内容的过程中，一方面保持课程内容的系统性和完整性，突出重点；另一方面引导学生应用相关 TRIZ 理论解决实验过程中的矛盾问题。因此，拟利用学院现有的仪器设备，新开设智能交通管控实验和最优路径规划实验，注重技术性和探索性，培养学生的创新意识。

① 汽车运行管控实验　汽车运行管控实验平台是用于道路交通信息采集、状态研判、交通流控制和诱导研究的大型实验平台，该平台将最先进的信息采集及传输技术应用于城市交通管理与控制中，具有国际先进水平，适用于研究机构进行城市交通管理和控制研究，如图 4-6 所示。

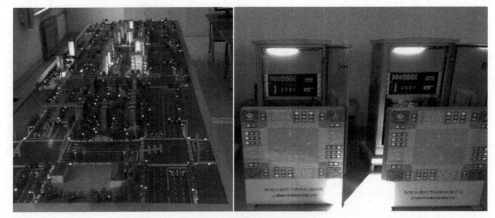

图 4-6　城市汽车运行管控实验平台

② 最优路径规划实验　借助拟购置的实时路况车载导航系统开展实验。利用最优路径导航系统的路径规划功能开展实验：a. 最短行驶路径规划；b. 最少花费行驶路径规划；c. 基于实时路况信息的最短时间行驶路径规划；d. 不同路径规划的距离和时间差异，以及选择的道路类型差异。

实验时仅仅明确实验的目标，其余全部工作由学生自己独立完成，从构思到设计再到最终的综合分析，在整个实验过程中引导学生自主地应用相关 TRIZ 理论解决实验过程中的矛盾问题。在开放性的创新实验中，更注重学生对 TRIZ 理论的应用，从而培养学生批判性、创造性思维。

3）实习和社会调查等实践活动的组织和指导

充分与本课程学期末的毕业实习环节结合，利用赴青岛北汽福田、奔驰 4S 店实习的机会，以及科研项目开展的交通调查，对智能运输相关知识所涉及的汽车智能附属设备、智能交通设备现在的应用和发展情况进行指导，并鼓励有创新想法的同学找到相关的切入点，指导其完成创新成果。

（3）考核形式

传统的采用期中及期末考试的应试教育考核方式，与考查培养理论能力全方面发展的高素质人才导向并不相符。根据 TRIZ 理论中分割、抽取的原则，学生的考核评价方式共分为三部分：一是基础理论知识、课堂扩展性内容与课外知识的过程性考核 5 次以上，占学生总成绩的 50%；二是实验设计与实验报告分数，占学生总成绩的 30%；三是创新部分即学生的独立创新成果，占学生总成绩的 20%，这部分采用学生答辩、学生互评与老师总评相结合的方式进行。

（4）可行性分析

① 具有资深教学协作团队：课程负责人目前已连续七年承担本专业本科生《汽车运用工程》课程的教学工作，先后获得学校青年教师讲课比赛一等奖，并连续五年获得教学质量奖。建设期内，课程负责人将继续承担此课程的建设工作。同时课程建设的主要参与者具有 TRIZ 理论的培训经历，有利于将创新方法融入专业课程的教案编写。聘请从事智能运输相关行业的两位工程师参与教学团队，并拟承担一定的教学任务。

② 具有课程建设需要的实验条件：本课程建设进行的汽车运行管控实验和路径规划实验中，所需要的城市汽车运行管控实验平台和车载导航系统均为学院现有的仪器设备。

4.4.5 项目进度安排

按 6 个月为一个计划周期，周期内任务指标要可考核。

（1）第一阶段工作内容

组建一支既具有 TRIZ 学习经历又具有汽车运用工程多年行业背景的教学团队，校外两位专家参与课堂教学环节，与其他团队老师参与教学环节关于创新创业的有效衔接；同时制定面向大学生的创新能力培养的符合《汽车运用工程》高质量的课程标准。

（2）第二阶段工作内容

融合 TRIZ 理论的相关方法完成本专业 30 个主要知识点的内容更新与完善，同时完成汽车运行管控创新性实验和最优路径规划创新性实验的设计；设计完成一套创新方法融入专业课程的教案。

（3）第三阶段工作内容

建设能够与创新方法相结合的有关网约车、共享单车、无人驾驶等智能运输行业创新案例库 10 个，并通过学校网络教学平台等手段实现有效共享。

（4）第四阶段工作内容

以创新点作为考核目标，对书本知识、课堂扩展内容及课外学习知识完成 5 次或以上的过程性考核；发表融入创新方法与专业课程相结合的教学研究论文 1 篇，完成项目结题报告及答辩。

4.5 基于 TRIZ 方法的双创教育融入《液压与气压传动》课程的路径和评价方法

4.5.1 课程简介

《液压与气压传动》课程属于机-电-液-控制等多学科知识交叉的专业基础课，是高等学校工科机械类专业的一门必修课，具有理论性和应用性强的特点。本课程在专业知识方面重点阐述液压与气压传动的基础知识、基本原理，着眼于培养学生选用液压与气压元件以及分析液压与气压传动系统的能力；素质和能力方面主要是通过课堂教学、实验教学等环节培养学生的创新意识、能力和应用能力，具备解决工程实际问题的能力，为后续课程的学习打下坚实的理论基础。

目前，创新创业思维融入专业课程《液压与气压传动》难点和局限性在于：

① 专业课老师对创新创业理论研究相对较少（比如对 TRIZ 理论的掌握等不够透彻）；

② 创新创业课程和《液压与气压传动》专业课程是两个独立的课程，结合度不高；

③ 创新创业思维方法和专业课程中的创新要素，未形成有效的融合方法，缺少融入的路径，并对融合后的效果缺少有效的评价方法。

因此，需结合创新创业能力培养与建设纳入《液压与气压传动》课程目标中，深化农业装备液压与气压传动课程改革，探索创新创业教育融入专业课程的路径和方法，并构建双创融入课程的有效评价体系和方法。

4.5.2 融入方法选择

选择计划采用的创新方法、创业思维，用"√"进行标注，见表 4-1，另外添加的内容可以增加行数进行补充。

表4-1 融入方法选择

创新方法	采用	TRIZ 创新方法	采用	创业方法	采用
智力激励法		资源分析		团队思维	
形态分析法		功能分析	√	领导思维	

续表

创新方法	采用	TRIZ 创新方法	采用	创业方法	采用
功能模拟法		因果链分析	√	战略思维	
检核表法		剪裁分析		商业模式思维	
鱼骨图法	√	特性传递	√	价值主张思维	
综摄法		九屏幕法	√	资源整合思维	
概念图法		发明原理	√	痛点思维	
思维导图法	√	技术矛盾与矛盾矩阵	√	精益创业思维	
德尔菲法		物理矛盾与分离原理	√	MVP 思维	
5W1H 提问法		物场分析与标准解	√	病毒营销思维	
希望点列举法		技术系统进化法则	√	股权思维	
六顶思考帽		功能导向搜索		融资思维	
价值工程法		科学效应库		电梯演讲思维	
中山正和法					
信息交合法					

4.5.3 建设目标

主要建设目标如下：

① 项目建设期内，团队成员至少有 1 人次参加创新方法或大学生创业基础培训；每学年团队至少有 1 人次开设创新方法基础或大学生创业基础课程；团队至少有 1 人次开设双创融入的专业课程；

② 设计 1 套体现双创融入专业课程的教案或 PPT；

③ 建设创新方法专业课程融合案例库、课件库、文献资料库等教学素材；提供 1 套体现双创融入专业课程教学大纲、1 套体现双创融入专业课程的讲义；

④ 发表 1 篇及以上双创融入专业课程的核心教学改革论文；

⑤ 提供至少 2 段不少于 20min 的教学实录视频；

⑥ 在学院或学校召开 1 场以上经验交流会。

4.5.4 建设内容

(1) 阐述双创与课程融合的课程目标、实施方案、评价方式等

1) 课程目标

① 课程总目标:通过将创新创业融入农业装备液压与气压课程中,实现在课堂教学、实验教学等环节中,培养学生的创新思维、创新能力和创业意识,具备一定的解决工程实际问题的能力,为后续农业机械化及其自动化专业课程的学习打下坚实的理论基础,支撑专业学习成果中指标点的达成。

② 课程分目标有如下 5 个。

课程分目标 1:掌握液压与气压传动中动力元件、执行元件、控制元件以及基本回路的机构和工作原理等基础知识,掌握液压与气压的结构、工作原理,具有将基本知识应用于解决实际机械传动问题的能力。

课程分目标 2:掌握利用 TRIZ 理论分析典型液压与气压系统的方法,能识别和判断液压与气压传动基本回路的关键环节和关键元件的参数,并能针对实际工程项目,评价液压与气压系统工作效率。

课程分目标 3:掌握基于 TRIZ 方法进行液压与气压传动实验的设计能力,能够进行实验和数据分析,获得实验设计和实验技能的基本训练。

课程分目标 4:基于 TRIZ 创新方法,能够使用液压与气压传动现代设计分析软件对基本回路特性进行创新设计和模拟。

课程分目标 5:基于 TRIZ 方法和创业思维,培养和锻炼学生的研究能力、表达能力和团队合作精神及在团队中发挥作用的能力。

2) 实施方案

基于 TRIZ 的创新方法中的 40 个发明原理和技术进化法则等,阐述基于 TRIZ 分析工具背后的《液压与气压传动》课程中的创新思维和本质,深度融合到《液压与气压传动》的课程教学和专业建设中,用于分析、解决液压与气压工程技术系统问题。培养其创新思维和创造性能力,进而使得专业课程建设支撑人才培养体系。构建的基于 TRIZ 创新方法与液压与气压传动课程的深度融合的教学模式如图 4-7 所示。

探索创新创业融入《液压与气压传动》课程的路径如图 4-8 所示。

3) 评价方式

利用问卷调查和主观评价方法,通过对比双创融合前后的效果(教学质量、创新思维和创新方法提升),验证所做探索途径的适用性。

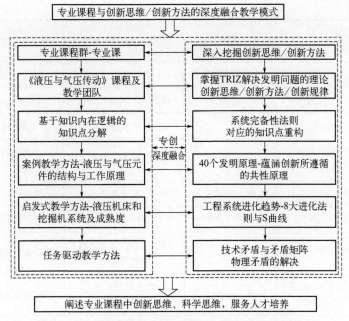

图 4-7　专业课程与 TRIZ 创新方法深度融合教学模式

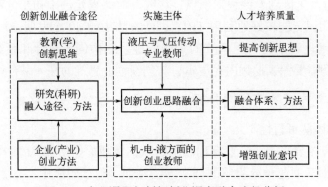

图 4-8　专业课程与创新创业深度融合途径分析

（2）拟融入课程的具体内容（表 4-2）

表4-2　拟融入课程的具体内容

序号	课程内容（具体到知识点）	目前教学方式	拟融入的双创内容	实施思路
1	液压研究对象及工作原理	讲授+动画演示	TRIZ 40 个发明原理	分析液压元件原理

续表

序号	课程内容 (具体到知识点)	目前教学方式	拟融入的双创内容	实施思路
2	液压与气压系统组成	讲授+动画演示	TRIZ 技术进化系统	完备性法则解释系统
3	液压传动优缺点	讲授	向微观和场应用进化	机械传动-流体传动
4	液压传动应用及发展	讲授	TRIZ 技术进化系统	机电液向微观级进化
5	液压传动工作介质性质	讲授	TRIZ 技术进化系统	阐述液/气压代替固体创新
6	液压泵/液压马达	讲授+动画演示	TRIZ 40 个发明原理	结构原理的基础上创新
7	液压控制阀	讲授+动画演示	TRIZ 40 个发明原理	结构原理的基础上创新
8	液压系统设计	讲授	功能分析、技术矛盾和物理矛盾	功能分析模型实现设计
9	压挖掘机等液压系统分析	讲授+动画演示	创业产品技术成熟度分析	利用 TRIZ 的 S 曲线预测

《液压与气压传动》课程知识点，在线开放课程建设中初步分解为 54 个知识点，有些知识点能较好地利用 TRIZ 创新方法中的 40 个发明原理、技术进化法则来深入阐述液压与气压系统的工作原理、结构创新设计和系统解决方案，部分知识点还需要深入挖掘内在逻辑，与创新创业思维的深入融合。

(3) 融入方式的可行性分析

1) 教学团队可行性

项目成员主要来源于专业课程教学团队，教师责任感强、团结协作精神好，并积极参与创新创业学院组织的创新方法培训。教学团队中，有 2 人参与由创新创业学院组织的 TRIZ 创新方法培训（北京亿维讯同创）、3 人主讲农业装备液压与气压传动本科课程，2 人主讲创新方法基础课程。

2) 课程基础可行性

项目申请人是农业工程与食品科学学院《液压与气压传动》课程负责人，并完成了山东理工大学《液压与气压传动》在线开放课程的建设，承担了《农业装备液压与气压传动》本科课程讲授，并参与了农工学院液压与气压实验室建设筹备工作；参编中国农业大学宋正河、谭彧主编的《液压与气压传动》教材（农业农村部"十三五"规划教材）。同时，项目负责人讲授本科课程《创新方法基础》。

3）双创融合的可行性

创新创业教育是提升人才培养的重要途径，创新人才培养是高等院校教育的根本问题，而专业课程的目标是培养创新型专门人才，专业的本质又是一系列课程的组合，因此，专业课程建设需要支撑人才培养的使命，这就要求专业课程建设要按照科学技术发明创造人才的培养模式开展。如何在专业课程建设过程中构建学生的创新思维，并将创造性思维和创新方法融入专业课程建设，实现通过专业知识和技术影响学生的创新思维和创造性能力，是提升学生专业素质和专业能力的重要课题。因此，创新创业融合专业课程也是高等教育教学改革课程的必然和归宿。

4）研究基础的可行性

围绕《液压与气压传动》课程教学改革，项目申请人开展了积极有益的探索，主持了创新创业学院的青年博士创新方法（TRIZ）项目（基于TRIZ方法的农业装备液压与气压传动课程）、基于虚拟仿真的《液压与气压传动》线上线下实验教学模式建设与探索和校级虚拟仿真实验项目《农业装备液压与气压传动》。

综上，本项目积累了较好的团队、课程、创新方法和相关研究基础，为本项目的顺利实施奠定了基础，且项目申请人有充足的时间完成该项目。

4.5.5 项目进度安排

按6个月为一个计划周期，周期内任务指标要可考核。

（1）第一阶段工作内容

团队成员深入研究《液压与气压传动》课程，在有条件的基础上，都开展创新方法或创业基础课程。

（2）第二阶段工作内容

深入研究专业课程与创新创业深入融合的途径和方法。

（3）第三阶段工作内容

设计体现双创融入专业课程的教案、教学大纲、课程讲义等，并开展双创融入《液压与气压》课程的评价方法研究。

（4）第四阶段工作内容

撰写双创融入《液压与气压传动》专业课程的教学改革论文，并撰写项目总结报告。

4.6 《设计基础Ⅱ》课程融入创新方法课程改革

4.6.1 课程简介

本课程针对设计专业学生开设的基础必修课程，旨在将绘画思维转换为设计思维。在原培养方案中名为《造型基础》Ⅰ～Ⅲ，在2021年培养方案统称为《设计基础》Ⅰ和Ⅱ，本次申报的《设计基础Ⅱ》课程，目标在于使学生掌握形式美法则及从自然形态写生到人工造型的方法，当前课程教授过程中主要存在以下问题：

① 缺少方法论的知识传授，学生熟背形式美法则内容却不能灵活运用，教师在课程传授中如何将抽象、简短的定律拓宽变成形象比较吃力；

② 学生在自然形态中寻找物象美时视角过于狭窄，缺少获取前沿性知识的方法与资源库；

③ 学生在人工造型再设计过程中拓不宽思维，创新亮点不足；

④ 学习过程效率不高，课后评价体系落后、自学、组织、团队合作能力有待提高。

4.6.2 融入方法选择

选择计划采用的创新方法、创业思维，用"√"进行标注，见表4-3，另外，添加的内容可以增加行数进行补充。

表4-3 融入方法选择

创新方法	采用	TRIZ创新方法	采用	创业方法	采用
智力激励法	√	资源分析		团队思维	√
形态分析法	√	功能分析	√	领导思维	
功能模拟法		因果链分析	√	战略思维	
检核表法		剪裁分析	√	商业模式思维	
鱼骨图法	√	特性传递	√	价值主张思维	
综摄法		九屏幕法		资源整合思维	
概念图法		发明原理	√	痛点思维	√

续表

创新方法	采用	TRIZ 创新方法	采用	创业方法	采用
思维导图法	√	技术矛盾与矛盾矩阵		精益创业思维	
德尔菲法		物理矛盾与分离原理		MVP 思维	
5W1H 提问法		物场分析与标准解		病毒营销思维	
希望点列举法		技术系统进化法则	√	股权思维	
六项思考帽		功能导向搜索	√	融资思维	
价值工程法		科学效应库		电梯演讲思维	
中山正和法					
信息交合法	√				

4.6.3 建设目标

（1）教学队伍

项目成员均多次参加创新创业方法培训，其中两人主持过创新创业教学改革项目并结项，具有合理的知识结构、年龄结构和学缘结构，团队中的教师责任感强、团结协作精神好，对创新方法融入有初步心得，在项目建设期内，团队成员将继续参加创新方法或大学生创业基础培训；在两年的建设中至少保证：

① 每学年团队至少有 1 人次开设创新方法基础或大学生创业基础课程；
② 团队至少有 1 人次开设创新方法融入的专业课程。

（2）教学内容

理论教学环节突出基础性、研究性、前沿性，教师使用 16 种创新思维，在课程中完成 16 种创新思维概念的讲授，着重于：

① 教授形式美法则环节融入 TRIZ 中 40 个发明原理学习。
② 在寻找自然形态之美环节融入形态分析法学习。
③ 在人工形态再创造中教授信息交合法、TRIZ 中的功能导向搜索、资源分析、功能分析。
④ 整个教学过程中培养学生使用鱼骨图法明晰问题、使用思维导图对知识进行内化。教会学生不但掌握已有的设计基础知识，并且会运用 16 种创新思维进行更前沿的设计，提高学生创新创业能力，并在课程中就能做出可以参加

全国性比赛的作品。在建设期成型一套成熟的体现双创融入专业课程的教案或PPT。

（3）教学条件

制定符合创新方法融入教育改革目标要求的、高质量的课程标准。编写一套体现双创融入专业课程的教学大纲；建设创新方法专业课程融合案例库、课件库、文献资料库等教学素材，并通过网络手段实现有效共享，编写一套高质量创新方法与专业课融合讲义或者教材。

（4）教学方法

将创新方法运用到课堂讲授环节，与启发式、探究式、讨论式、参与式、案例式、项目驱动式等多样化混合式教学模式挂钩，实现"以学生为中心"的教学方式，培养学生的发现问题、创造性解决问题能力，激发学生创新灵感。完善一套课程基础知识和双创知识体系双体现的考核方案，完善具有明确双创思维体现的学生作业库，学生作业围绕专业创新创业大赛进行，并能获得奖项。

（5）教学效果

两轮授课的学生教学评价均在良好以上，部分学生课程作业可获得校级或省级以上奖项。

（6）经验交流

发表1篇及以上双创融入专业课程的教学改革论文，在项目成员前期教改课程已有面向全校范围召开经验推广交流会基础上，实现每学年至少一次在学院或学校召开的课程交流会。

4.6.4 建设内容

（1）阐述双创与课程融合的课程目标、实施方案、评价方式等

1）课程目标

针对学校培养"五有"应用型高级专门人才的办学目标，《设计基础Ⅱ》面向环境设计、视觉传达两个系开设，为不同专业方向灵活配置双创融入侧重点，对接社会市场需求，基于设计基础课程基础知识注入创新思维与创新方法融入，培养学生的专业设计和创新创业能力。学完本课程后应该达到：

① 知识目标 熟悉16种典型创新方法，会使用鱼骨图法、TRIZ的问题识

别工具掌握社会需求分析；会使用 TRIZ 的四十个发明原理灵活运用艺术设计的形式美法则组织美的造型；会使用形态分析法进行自然物质中美的解析和提取；会使用信息交合法拓宽创新方向；会使用 TRIZ 中的功能导向搜索方法建立创新标杆，找到具有前沿性的设计方向；会使用鱼骨图法明晰问题、使用思维导图对知识进行内化。掌握具有前沿性的创新方法论和学习方法论，推动今后的专业学习更快进步。

② 能力水平　具备基于社会需求使用创新方法设计出符合形式美的设计能力；具备发现关键问题、捕捉设计热点，设计具有前沿性的能力。

③ 专业素养　敏锐的社会需求分析与设计专业素养；能使用专业知识进行创业的素质；服务社会的家国情怀和使命担当。

2）实施方案

① 课前内容准备　加强教师对创新方法的学习，将课程内容分为五大块，每大块基础知识与不同创新方法相结合：a. 对自然物体点、线、面、形、形态的形式美的理解，丰富表现方法与形态解析法知识相结合；b. 在把握物象的特征的前提下使用形式美法则重构二维的点、线、面知识与 TRIZ 中 40 条发明原理相结合；c. 在三维空间里观察与想象、概括与提炼、夸张与变形、解构与重构能力知识与信息交合法、使用 TRIZ 进行问题分析、使用功能导向搜索、确定创新标杆等知识相结合。d. 从二维图纸到三维产品形式美实现与灵活使用 16 种创新方法相结合。e. 整个学习过程中学习能力、组织能力、语言能力、沟通能力等行业素养的培养与思维导图的使用、创业方法相结合。使用项目驱动式，以设计大赛制定课程主要内容，建设和寻找具有创新创业知识现代信息化平台，搭建有前沿信息的案例库，完成编写一套高质量创新方法与专业课融合大纲、讲义或者教材。

② 课程中教学组织　以学生为中心，专业知识和 16 种创新方法相融合，采用每个阶段对创新方法有侧重，层层递进的四轮 PDCA 任务驱动式创新教学模式：P（教师任务）—D（学生根据教师指导执行）—C（教师与企业导师对方案进行检查）—A（学生进行改进）。课前发布任务单，学生通过 MOOC、PTA、网络教学平台等进行预习；课中采用案例引导，由浅入深、层层递进，发挥学生的主体地位；课后布置作业巩固课堂知识，由学生提供设计方案，方案完成后进入大赛进行验证。

③ 课后评价　使用过程考核方式，改变原考核过程监控与动态管理机制粗放，考核单一的问题，加入创新方法论的知识掌握评价，加入服务社会能力进行创业能力与思想素养的考核，进行结构优化。建立作业库，每次课程举行全院性或者全校性课程展览。

④ 课程反思　教师对每轮课程使用创新方法进行总结，并举办院级或者校级课程交流会。

3）评价方式

传统的《设计基础Ⅱ》课程着重于具象形态与抽象形态的观察与再创造，训练学生对物象美的提取与形态能力，本次教改期望从注入创新方法学习，注重培养学生造型的创新能力，因此将对创新方法掌握作为考核的重要组成部分进行过程考核。

总成绩＝项目1（20分）＋项目2（20分）＋项目3（20分）＋项目4（20分）＋项目5（20分）

课程项目1：自然形态的精细造型绘制。对自然物体点、线、面、形、形态的形式美的理解，丰富表现方法知识掌握占15分。对形态解析法的掌握占5分。

课程目标2：自然形态的点线面二维再造型。在把握物象的特征的前提下使用形式美法则重构二维的点、线、面知识掌握占15分，对TRIZ中四十条发明原理的掌握占5分。

课程目标3：自然形态的点线面三维再造型图纸制作。在三维空间里观察与想象、概括与提炼、夸张与变形、解构与重构能力知识掌握占12分，使用信息交合法确定再设计方向能力占3分；使用TRIZ进行问题分析、使用功能导向搜索、确定创新标杆等知识使用能力占5分。

课程目标4：三维产品造型设计实现。从二维到三维造型、色彩、材质、光线、动静、肌理中的形式美使用知识掌握占12分，在实现过程中对16种创新方法的运用占8分。

课程目标5：学习能力、组织能力、语言能力、沟通能力等行业素养的培养，正确的学习态度，其中对思维导图的使用、创业方法的使用占5分。

（2）拟融入课程的具体内容（表4-4）

表4-4　拟融入课程的具体内容

课程内容 （具体到知识点）	目前教学方式	拟融入的双创内容	实施思路
一个自然形态中符合形式美的六个观察视角选择与剖析	引导学生观看案例，教授提供观察物体建议，学生自己寻找物体美的视角	形态分析法；智力激励法	初步学习形态分析法，拆分物象，思考物象能观察到的美的独特视角，为后期形态所能实现功能打下基础，使用智力激励法，以集体力量进行头脑风暴，拓宽视角

续表

课程内容（具体到知识点）	目前教学方式	拟融入的双创内容	实施思路
自然形态的精细造型绘制，体察自然物体点、线、面、形、形态的形式美	案例讲解，讲授形式美法则	TRIZ 中 40 个发明原理；思维导图	指导学生将发明原理与形式美法则进行比对，体察自然形态美的产生符合哪些形式美法则。使用思维导图对发现的美及产生原因进行归纳，具体物象美的产生原因，为再造美的完成打下基础
自然形态的点线面二维再造型	教师给出案例分析，形式美法则讲解，学生设计过程中不断提示可以使用的形式美法则	TRIZ 的功能导向搜索、创新标杆、40 个发明原理	使用功能导向搜索创立创新标杆，提升作业完成的质量高度。指导学生使用发明原理在如何组织元素，完善画面的时候，一项一项地寻找办法
对一样物体的自然形态美进行提取，产生仿生的概念性产品或者建筑设计	案例分析、教师提供创新点	信息交合法、形态分析法、TRIZ 创新标杆、因果链分析、裁剪、关键问题分析、40 个发明原理	使用信息交合法对发现的物象美能做什么样的概念性产品或者建筑设计进行拓宽。使用形态分析法对具体物象使用什么功能解决什么问题进行确定，在确定的过程中根据学生遇到情况使用因果链分析、裁剪、关键问题分析与解决，使用 40 个发明原理完成概念产品的设计
课程总结	作业发布加老师点评	TRIZ 的概念验证、鱼骨图法	使用 TRIZ 的概念验证、鱼骨图法，重新复盘整个设计过程，查找问题出现的原因，明确后期改善的方法

（3）融入方式的可行性分析

针对课程中出现的学生寻找物象之美视角狭窄、对物象进行分解再造形式美不够、从自然形态解析到人工再造不能充分发掘物象的美和功能、设计没有前沿性的问题，学生的合作能力、创业能力得不到锻炼，课程结束缺少知识复盘、内化能力，最近几学期开始在课程中尝试部分融入信息交合法、TRIZ、思维导图、鱼骨图法、形态解析的教授，可以看到学生在知识掌握和创新能力都有提升，以一位学生作业为例：图 4-9 寻找自然界的一种物体，从六个视角发现它的美，并使用精细画法表现出来（形态分析初步尝试）；图 4-10 将找到的美使用重构的方式使用点线面的方式进行重构（融入 40 条发明原理）；图 4-11 使用信息交合法对寻找到的美如何进行产品再设计总结作业。图 4-12 完成产品设计二维图纸和三维产品后更改为贝壳参加海洋主题比赛作品。

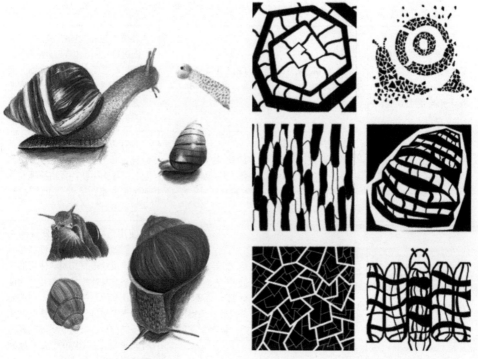

图 4-9 形态分析的应用　　　　图 4-10 融入 40 条发明原理的应用

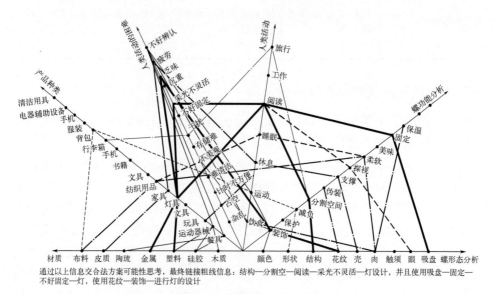

图 4-11 信息交合法的应用

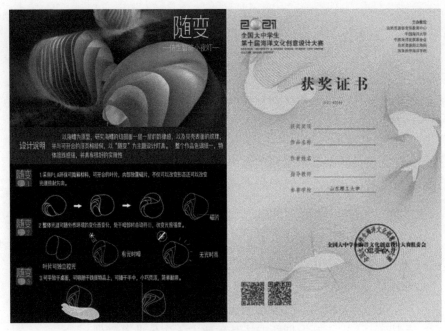

图 4-12　主题比赛作品以及证书

4.6.5　项目进度安排

按 6 个月为一个计划周期，周期内任务指标要可考核。

（1）第一阶段：课程梳理与初步实施阶段

主要任务：

① 深入调研，对《设计基础》课程模块要植入的双创能力培养进行需求分析，对课程模块问题进行总结。

② 初步建立符合创新方法融入教育改革目标要求的课程标准。

③ 初步编写一套体现双创融入专业课程的教学大纲。

④ 建设创新方法专业课程融合案例库、课件库、文献资料库等教学素材，并通过网络手段实现有效共享。

⑤ 编写一套较为完整的创新方法与专业课融合讲义或者教材，并运用到课程中。

标志成果：

① 完成需求分析报告；

② 初步完成符合创新方法融入教育改革目标要求的课程标准、教学大纲、讲义，课程评价体系；

③ 初步建设创新方法专业课程融合案例库、课件库、文献资料库等教学素材，并通过网络手段实现有效共享。

（2）第二阶段：课程建设阶段

主要任务：教师完成对双创知识体系的再提升，对第一计划周期实施结果及标志性成果进行反思、补充和调整，完善教学素材库。

标志成果：

① 完善《设计基础Ⅱ》双创融合式课程PPT及讲义；

② 完善《设计基础Ⅱ》双创能力评价体系与考核方案。

（3）第三阶段：课程实践的验证阶段

主要任务：实施较为成熟的双创融合课程，通过参加企业项目以及各级创新创业竞赛的形式进行项目驱动式教学。

标志成果：

① 学生竞赛获省级以上奖励2~3项；

② 至少有1人次能开设创新方法基础或大学生创业基础课程；

③ 完成符合创新方法融入教育改革目标要求的、高质量的课程标准、教学大纲、讲义或者教材、评价体系；

④ 完善创新方法专业课程融合案例库、课件库、文献资料库等教学素材，并通过网络手段实现有效共享。

（4）第四阶段：成果总结阶段

主要任务：对成果进行总结。

标志成果：

① 教学研究论文1~2篇；

② 举行全院或者全校性经验分享会。

4.7 《二外（德）Ⅲ》课程与创新方法和创业思维深度融合路径研究与实践

4.7.1 课程简介

本课程为英语及英语（师范类）专业必修课，二外（德）语第三学期课程，在大学第四学期/第五学期进行。

① 学生课程参与感被动、获得感不强。学生对德语新鲜感逐渐减退，参与感被动，获得感不强，学习兴趣不能有效持续，影响教学效果。

② 学生学习视野狭窄、理论联系实际能力差、双创意识缺乏。此阶段的学生对学习、工作及未来发展依然迷茫，质疑学业。这是对外语专业的定位及理解偏差，是学习视野狭窄、理论不能联系实际、知识不能转化为生产力的典型表现。

4.7.2 融入方法选择

选择计划采用的创新方法、创业思维，用"√"进行标注，见表4-5，另外，添加的内容可以增加行数进行补充。

表4-5　融入方法选择

创新方法	采用	TRIZ 创新方法	采用	创业方法	采用
智力激励法		资源分析		团队思维	√
形态分析法	√	功能分析		领导思维	
功能模拟法	√	因果链分析	√	战略思维	
检核表法		剪裁分析	√	商业模式思维	√
鱼骨图法	√	特性传递		价值主张思维	
综摄法		九屏幕法		资源整合思维	
概念图法	√	发明原理	√	痛点思维	√
思维导图法	√	技术矛盾与矛盾矩阵		精益创业思维	
德尔菲法		物理矛盾与分离原理		MVP 思维	
5W1H 提问法	√	物场分析与标准解		病毒营销思维	
希望点列举法		技术系统进化法则		股权思维	
六顶思考帽		功能导向搜索		融资思维	
价值工程法		科学效应库		电梯演讲思维	√
中山正和法					
信息交合法					

4.7.3 建设目标

(1) 创新点

① 教师根据双创思维设计创新教学方法,并融入教学中;
② 教师将创新创业案例与教学主题内容有机结合,深度融入课程。

(2) 预期效果

① 学生学习兴趣有显著提升;
② 学生学习参与感由被动变为主动;
③ 学生学习获得感显著增强;
④ 学生学习视野得到一定程度拓宽;
⑤ 学生具备理论联系实际能力有所增强;
⑥ 学生创新创业意识得到提升。

(3) 具体成果

① 项目组发表本项目相关论文至少1篇;
② 项目组撰写双创融入课程教案1部;
③ 项目组撰写本项目实施过程及效果评估报告1份。

4.7.4 建设内容

(1) 阐述双创与课程融合的课程目标、实施方案、评价方式等

课程目标:

课程旨在通过双创融入提高学生课程参与感、获得感,拓宽学生学习视野,提高学生理论联系实际能力和创新创业意识。

实施方案:

1) 创新方法融入《二外(德)Ⅲ》课程教学的路径

德语中名词性词汇有阴、阳、中三个词性以及一、二、三、四四种格的变化,此外还有诸多词类,词类间相互固定搭配数不胜数。学生在学习过程中最初苦恼于词性难记、而后烦恼在搭配难分、最终深陷于各种变化形式,若没有良好的学习习惯和坚强的意志品质常常会感到苦不堪言,这是德语这个语种的特点,我们无法改变,但可以通过创新的教学方法辅助学生学习,减轻学习苦恼,提升学习乐趣。

教师根据创新方法结合课程设计出适应学生和教学内容的创新教学方法,融入日常教学当中,包括多彩词汇记忆法、多维造句法、六因素写作法等创新教学方法。

多彩词汇记忆法：用不同颜色对德语词性、词类进行标记，并设计成单词记忆 PPT 工具，帮助学生有效记忆词汇。

多维造句法：从动词、主语、状语、时态、语态、语气等维度对句子进行编码定位，学生随机写出编码对应相关维度展开造句，内容有趣、语法点锻炼准确，可锻炼学生语言应用能力并开发学生想象力。

六因素写作法：结合时、地、人、因、情、果六个因素，由学生打造各因素数据库，然后从数据库中随机抽取其中几个或全部因素，进行基于此因素的文章写作，趣味性高、条理清晰、发挥空间大。

2）创业思维融入《二外（德）Ⅲ》课程教学的路径（见表4-8）

评价方式：

改进学业评价方式，推行全过程学业评价：对学生进行多维考核评价，包括以出勤、发言、作业、小组合作为主的过程导向评价和以期末考试、音视频作品、主题论文、学期总结为主的结果导向评价；各方占比依次为 5%、10%、5%、10%、50%、5%、5%、10%。

（2）拟融入课程的具体内容（表4-6）

表4-6 拟融入课程的具体内容

序号	课程内容（具体到知识点）	目前教学方式	拟融入的双创内容	实施思路
1	反身动词	目前教学方式主要以讲授式为主，通常包括以下步骤：① 引导学生观察语法点例句；② 引导学生思考知识点现象；③ 讲解语法点形式、内涵、逻辑以及注意事项；④ 引导学生做练习；⑤ 讲解练习，总结易错点；⑥ 通过作业练习进一步巩固知识	创新教学方法融入：① 多彩词汇记忆法：加强对反身动词的理解和记忆。② 多维造句法：巩固动词介词固定搭配并进行造句。③ 六因素写作法：巩固主题并结合创业案例进行写作。创业思维融入：多家外语言服务和出国留学咨询公司创业案例	① 教师根据创新方法结合课程设计出适应学生和教学内容的创新教学方法，融入日常教学当中，包括：多彩词汇记忆法、多维造句法、六因素写作法等创新教学方法；同时结合创新方法、TRIZ 创新方法和创业方法进行学生综合能力提升。② 教师根据教材主题把创业案例融入教学内容中
2	动介固定搭配			

续表

序号	课程内容（具体到知识点）	目前教学方式	拟融入的双创内容	实施思路
3	第二格	目前教学方式主要以讲授式为主，通常包括以下步骤： ① 引导学生观察语法点例句； ② 引导学生思考知识点现象； ③ 讲解语法点形式、内涵、逻辑以及注意事项； ④ 引导学生做练习； ⑤ 讲解练习，总结易错点； ⑥ 通过作业练习进一步巩固知识		① 教师根据创新方法结合课程设计出适应学生和教学内容的创新教学方法，融入日常教学当中，包括：多彩词汇记忆法、多维造句法、六因素写作法等创新教学方法；同时结合创新方法、TRIZ 创新方法和创业方法进行学生综合能力提升。 ② 教师根据教材主题把创业案例融入教学内容中
4	名词性从句		创新教学方法融入： ① 多维造句法：巩固名词性从句结构认知并进行造句； ② 六因素写作法：巩固主题并结合创业案例进行写作。 创业思维融入： 优秀运动员（李宁、邓亚萍等）创业案例，健身房以及热门运动 App 创业案例	
5	原因状语从句		创新教学方法融入： ① 多彩词汇记忆法：加强对女性相关职业产品行为等词汇的理解和记忆； ② 多维造句法：巩固三种状语从句认知并进行造句； ③ 六因素写作法：巩固主题并结合创业案例进行写作。 创业思维融入： 淄博市乃至全国优秀女企业家创业经历	
6	条件状语从句			
7	让步状语从句			
8	动词不定式		创新教学方法融入： ① 多彩词汇记忆法：加强青少年相关主题的词汇记忆； ② 多维造句法：巩固目的状语从句和动词不定式结构功能并进行造句； ③ 六因素写作法：巩固主题并结合创业案例进行写作。 创业思维融入： 结合青少年消费热点探讨大学生创业切入点	
9	目的状语从句			
10	关系从句		创新教学方法融入： ① 多彩词汇记忆法：加强对中国特色词汇的理解记忆，包括传统文化、风景名胜、名人逸事等； ② 多维造句法：巩固关系从句结构认知并进行造句； ③ 六因素写作法：巩固主题并结合创业案例进行写作。 创业思维融入： 中国人的创业精神和创业历史	

续表

序号	课程内容（具体到知识点）	目前教学方式	拟融入的双创内容	实施思路
11	过去完成时	目前教学方式主要以讲授式为主，通常包括以下步骤：① 引导学生观察语法点例句；② 引导学生思考知识点现象；③ 讲解语法点形式、内涵、逻辑以及注意事项；④ 引导学生做练习；⑤ 讲解练习，总结易错点；⑥ 通过作业练习进一步巩固知识	创新教学方法融入：① 多彩词汇记忆法：加强对德国特色词汇的理解记忆，包括特色美食、德国概况、风景名胜、名人逸事等；② 多维造句法：巩固对过去完成时理解及时间状语从句结构认知并进行造句；③ 六因素写作法：巩固主题并结合创业案例进行写作。创业思维融入：德国中小企业创业分析	① 教师根据创新方法结合课程设计出适应学生和教学内容的创新教学方法，融入日常教学当中，包括：多彩词汇记忆法、多维造句法、六因素写作法等创新教学方法；同时结合创新方法、TRIZ创新方法和创业方法进行学生综合能力提升。② 教师根据教材主题把创业案例融入教学内容中
12	时间状语从句			
13	比例句		创新教学方法融入：① 多彩词汇记忆法：加强对形容词的理解和记忆；② 多维造句法：巩固结果状语方式状语从句的结构认知并进行造句；③ 六因素写作法：巩固主题并结合创业案例进行写作。创业思维融入：通过探讨各职业发展过程中遇到的困难和瓶颈，深入理解创业艰辛、坚守不易的创业心路历程	
14	结果状语从句			
15	方式状语从句			

（3）融入方式的可行性分析

教师结合教学内容设计出适应学生的创新教学方法，此类方法的实施需要相对较长的准备时间和相对丰富的内容储备，这一过程可由有意愿的高年级同学协助完成，同时可以唤醒和巩固高年级学生的知识储备。评价方式是《二外（德）》Ⅰ～Ⅳ系列课程通行的评价方式，学生已经在前两个学期适应了该种评价方式，实施起来较为顺畅。

教师结合教材主题搜集创业案例融入教学，此内容与教材主题紧密相关，融入方式可以文字、音视频等方式，实施难度挑战性不大。

4.7.5 项目进度安排

按 6 个月为一个计划周期，周期内任务指标要可考核。

（1）前期准备

① 基础准备（2022 年 10 月～2022 年 12 月）：结合创新方法创业思维进行素材搜集、备课、教案初稿、教学设计等工作。

② 实施前检查（2023 年 1 月）：结合教学内容对教学方法以及案例进行最终筛选和打磨。

（2）项目实施

① 第一轮教学（2023 年 2 月～2023 年 6 月）：对 2021 级学生进行《二外（德）Ⅲ》课程教学实施。

② 调整完善（2023 年 7 月）：对 2021 级学生教学数据进行收集、整理、初步分析，并据此对教学资料进行反思和调整完善。

（3）数据处理

对第一轮教学进行的开课前个人能力测评、期末成绩、期末个人能力测评、期末问卷调查等数据进行收集、整理和分析。

（4）成果形成

根据数据，对教学过程进行反思，并撰写论文和投稿。

（5）完善结项

① 整理完善：对教学资料再次进行整理完善。

② 第二轮教学：对 2022 级学生进行《二外（德）Ⅲ》课程教学实施。旨在以此验证巩固前两轮实验数据，并进行推广可行性分析。

③ 结项报告：整理本项目各类材料数据，发表相关论文，总结项目成果，完成结题报告。

4.8 "双创"思维下《体操》课程教学改革探索

4.8.1 课程简介

《体操》课程是高等师范院校体育系学生必修课程之一。体操普修课包括理论和技能两部分。理论部分保持了课程的科学性、系统性，又注意了与中学体育教学实际紧密配合的实用性。技能部分又分重点内容与介绍内容。对重点内容要求学生较好地掌握基本理论、技术和技能，达到会讲、会做、会教。介绍内容要求初步掌握和一般了解。专项素质训练有计划地安排于课堂教学中，为体操动作的教授打好基础。

目前，"双创"思维融入专业课程《体操》难点和局限性在于：

① 专业课老师对创新创业方法理论研究较少，切合点难找。

② 创新创业方法以学生突破思维定式、发现问题、解决问题的培养过程，《体操》课程以学生"学""做"和"教"的培养过程，两个过程相对独立，结合度不高。

③ 学生"双创"思维缺乏，高校学生"双创思维"教育是培养学生创新创业能力的基础。学生具有"双创"思维后，才能在课程学习中对创新创业能力得到提高。

4.8.2 融入方法选择

选择计划采用的创新方法、创业思维，用"√"进行标注，见表4-7，另外，添加的内容可以增加行数进行补充。

表4-7 融入方法选择

创新方法	采用	TRIZ创新方法	采用	创业方法	采用
智力激励法	√	资源分析		团队思维	√
形态分析法		功能分析		领导思维	√
功能模拟法	√	因果链分析		战略思维	
检核表法		剪裁分析		商业模式思维	
鱼骨图法	√	特性传递		价值主张思维	
综摄法	√	九屏幕法		资源整合思维	
概念图法	√	发明原理	√	痛点思维	
思维导图法	√	技术矛盾与矛盾矩阵		精益创业思维	
德尔菲法		物理矛盾与分离原理		MVP思维	
5W1H提问法		物场分析与标准解		病毒营销思维	
希望点列举法		技术系统进化法则		股权思维	

续表

创新方法	采用	TRIZ创新方法	采用	创业方法	采用
六顶思考帽		功能导向搜索		融资思维	
价值工程法		科学效应库		电梯演讲思维	
中山正和法	√				
信息交合法	√				

4.8.3 建设目标

① 项目建设期内，团队成员至少有1人次参加创新方法或大学生创业基础培训；每学年团队至少有1人次开设创新方法基础或大学生创业基础课程；团队至少有1人次开设双创融入的专业课程。

② 设计1套体现双创融入专业课程的教案或PPT。

③ 建设创新方法专业课程融合案例库、课件库、文献资料库等教学素材；提供1套体现双创融入专业课程教学大纲、1套体现双创融入专业课程的讲义。

④ 发表1篇及以上双创融入专业课程的教学改革论文。

⑤ 提供至少2段不少于20分钟的教学实录视频。

⑥ 在学院或学校召开1场以上经验交流会。

4.8.4 建设内容

（1）阐述双创与课程融合的课程目标、实施方案、评价方式等

1）课程目标

课程总目标：通过将"创新创业教育"融入体操课程中，实现在基础理论教学、技能教学、实习教学等环节中培养学生的创新思维、创新能力和创业意识，使学生具备一定的学习和学以致用的能力，为后续体育专业课程的学习打下坚实的基础。

课程目标1：掌握体操的基础理论知识和专业技能。通过对《体操》基础理论知识（体操概述、体操术语、保护与帮助、体操技术动作教学）和专业技能（基础体操、徒手体操创编、实用性体操、体操素质训练、技巧、单杠、双杠、跳马）的学习，使学生具备扎实的体操基本功，能够采用合适的训练方法和手段展开体操技术教学、训练。

课程目标2：创新创业教育与课堂教学深度融合。在《体操》教学过程中，教师有意识地将创造性思维、批判性思维、系统性思维等创新思维方法用于课程教学的全过程，经过不断强化的整合思维训练，培养学生的创新意识和创新实践能力。在双创思维下，课堂教学融入智力激励法、功能模拟法、综摄法、信息交合法、鱼骨图法、思维导图法与和田十二法等创新方法，TRIZ创新方法的发明原理，创业方法的团队思维和领导思维，让体操课程教学"以学生为主体"更加重视对学生能力的培养，促进学生掌握更多体操知识与技能，促进学生成为新时代发展所需的人才，具备创造性与创新能力，推动学生的全面发展。

课程目标3：思政教育贯穿全过程。体操课程教学思政教育贯穿全过程，引导学生积极参加校园体育活动，感悟体育魅力，培养体育精神。培养学生具有创新能力、爱岗敬业、团结协作、拼搏进取、遵纪守法的品质；具有凝聚民族精神、提升爱国主义情怀；具有良好的思想品德、社会公德和职业道德；具备较强的竞争意识、合作精神及坚韧的毅力；具有健康的体魄、良好的体能和较强的心理素质，并能很好地提高学校体育教育教学的时效性。具有正确的体育审美观，初步具备将美育融入体育教育的能力。

2）实施方案

将双创融入《体操》教学，对于提升体操学科教学质量、促进教师教学能力、激发学生学习兴趣、提高学生创新创业能力有重要意义。

基于创新方法创业方法及TRIZ创新方法中的发明原理等，深度融合到体操课程教学中，在课程教学中阐述创新方法，对学生创新思维的培养有显著性作用。

构建的基于创新创业方法及TRIZ创新方法中的发明原理与体操课程的深度融合的教学模式路线如图4-13所示。

3）评价方式

将双创融入《体操》课程教学中，可以达到较好的教学效果，但要使教学方法真正发挥作用，离不开科学合理的考核方式。因此，通过创新方法"和田十二法"因人而异考核和发明原理"抽取法"引入考核评价中，建立"过程评价—考核评价—综合评价"评价体系。

过程考核指标主要由四部分组成：学生出勤情况，用来反映学生学习态度问题；作业情况，用来检测学生对于知识点的掌握程度；课堂表现，主要体现学生课堂上的表现情况；课堂测试成绩，技能随堂抽测，检测学生学习能力。让学生在整个学习过程中充分展示自己的学习状况和思维方式，调动学习积极主动性，增强考核的合理性和有效性。

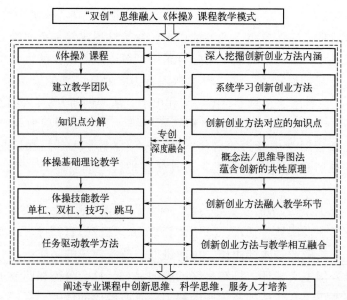

图4-13 TRIZ创新方法中的发明原理与《体操》课程的深度融合的教学模式路线

考核评价指标由三部分组成：技能考核，主要是对技巧、单杠、双杠、跳马四项技能完成情况进行考核，考核采用集中考核方式，学期末进行，充分体现公平性；力量考核，主要对专项性力量进行测试；理论考核，主要是对基础知识理论的测试。考核评价指标技能考核、理论考核、力量考核所占比例为60%、30%、10%。

综合评价就是在评价的过程中要将各种评价方法相结合，将诊断性评价、形成性评价和终结性评价相结合。在开学时，对学生实施诊断性评价，掌握学生基本情况，在教学中对学生进行形成性评价，鼓励与推动学生，更好地掌握学生的基本情况；在学期结束后对学生实施终结性评价，以此来全面地考查学生的学习效果。

（2）拟融入课程的具体内容（表4-8）

表4-8 拟融入课程的具体内容

序号	课程内容（具体到知识点）	目前教学方式	拟融入的双创内容	实施思路
1	教学方法和教学手段	讲授+模拟实践	智力激励法	通过对不同技术动作的教学方法和教学手段，利用智力激励法让学生根据自身情况设计不同的教学方法和手段，形成教学方法和手段的多元化

续表

序号	课程内容（具体到知识点）	目前教学方式	拟融入的双创内容	实施思路
2	实用类体操	讲授+图像演示	功能模拟法	通过讲授或动画演示让学生模拟多种实用类体操技术，提高身体协调性与灵活性，达到强身健体的目的
3	徒手操教学与创编	讲授	信息交合法	通过选取不同的教学内容、练习形式、运动部位等多种节点的组合方式进行多种徒手操成套动作的教学。通过对不同节点之间进行连线，把不同的创编元素进行重组、交合，从而激发学生的创新意识、拓宽学生的创新思路，从全新的视角对徒手操进行创编
4	专项力量练习（单杠悬垂力量，双杠支撑力量）	注入式教学法	鱼骨图法	提高专项力量掌握技术动作为目的，借助鱼骨图的方法，充分发挥学生自主学习作用，在教学中主动去寻找方法，培养学生发现问题和解决问题的能力，增强专项力量素质，提高专项技术动作完成质量，进一步提高教学效率和水平
5	体操技术动作练习	注入式教学法	综摄法	针对某一体操技术动作学习，启发学生以自身专项技术动作学习方法为基础，综合身体力量速度运用，将力量速度运用到学习新动作中去。领会各运动项目技术动作互通有无的道理
6	体操技术/体操理论	传统讲授教学	概念法思维导图法	利用概念法或思维导图的方式，激发学生的扩散性思维，通过对某一技术动作或体操理论相关单个知识点的串联，达到掌握运动的目的
7	体操技能（技巧、单杠、双杠）成套技术教学	注入式教学法	和田十二法	针对不同能力的学生实施不同难度的成套动作的选择教学，在中等技术难度的基础上对能力强或能力稍弱的同学让其有主动选择难度和能力相匹配的技术动作，从而激发学生学习体操的兴趣，满足学生学习体操的需求，提高体操教学质量
8	技能考核评价	传统考核	和田十二法	根据教学中不同能力选择不同难度成套技术的同学实施针对性的评价标准，在基本评定的基础上把相应的分值变一变、标准加一加或减一减、评价方式的比例改一改等方式使最终的评价更有价值和意义
9	技术动作教学与练习	完整与分解法教学	发明原理——分割法	在技术动作教学中对难度大的技术动作采取分解法进行讲解，学生容易掌握。学生也可以采用动作分解法进行练习，待动作熟练掌握后再利用完整法完成动作

续表

序号	课程内容（具体到知识点）	目前教学方式	拟融入的双创内容	实施思路
10	技术动作练习与考核	传统考核评价	发明原理——抽取法	在技术动作练习中，可以在课堂上对某一技术动作进行考核比赛的办法进行教学，以此提高学生学习兴趣。评价与考核时对身体素质明显存在差异的学生，采用抽取法对部分技术动作进行分类考核
11	技术动作教学与评价	传授讲授教学与评价	发明原理——组合法	课堂技术动作练习中，对已掌握动作进行自由组合，形成成套动作进行练习。教学评价也可以根据学生实际情况进行技术动作组合考核评价
12	保护与帮助	传授讲授教学与评价	发明原理——事先防范原理	利用佩戴防护器具、摆放海绵垫子和采取保护与帮助的办法，对预知有危险的动作进行防范
13	保护与帮助	传授讲授教学与评价	发明原理——预先作用原理	对练习者动作完成的失误进行预判，提前采取帮助或保护措施，使练习者能够顺利完成动作
14	靠墙手倒立	传授讲授教学与评价	发明原理——反向作用原理	练习者力量差，可先采取杠铃挺举的动作让练习者体会全身的用力
15	课堂教学	传授讲授教学与评价	团队思维	班级进行分组，小组成员既要积极承担个人责任，又要相互鼓励、相互帮助与保护、密切配合，发挥团队精神，让每一位同学都完成教学任务
16	基本体操与准备活动实习实践	传授讲授教学与评价	领导思维	"基本体操"以及"准备活动"教学部分让学生进行实习。学生在实习中利用"领导思维"体验"教师"角色

（3）融入方式的可行性分析

① 教学团队可行性　项目成员都是一线体操教师，具有丰富的教学经验与理论经验，教师责任感强、团结协作精神好，并积极参与创新创业学院组织的创新方法培训。

② 课程基础可行性　项目负责人是体育学院《体操》课程负责人，承担《体操》本科课程讲授，完成线上线下混合式一流本科课程撰写，同时讲授本科《大学生创业基础》课程。

③ 双创融合的可行性　高校学生双创思维教育是培养学生创新创业能力的基础。如何在专业课程建设过程中构建学生的创新思维，并将创造性思维和创新方法融入专业课程建设，实现通过专业知识和技术影响学生的创新思维和创造性能力，是提升学生专业素质和专业能力的重要课题。综上，本教学改革积累了较好的团队、课程基础和对双创思维融入课程的相关研究，为本教学改革的顺利实施奠定了基础，且申请人有充足的时间完成本项目。

4.8.5　项目进度安排

按 6 个月为一个计划周期，周期内任务指标要可考核。

（1）第一阶段

① 确定研究课题及成员，撰写开题报告；
② 深入学习国内外与课题相关优秀经验；
③ 制定调研方案，完成课题前期调研资料并汇总。

（2）第二阶段

① 开展课题研究，进行课题实践；
② 进行实践调研，做好记录并对结果实施分析、归纳与撰写报告；
③ 整理课题调查的资料，对各阶段的成果汇总。

（3）第三阶段：结题阶段（2024 年 6 月～2024 年 9 月）

① 汇总成果，提出结题申请；
② 展示研究成果，对论文进行推广。

4.9　双创理念融入《化工过程控制》专业课程的教学改革与探索

4.9.1　课程简介

《化工过程控制》是化工专业学生的必修课，以化工仪表及化工过程的自动化为研究对象，应用自动控制科学、仪器仪表科学及计算机学科的理论与技术服务于化学工程的一门学科。当前课程教学，更侧重于理论教学，缺少对前沿化工过程控制理念和设计手段的导向性和系统性指导方法，以及创新性控制手段的发掘，无法满足社会对高水平化工控制人才的要求。另外，师资队伍教学能力不能满足学生创新创业实践的需要。

4.9.2 融入方法选择

选择计划采用的创新方法、创业思维,用"√"进行标注,见表4-9,另外,添加的内容可以增加行数进行补充。

表4-9 融入方法选择

创新方法	采用	TRIZ 创新方法	采用	创业方法	采用
智力激励法		资源分析	√	团队思维	√
形态分析法	√	功能分析	√	领导思维	
功能模拟法		因果链分析	√	战略思维	
检核表法		剪裁分析		商业模式思维	
鱼骨图法	√	特性传递		价值主张思维	
综摄法		九屏幕法		资源整合思维	√
概念图法	√	发明原理		痛点思维	
思维导图法	√	技术矛盾与矛盾矩阵		精益创业思维	
德尔菲法		物理矛盾与分离原理		MVP 思维	√
5W1H 提问法	√	物场分析与标准解		病毒营销思维	√
希望点列举法		技术系统进化法则		股权思维	
六顶思考帽		功能导向搜索		融资思维	
价值工程法		科学效应库		电梯演讲思维	√
中山正和法					
信息交合法	√				

4.9.3 建设目标

本课程基于工程教育认证 OBE 教学理念,深度融入创新方法和创业思维,开展课程内容及教学方法的建设。

(1)教学队伍

① 项目建设期内,团队成员至少有 1 人次参加创新方法或大学生创业基础

培训；

② 项目建设期内，每学年团队至少有 1 人次开设创新方法基础课程；

③ 项目建设期内，团队至少有 1 人次开设双创融入的《化工过程控制》课程。

（2）教学内容

设计 1 套体现双创融入专业课程的教案或 PPT。

（3）教学条件

① 提供 1 套《化工过程控制》专业课程的教学大纲，并重点体现出双创融合点；

② 提供 1 套体现双创融入《化工过程控制》课程的讲义。

（4）教学方法

① 提供 1 套体现双创融入《化工过程控制》课程的考核方案、学生作业案例等；

② 发表 1 篇及以上双创融入《化工过程控制》课程的教学改革论文。

（5）教学效果

提供至少 2 段不少于 20min 的教学实录视频。

（6）经验交流

在学院或学校召开 1 场以上经验交流会。

4.9.4 建设内容

（1）阐述双创与课程融合的课程目标、实施方案、评价方式等

1）课程目标（主要介绍知识目标）

① 借助思维导图和鱼骨图法，系统梳理化工自动化的基本知识，理解自动控制系统的组成、基本原理及各环节的作用；熟练运用信息交合法和 TRIZ 发明原理对主要工艺参数（温度、压力、流量及物位）的基本测量方式进行创新；结合化工自动化的发展历程，从自然、科学、环保、人文等角度出发，激发学生科技报国的家国情怀和使命担当，提升学生的人文素养和职业道德，树立正确的世界观、人生观、价值观；借助形态分析法掌握文献资料分析和评价化工项目过程控制的优缺点方法。

② 利用思维导图和鱼骨图法，结合 TRIZ 创新方法及团队思维、资源整合

思维、战略思维和痛点思维，掌握自动控制系统的投运及控制器的参数整定方法，了解化工生产过程中日新月异的控制技术，了解化工生产过程中常见问题，掌握化工工艺与过程控制综合知识。

③ 借助概念图法，信息交合法及战略思维、痛点思维和商业模式思维，掌握特定化工对象的基本特性及其对控制过程的影响，理解基本控制规律及其控制器参数与被控过程控制质量之间的关系，了解设备基本型号，熟练应用控制过程设计和优化方法。

④ 借助技术矛盾与矛盾矩阵，信息交合法及资源整合思维、战略思维和痛点思维，了解自动控制系统运行过程中出现的问题和现象，具有灵活应用控制论、系统论、信息论的观点来分析思考的能力，掌握化工过程参数和自动化装置相互关联的综合解决方法，优化设计方案。

⑤ 学生能够自主选择相关创新方法和创业思维，培养其发现问题、分析问题和解决问题的能力以及理论联系实际的能力，促进学生养成文献阅读、综合分析、逻辑推理能力，建立科学研究方法，培养学生的科技创新精神和工匠精神。

⑥ 根据工艺要求，学生能够借助 TRIZ 理论和创业思维，具有与自动控制设计人员共同讨论和提出合理自动控制方案的能力；能够灵活正确选用和使用自动化装置，能为自控设计提供正确的工艺条件和数据，保证自动控制系统的安全高效运行。

2）实施方案

① 教学内容　形成以"化工项目创新性自控设计"为目标的讲授思路，授课过程中深度融入创新方法、TRIZ 理论及创业思维，对化工自控相关的原理及基本基础知识进行归纳和梳理，对知识网络体系重构，帮助学生清晰直观地认识化工自控过程的研究内容及重点，并对实际项目自控方案进行评价。授课过程中，充分利用信息交合法和 TRIZ 发明原理，实现对化工四大参数（温度、压力、流量和液位）的创新性检测，启发学生思维，以及对创新方法的灵活运用。

② 组织实施情况　本课程讲授过程主要依据化工过程自动控制系统方框图。授课过程中主要采用的创新方法有：形态分析法、鱼骨图法、概念图法、思维导图法、信息交合法、资源分析、功能分析、因果链分析、发明原理、技术矛盾与矛盾矩阵；采用的创业思维有：团队思维、领导思维、战略思维、资源整合思维、痛点思维、MVP 思维、病毒营销思维、股权思维和电梯演讲思维。授课过程结合 PBL 教学方式，利用现有的启发式、探究式、讨论式、参与式、案例式、项目驱动式等教学方法进行有效教学，实现化工过程控制的课程目标培养。具体组织实施方案如图 4-14 所示。

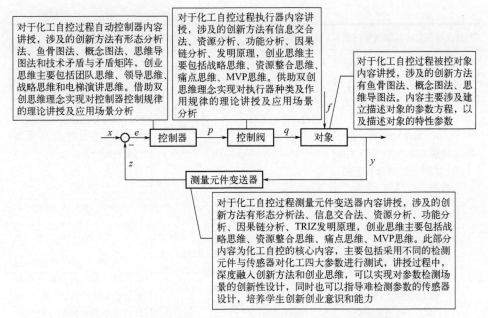

图 4-14 双创思维融入后《化工过程控制》课程组织实施情况

3）评价方式

融合双创思维理念后，成绩组成涉及三个方面：考试卷面成绩、平时成绩（课堂平时表现＋作业）和双创思维融合程度评价。双创思维融合程度评价可以通过让学生独立借助双创方法完成一项化工自控方案设计作为评判标准。

（2）拟融入课程的具体内容（表 4-10）

表4-10 拟融入课程的具体内容

序号	课程内容（具体到知识点）	目前教学方式	拟融入的双创内容	实施思路
1	第1章 自动控制系统基本概念 ① 化工自动化的主要内容； ② 自动控制系统的基本组成及方块图； ③ 自动控制系统的过渡过程和品质指标； ④ 工艺管道及控制流程图	讲授，讨论，课后习题	创新方法（鱼骨图、思维导图和概念图法）	结合鱼骨图、概念图和思维导图对自动控制系统的发展及自动控制系统的品质要求进行归纳和讲授

续表

序号	课程内容（具体到知识点）	目前教学方式	拟融入的双创内容	实施思路
2	第2章 过程特性及数学模型 ① 化工过程的特点及其描述方法； ② 对象建模的目的、建模机理； ③ 描述对象特征的参数	讲授，讨论，习题练习	创新方法（鱼骨图法、概念图法、思维导图法）	借助鱼骨图法、概念图法、思维导图法，建立描述对象的参数方程，以及描述对象的特性参数
3	第3章 检测仪表与传感器 ① 测量过程与测量误差； ② 仪表的性能指标； ③ 工业仪表的分类； ④ 压力检测及仪表； ⑤ 流量检测及仪表； ⑥ 物位检测及仪表； ⑦ 温度检测及仪器	讲授，讨论，习题练习	创新方法（形态分析法、信息交合法、资源分析、功能分析、因果链分析、TRIZ发明原理）；创业思维（战略思维、资源整合思维、痛点思维、MVP思维）	深度融入创新方法和创业思维，实现对参数检测场景的创新性设计，同时指导难检测参数的传感器设计办法，培养学生创新创业意识和能力
4	第4章 自动控制仪表 ① 基本控制规律及其对系统过渡过程的影响； ② 模拟式控制器、数字式控制器、可编程控制器	讲授，讨论，习题练习	创新方法（形态分析法、鱼骨图法、概念图法、思维导图法和技术矛盾与矛盾矩阵）；创业思维（团队思维、领导思维、战略思维和电梯演讲思维）	借助形态分析法、鱼骨图法、概念图法、思维导图法和技术矛盾与矛盾矩阵对控制器控制规律进行系统归纳总结；采用团队思维、领导思维、战略思维和电梯演讲思维对控制器控制规律的选择及应用场景分析做出有效判断
5	第5章 执行器 ① 气动执行器； ② 电动执行器； ③ 电-气转换器及电-气阀门定位器、数字阀与智能控制阀	讲授，讨论，多媒体材料，习题练习	创新方法（信息交合法、资源分析、功能分析、因果链分析、发明原理）；创业思维（战略思维、资源整合思维、痛点思维、MVP思维）	借助信息交合法、资源分析、功能分析、因果链分析、TRIZ发明原理实现对执行器种类及作用规律的理论讲授；应用战略思维、资源整合思维、痛点思维、MVP思维帮助学生对应用场景进行分析

续表

序号	课程内容（具体到知识点）	目前教学方式	拟融入的双创内容	实施思路
6	第6章 简单控制系统 ① 简单控制系统的结构与组成； ② 简单控制系统的设计、控制器参数的工程整定	讲授，讨论，习题练习	创新方法（形态分析法、信息交合法、资源分析、功能分析、因果链分析、TRIZ发明原理、技术矛盾与矛盾矩阵）；创业思维（团队思维、领导思维、战略思维、资源整合思维、痛点思维、MVP思维）	借助形态分析法、信息交合法、资源分析、功能分析、因果链分析、TRIZ发明原理、技术矛盾与矛盾矩阵对控制系统的组成分析进行系统梳理，加强对控制系统整体分析能力；进一步采用团队思维、领导思维、战略思维、资源整合思维、痛点思维、MVP思维等创业思维理念完成对简单和复杂控制系统的设计及评价
7	第7章 复杂控制系统 ① 串级控制系统； ② 均匀控制系统； ③ 比值控制系统； ④ 前馈控制系统、选择性控制系统、分程控制系统			

(3) 融入方式的可行性分析

教师团队科学合理：团队成员中多位教师具有半年及以上工程实践经验，能够有效将创业思维引入到教学中；另外，团队成员中有2名教师参加了《创新方法基础》培训，并主讲《创新方法基础》课程，对创新方法、创业思维和TRIZ理论比较了解，能够保障本项目的顺利实施。

学科优势凸显：《化工过程控制》是以化工仪表及化工过程的自动化为研究对象，应用自动控制科学、仪器仪表科学及计算机学科的理论与技术服务于化学工程的一门学科。通过学习，使学生对化工仪表及化工自动化的过程有较全面的了解，树立正确的世界观、人生观、价值观；结合化工仪表的发展历程，使学生初步掌握自动化及仪表方面的基础知识和技能，激发学生科技报国的家国情怀和使命担当，提升学生的人文素养和职业道德；掌握化工生产过程中获取信息的工具，促进学生养成文献阅读、综合分析、逻辑推理能力，建立科学研究方法，培养学生的科技创新精神和工匠精神，为培养适应时代的高素质和化学化工专业人才打下良好的基础。学科特点适合进行双创融合。

将双创理念融入化工过程控制教学中，可以丰富课程教学资源，培养学生的创新创业意识。专业课程教学中融入双创理念的益处主要体现在：强化学生专业技能培养，拓宽能力培养范围；为课程教学目标及培养计划的制定提供指导；为改革与创新专业实践课程教学方法提供新的思路。

4.9.5 项目进度安排

按 6 个月为一个计划周期，周期内任务指标要可考核。

① 2023 年 12 月～2024 年 5 月　设计完成 1 套创新方法融入专业实践课程的教案、PPT；

② 2024 年 6 月～2024 年 12 月　完成 1 套能够反映创新方法与专业课程融合的学生作业样本、考核方案、课程组织模式等材料；

③ 2025 年 1 月～2025 年 6 月　根据建设期间的相关研究数据与内容，与项目组成员一起编制 1 套区别于目前已有专业课程教材且实现创新方法与专业课程相融合的讲义，并完成实现创新方法与专业课程相融合的课程大纲的优化；

④ 2025 年 7 月～2025 年 12 月　整理课题建设材料，进行总结、评估，完成结果分析并撰写教学改革论文，迎接评审。

附录

附录1 创新方法融入课程教学实施能力等级划分要求（T/SDAS 905—2024 团体标准）

前　言

本文件按照 GB/T 1.1—2020《标准化工作导则　第1部分：标准化文件的结构和起草规则》的规定起草。

请注意本文件的某些内容可能涉及专利，本文件的发布机构不承担识别专利的责任。

本文件由山东理工大学提出。

本文件由山东标准化协会归口。

本文件起草单位：山东理工大学、大连民族大学、山东大学、潍坊科技学院、黑龙江科技大学、青岛科技大学、重庆大学、北京工业大学、烟台大学、内蒙古财经大学、嘉兴大学、青岛农业大学、山东管理学院、兰州理工大学、聊城大学、济南大学、山西工程技术学院、重庆工商大学、潍坊护理职业学院、淄博师范高等专科学校、德州学院、重庆三峡医药高等专科学校、山东女子学院。

本文件主要起草人：马立修、冯林、邢建平、刘莉、王妍玮、卜秋祥、林晓钢、张文利、彭新颜、张战勇、黄风立、王光炬、范振坤、龚成勇、陈新令、纪祥、董作峰、王洪建、郑玉萍、董梁、陈玉栋、张永慧、李厚忠、王振、隋琦、付宏勋、唐佳静、王依山、张少华、黄耀国、张德胜、施海花、褚庆柱、应苑松、张蓬、李晶、胡亚楠、陈芊如、王静雅、冯辉霞、董慧、崔爱萍、朱广超、张绍军、仲诚、高勇善、闫一梵、焦亚冰、赵玉平、嵇安奕、王志文、刘正元、许琳琳、曾岗。

1　范围

本文件规定了创新方法融入课程教学实施能力的等级划分和能力要求。

本文件适用于创新方法融入课程教学的实施能力评估。

2　规范性引用文件

下列文件中的内容通过文中的规范性引用而构成本文件必不可少的条款。其中，注日期的引用文件，仅该日期对应的版本适用于本文件；不注日期的引用文件，其最新版本（包括所有的修改单）适用于本文件。

GB/T 31769—2015　创新方法应用能力等级规范
T/SDAS 904—2024　创新方法融入课程教学实施指南

3　术语和定义

GB/T 31769—2015 和 T/SDAS 904—2024 界定的以及下列术语和定义适用于本文件。

3.1

创新方法融入课程教学实施能力 implementation competence of innovation method in curriculum teaching

教师将创新方法和知识综合运用在教学内容、教学研究、教学方法、教学效果等方面的能力。

4　实施能力等级

4.1　等级划分

创新方法融入课程实施能力分为三级，三级为最高。等级划分依据见表1。

表1　创新方法融入课程实施能力等级划分表

评估内容		等级划分		
		一级	二级	三级
创新方法知识能力	自学创新方法或参加创新方法培训	√	√	√
	获得创新方法培训证书	—	√	√
	开设创新方法课程	—	—	√
教学内容	创新方法融入课程的教学大纲	√	√	√
	创新方法融入课程的教学设计	√	√	√
	创新方法融入课程的教学课件	√	√	√
	融入创新方法的知识点数量占比	5%	15%	30%
	采用的创新方法及思维数量	≥2 种	≥4 种	≥6 种
	产生的非标准问题数量	≥5 个	≥15 个	≥30 个
	产生的新知识点或新解决方案数量	≥5 个	≥15 个	≥30 个
教学研究	教研论文	—	≥普刊 1 篇	≥核刊 1 篇
	教研项目	≥校级 1 项	≥校级 1 项	≥省级 1 项
	教材专著	—	—	≥1 部
	教研获奖	—	—	≥校级 1 项

续表

评估内容		等级划分		
		一级	二级	三级
教学方法	匹配创新方法融入课程的教学方法	√	√	√
	使用人工智能（AI）工具	—	√	√
	考核内容涉及创新方法	√	√	√
教学效果	学生创新能力提升主观评估①	良好	良好	优秀
	学生创新能力客观评估 与课程相关的创新项目	—	—	≥校级1项
	学生创新能力客观评估 与课程相关的创新成果	—	—	≥专利1项或≥论文1篇或≥奖励1项

① 学生创新能力提升主观评估问卷见附录1标准后面部分。
注："√"代表必选项，"—"代表非选项。学生创新能力提升主观评估取平均分。

4.2 能力要求

4.2.1 创新方法融入课程实施能力一级

创新方法融入课程实施能力一级应达到如下要求：

① 创新方法知识能力　能够通过自学或参加培训，获得创新方法相关知识。

② 教学内容

- 能够编制创新方法融入课程的教学大纲；
- 能够编制创新方法融入课程的教学设计；
- 能够编制创新方法融入课程的教学课件；
- 融入创新方法的知识点数量占比≥5%；
- 采用的创新方法及思维数量≥2种；
- 产生的非标准问题数量≥5个；
- 产生的新知识点或新解决方案数量≥5个。

③ 教学研究　能够基于创新方法融入课程教学申报或承担的校级教研项目≥1项。

④ 教学方法

- 使用匹配创新方法融入课程的教学方法；
- 考核内容涉及创新方法。

⑤ 教学效果　能够使学生创新能力提升方面的主观评估结果为良好。

4.2.2 创新方法融入课程实施能力二级

创新方法融入课程实施能力二级应达到如下要求：

① 创新方法知识能力
- 能够通过自学或参加培训，获得创新方法相关知识；
- 获得创新方法培训证书。

② 教学内容
- 能够编制创新方法融入课程的教学大纲；
- 能够编制创新方法融入课程的教学设计；
- 能够编制创新方法融入课程的教学课件；
- 融入创新方法的知识点数量占比 $\geqslant 15\%$；
- 采用的创新方法及思维数量 $\geqslant 4$ 种；
- 产生的非标准问题数量 $\geqslant 15$ 个；
- 产生的新知识点或新解决方案数量 $\geqslant 15$ 个。

③ 教学研究
- 能够基于创新方法融入课程教学发表的普刊教研论文 $\geqslant 1$ 篇；
- 能够基于创新方法融入课程教学申报或承担的校级教研项目 $\geqslant 1$ 项。

④ 教学方法
- 使用匹配创新方法融入课程的教学方法；
- 使用人工智能（AI）工具；
- 考核内容涉及创新方法。

⑤ 教学效果　能够使学生创新能力提升方面的主观评估结果为良好。

4.2.3 创新方法融入课程实施能力三级

创新方法融入课程实施能力三级应达到如下要求：

① 创新方法知识能力
- 能够通过自学或参加培训，获得创新方法相关知识；
- 获得创新方法培训证书；
- 开设创新方法课程。

② 教学内容
- 能够编制创新方法融入课程的教学大纲；
- 能够编制创新方法融入课程的教学设计；
- 能够编制创新方法融入课程的教学课件；
- 融入创新方法的知识点数量占比 $\geqslant 30\%$；
- 采用的创新方法及思维数量 $\geqslant 6$ 种；
- 产生的非标准问题数量 $\geqslant 30$ 个；

- 产生的新知识点或新解决方案数量≥30个。

③ 教学研究
- 能够基于创新方法融入课程教学发表的核刊教研论文≥1篇；
- 能够基于创新方法融入课程教学申报或承担的省级教研项目≥1项；
- 能够基于创新方法融入课程教学发表的教材专著≥1部；
- 校级及以上教研获奖≥1项。

④ 教学方法
- 使用匹配创新方法融入课程的教学方法；
- 使用人工智能（AI）工具；
- 考核内容涉及创新方法。

⑤ 教学效果
- 能够使学生创新能力提升方面的主观评估结果为优秀；
- 与课程相关的校级创新项目≥1项；
- 产生与课程相关的数量不少于1项的专利、论文、奖励等创新成果，三者有其一即可满足。

5 评估

5.1 评估人员

5.1.1 应遵纪守法、诚实正直、坚持原则、实事求是、科学公正。

5.1.2 应熟悉国家有关方针、政策及相关的法律法规，具有创新方法融入课程教学工作经验，掌握相关知识，具备识别教学工作中问题的能力。

5.1.3 评估组人数以3～7人为宜，设组长一名。

5.2 评估步骤

评估步骤如下，包括但不限于：

① 明确评估时间和工作要求，组建评估组；

② 通过问卷调查、访谈、观察等方式收集符合本文件要求的相关信息；

③ 通过整理、分析相关信息，对创新方法融入课程教学实施能力进行全面评估，并且给出完整的评估报告。

学生创新能力提升主观评估问卷

1. 想法原创性，即提出的想法是否新颖，是否具有原创性。

※1分：想法缺乏原创性，与现有方案相似。（　　）

※3分：想法有一定原创性，但与现有方案相比改进有限。（　　）

※5分：想法高度原创，提供了全新的方案或视角。（　　）

2. 问题识别能力，即发现和定义问题的能力。

※1分：未能准确识别问题或问题定义模糊。(   )
※3分：正确识别问题，但缺乏深入分析。(   )
※5分：准确识别并深入分析问题，展现出对问题背景和影响的深刻理解。
(   )

3. 问题解决方案创新性，即提出的问题解决方案的创新程度。
※1分：问题解决方案缺乏创新，主要是对现有方法的重复。(   )
※3分：问题解决方案有改进，但创新程度一般。(   )
※5分：问题解决方案具有显著的创新性，能够以新颖的方式解决问题。
(   )

4. 批判性，即分析问题和评估解决方案是否使用批判性思维技巧。
※1分：缺乏批判性思维，未能对想法进行深入分析。(   )
※3分：表现出一定程度的批判性思维，但分析不够全面。(   )
※5分：展现出高度的批判性思维，能够全面、深入地分析和评估想法。
(   )

5. 研究能力，即在收集和分析信息、数据时的能力。
※1分：研究工作不充分，缺乏必要的数据支持。(   )
※3分：进行了基础研究，但深度和广度有限。(   )
※5分：进行了深入、广泛的研究，有效地收集和利用数据支持创新。
(   )

6. 技术应用能力，即在问题解决方案中应用技术的能力。
※1分：技术应用不当或未充分利用技术资源。(   )
※3分：合理应用技术，但缺乏创新性使用。(   )
※5分：创造性地应用技术，有效地增强了创新项目的实施。(   )

7. 团队合作能力，即在团队中的协作和沟通能力。
※1分：在团队合作中表现被动或缺乏贡献。(   )
※3分：在团队中扮演一定角色，但互动和贡献一般。(   )
※5分：在团队中发挥关键作用，展现出卓越的协作和领导能力。(   )

8. 项目管理能力，即规划、组织和管理创新项目的能力。
※1分：项目管理混乱，缺乏规划和组织。(   )
※3分：有一定的项目管理能力，但存在明显不足。(   )
※5分：展现出高效的项目管理能力，项目规划、执行和监控得当。(   )

9. 风险评估与管理能力，即评估和处理创新项目风险的能力。
※1分：未能识别或评估项目风险。(   )
※3分：识别了风险，但管理策略不够有效。(   )

※5分：准确识别风险并制定有效的管理策略，确保项目顺利进行。（　　）

10. 实施与执行能力，即将创新方案转化为实际行动或产品的能力。

※1分：创新方案未能转化为实际行动或产品。（　　）

※3分：创新方案部分实施，但执行力度和效果一般。（　　）

※5分：创新方案成功转化为行动或产品，执行效率高，成果显著。（　　）

附录2　创新方法融入课程教学实施指南(T/SDAS 904—2024　团体标准)

前　言

本文件按照 GB/T 1.1—2020《标准化工作导则　第1部分：标准化文件的结构和起草规则》的规定起草。

请注意本文件的某些内容可能涉及专利。本文件的发布机构不承担识别专利的责任。

本文件由山东理工大学提出。

本文件由山东标准化协会归口。

本文件起草单位：山东理工大学、大连民族大学、山东大学、潍坊科技学院、黑龙江科技大学、青岛科技大学、重庆大学、北京工业大学、烟台大学、内蒙古财经大学、嘉兴大学、青岛农业大学、山东管理学院、兰州理工大学、聊城大学、济南大学、山西工程技术学院、重庆工商大学、潍坊护理职业学院、淄博师范高等专科学校、德州学院、重庆三峡医药高等专科学校、山东女子学院。

本文件主要起草人：马立修、冯林、邢建平、刘莉、王妍玮、卜秋祥、林晓钢、张文利、彭新颜、张战勇、黄风立、王光炬、范振坤、龚成勇、陈新令、纪祥、董作峰、王洪建、郑玉萍、董梁、陈玉栋、张永慧、李厚忠、王振、隋琦、付宏勋、唐佳静、王依山、张少华、黄耀国、张德胜、施海花、褚庆柱、应苑松、张蓬、李晶、胡亚楠、陈芊如、王静雅、冯辉霞、董慧、崔爱萍、朱广超、张绍军、仲诚、高勇善、闫一梵、焦亚冰、赵玉平、嵇安奕、王志文、刘正元、许琳琳、曾岗。

引　言

创新方法融入课程能够激发学生的创造力和批判性思维，增强学生适应快速变化社会的能力，同时通过跨学科学习和团队合作，提升解决复杂问题的实践技能，培养终身学习的习惯，增强社会责任感，并为社会培养具备创新精神和实践能力的高素质未来人才。然而，目前很少有高校能够提出可复制、可推广的创新方法融入课程教学方法，且在实施层面往往不容易落地。

本文件的提出旨在为普通高等教育中创新方法融入课程的教学改革提供具体的课程建设指导，实操性较强，可落地、可复制、可推广。执行本文件有助于普及创新思维和创新方法，提升学习者将创新方法融入课程建设的实践技能。

1 范围

本文件给出了创新方法融入课程教学实施的术语和定义、创新思维和创新方法、实施方案。

本文件适用于创新方法融入课程教学工作。

2 规范性引用文件

下列文件中的内容通过文中的规范性引用而构成本文件必不可少的条款。其中，注日期的引用文件，仅该日期对应的版本适用于本文件；不注日期的引用文件，其最新版本（包括所有的修改单）适用于本文件。

GB/T 31769—2015　创新方法应用能力等级规范

3 术语和定义

GB/T 31769—2015 界定的以及下列术语和定义适用于本文件。

3.1

创新方法 innovation method

应用一种或多种科学思维、科学方法、科学工具实现创新的技术。

［来源：GB/T 31769—2015，3.1.1］

3.2

创新思维 innovation thinking

以新颖独特的方式对已有信息进行加工、改造、重组和迁移，从而获得有效创意的思维活动和方法。

［来源：GB/T 31769—2015，3.2.1］

3.3

创新方法融入课程 innovation method in curriculum

将创新方法和创新思维用于课程知识点的教学，从而创造新知识点；或者将创新方法和创新思维用于课程相关问题，从而形成新解决方案；或者将创新方法和创新思维用于课程教学，从而形成新的教学方法、教学模式、教学策略。

3.4
创新方法融入课程教学 innovation method in curriculum teaching
将创新方法与各专业的课程进行结合,利用有效的教学方法,以满足教师需求的教学模式。

4 创新思维和创新方法
4.1 创新思维
创新思维包括但不限于:
① 逻辑思维;
② 批判性思维;
③ 创造性思维;
④ 形象思维;
⑤ 其他思维。

4.2 创新方法
4.2.1 TRIZ 创新方法
TRIZ 创新方法包括但不限于:
① 发明原理;
② 进化法则;
③ 功能导向搜索;
④ 创新标杆;
⑤ 特性传递;
⑥ 功能分析;
⑦ 因果链分析;
⑧ 剪裁;
⑨ 物理矛盾;
⑩ 技术矛盾;
⑪ 物场分析与标准解;
⑫ 其他 TRIZ 创新方法、工具。

4.2.2 常用创新方法
常用创新方法包括但不限于:
① 可拓学创新方法;
② 智力激励法;
③ 形态分析法;
④ 功能模拟法;
⑤ 检核表法;

⑥ 鱼骨图法；

⑦ 综摄法；

⑧ 概念图法；

⑨ 思维导图法；

⑩ 德尔菲法；

⑪ 5W1H 提问法；

⑫ 希望点列举法；

⑬ 六项思考帽法；

⑭ 价值工程法；

⑮ 中山正和法；

⑯ 信息交合法；

⑰ 其他创新方法。

5 实施方案

5.1 基于三维坐标的创新方法融入课程教学方案

5.1.1 三维坐标系中，X 轴是专业知识点、Y 轴是要解决的专业问题、Z 轴是要采用的创新方法或创新工具。通过建立课程的三维坐标系，可以明确课程知识点、专业问题、创新方法之间的关系（图 1）。

注：专业知识点包括课本知识点、网络知识点；专业问题包括基本问题、相关复杂问题、跨学科高阶问题、随机复杂问题。

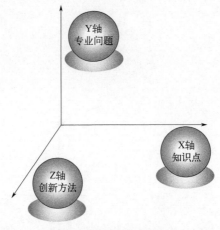

图 1　课程三维坐标系

5.1.2 在课程的三维坐标系中（图 2），可以在 Y-Z 平面思考，尝试用创新方法分析专业问题，形成新的关键问题（B 点），然后再利用专业知识加以解决，形成解决方案（D 点）。

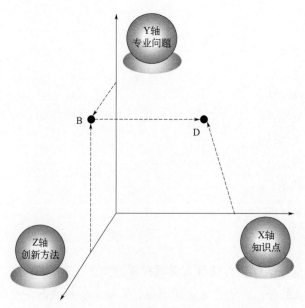

图 2 专业知识解决创新问题的三维坐标系

5.1.3 在课程的三维坐标系中（图 3），可以在 X-Z 平面思考，尝试将创新方法融入专业知识点，形成新知识（C 点），再去解决常规专业知识未能解决的专业问题，形成解决方案（D 点）。

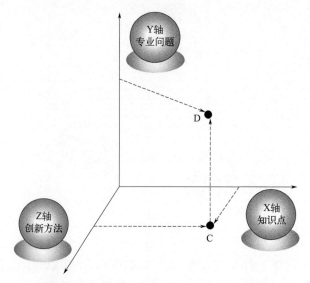

图 3 创新知识解决专业问题的三维坐标系

5.1.4 在课程的三维坐标系中（图4），可以先在Y-Z平面尝试用创新方法分析专业问题形成新关键问题（B点），再去X-Z平面尝试利用创新方法融合专业知识点形成新知识（C点），最后用C点的新知识解决B点的新问题，形成解决方案（D点）。

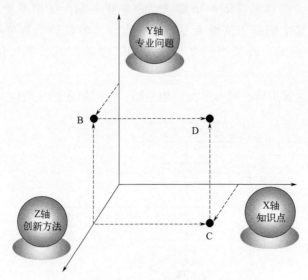

图4　创新知识解决创新问题的三维坐标系

5.1.5 在课程的三维坐标系中（图5），也可以尝试综合运用5.1.2～5.1.4的三种方法解决问题。

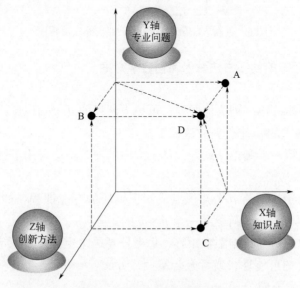

图5　三维坐标系的综合应用

225

5.1.6 采用三维坐标法将创新方法融入课程，可按照如下流程执行（图6）。

① 选择待建设的课程，在X-Y轴平面内，思考课程知识点或知识模块能否解决某个专业问题；

② 如果能，继续思考下一个知识点和专业问题；如果不能，可以在X-Z轴平面内，将某个创新方法融入专业知识点，再尝试能否解决专业问题；或者在Y-Z轴平面内，将某个创新方法应用于专业问题，尝试能否解决专业问题；

③ 专业问题解决后，可以进行归纳总结，形成解题的一般性规律。

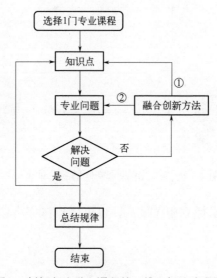

图6 创新方法融入课程的三维坐标法流程图

5.2 基于融合矩阵的创新方法融入课程教学方案

5.2.1 教师

5.2.1.1 该矩阵第一列为标题列，可填入课程的 n 个知识点；第一行为标题行，可填入待融入的 m 个创新方法或工具。

5.2.1.2 除第一行和第一列外，其余空白的交叉格均可用于思考并填入具体案例或方法（图7）。

5.2.1.3 对于一门有 n 个知识点或知识模块的专业课程，如果拟融入 m 种创新方法或工具，融合矩阵就是一个 $n \times m$ 的矩阵。

5.2.1.4 教师可以依据融合矩阵，思考任意一个空白格所对应的知识点 i 和创新方法 j 融合的可能性，或者融合案例、方法。$n \times m$ 融合矩阵就可以为教师提供 $n \times m$ 个思考方向。

课程创新方法	创新方法 1	创新方法 2	……	创新方法 j	……	创新方法 m
知识点 1						
知识点 2						
……						
知识点 i				创新方法 j 融入课程知识点 i 的具体案例或方法		
……						
知识点 n						

图 7 教师利用融合矩阵挖掘融合案例或方法

5.2.2 学生

学生可以依据融合矩阵，思考任意一个空白格所对应的创新方法 j 能否应用于知识点 i，如果应用会产生哪些新问题，从而生成一系列专业领域的全新问题（图 8）。$n\times m$ 融合矩阵就可以为学生提供 $n\times m$ 个思考方向。

课程创新方法	创新方法 1	创新方法 2	……	创新方法 j	……	创新方法 m
专业知识点 1						
专业知识点 2						
……						
专业知识点 i				创新方法 j 融入专业知识点 i 的具体案例或方法		
……						
专业知识点 n						

图 8 学生利用融合矩阵发现专业领域新问题

5.2.3 备课流程

备课流程见图 9，包括但不限于：

① 总结梳理课程知识模块或知识点；

② 选择待融入的创新方法，建立课程的融合矩阵，逐个格子系统性思考专业知识点与创新方法的具体融合案例或方法；

③ 将其体现在课程教学设计中，通过教学实施检验教学效果，如果满意则说明教学改革建设成功，否则再次思考设计融合案例，重新进行教学设计。

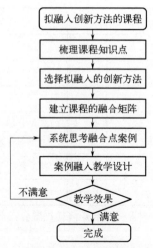

图 9　融合矩阵法课程建设流程

5.2.4　授课流程

教师针对专业知识点，首先进行讲授，然后依据融合矩阵引入融合案例或方法，进而引导学生应用该矩阵，依次思考知识点所在行其余空白格处是否存在新的专业问题，发现专业领域新问题后师生可以共同应用专业知识及创新方法思考解决方案，若可以解决，则该教学过程完成，若暂时未能解决，可留待课后进一步思考（图10）。

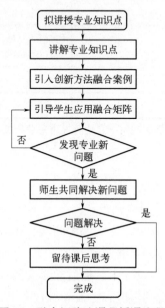

图 10　融合矩阵法课程授课流程

附录3　2023年双创融入课程试点项目建设标准

序号	建设项目	主要建设内容	关键考核指标	指标注解
1	教学队伍	课程负责人为人师表，学术造诣高，教学能力强。教学团队成员能积极参加创新方法培训，具有合理的知识结构、年龄结构和学缘结构，团队中的教师责任感强、团结协作精神好，积极参与教学改革，取得一定成果	1.1 在项目建设期内，团队成员至少有1人次参加创新方法或大学生创业基础培训； 1.2 每学年团队至少有1人次开设创新方法基础或大学生创业基础课程； 1.3 团队至少有1人次开设双创融入的专业课程	1.1 培训证书或其他培训佐证； 1.2 项目建设期双创课程的课程安排（教务处课表）； 1.3 项目建设期内双创融合相关的课程安排（教务处课表）
2	教学内容	理论教学环节突出基础性、研究性、前沿性，能在课程中融入创新方法内容，能结合课程知识点形成非标准问题，能有效培养学生创新意识。 实践教学环节突出创新思维方法，能有效培养学生在专业课程学习中的创新创业能力。 注重培养学生理论联系实际能力，坚持课内课外相结合，加强对实习、社会调查等实践活动的组织和指导，成效显著	设计1套体现双创融入专业课程的教案或PPT，非标准问题不少于10个，典型案例2～3个	2.1 提供教案或PPT，并将双创融合点以列表的形式统计及展示； 2.2 非标准问题典型案例以文本说明形式呈现（word文档）。论述内容包括选取依据、实施方案、创新经验总结
3	教学条件	制定符合创新方法融入教育改革目标要求的、高质量的课程标准。 建设创新方法专业课程融合案例库、课件库、文献资料库等教学素材，并通过网络手段实现有效共享，鼓励自主编写高质量创新方法与专业课融合讲义、教材	3.1 提供1套体现双创融入专业课程的教学大纲； 3.2 提供1套体现双创融入专业课程的讲义	3.1 重点体现双创融合点； 3.2 在课程目标、教学内容、考核内容等部分体现双创融合

续表

序号	建设项目	主要建设内容	关键考核指标	指标注解
4	教学方法	灵活运用启发式、探究式、讨论式、参与式、案例式、项目驱动式等多样化混合式教学模式，实现"以学生为中心"的教学方式，培养学生的批判性、创造性思维，激发学生创新灵感，促进学生高阶学习。以综合运用知识、分析问题、解决问题能力考核为重点，将专业学习中的创新能力作为主要考核指标，探索与"第二课堂成绩单"相挂钩、以分析工程案例、参与创新实践活动、获得创新成果等非标准答案问题为评价指标的考核新模式	4.1 提供1套体现双创融入专业课程的考核方案并且提供学生各个考核环节样本，其中非标准答案考核比例不少于20%；4.2 完成1篇及以上双创融入专业课程的教学改革论文或提交1份及以上山东省版权局作品登记证书申请材料	山东省版权局作品登记证书由创新创业学院协助申请
5	教学效果	学生对课程授课效果反响好，两轮授课的学生教学评价均在良好以上	提供至少2段不少于20min的教学实录视频	重点体现双创融合点及非标准问题点
6	经验交流	面向全校范围召开经验推广交流会	在学院或学校召开1场以上经验交流会	在创新创业教育改革项目工作坊上至少作报告1次

附录4　2023年青年博士创新方法（TRIZ）专项建设标准

序号	建设项目	主要建设标准	关键考核指标	指标注解
1	教学素养	申请课程教师要获得博士学位且为人师表、热爱教学、热爱学生。能积极学习创新方法、积极参加创新方法培训，积极参与教学改革，取得一定成果	1.1 在项目建设期内，至少参加1期创新方法培训；1.2 在项目建设期内至少开设1门创新方法基础课程	1.1 培训证书或其他培训佐证；1.2 项目建设期内创新方法基础课程的课程安排（教务处课表）

续表

序号	建设项目	主要建设标准	关键考核指标	指标注解
2	教学内容	教学环节突出专业性、前沿性，能在课程中融入本专业课程内容，能有效培养学生基于本专业知识的创新意识	在创新创业学院提供的通用创新方法授课PPT基础上，设计1套具有本专业特点的创新方法教案或者PPT	
3	教学方法	灵活运用启发式、探究式、讨论式、参与式、案例式、项目驱动式等多样化混合式教学模式，实现"以学生为中心"的教学方式，培养学生的批判性、创造性思维，激发学生创新灵感	提供1套能够反映本专业特色的创新方法课程学生作业样本、考核方案等	
4	教学效果	学生对课程授课效果反响好，学生教学评价均在良好以上	提供2段20分钟以上的课程实录视频	重点体现专业与创新方法的融合
5	科研应用	选择1项课题（纵向或横向），利用创新方法分析课题难点、解决课题问题、获得课题解决思路、取得课题成果	5.1 提供利用创新方法（TRIZ）解决课题过程的PPT及过程说明（word）；5.2 提供利用创新方法（TRIZ）解决技术问题的成果（专利技术方案）	5.1 重点体现应用创新方法解决科研问题的过程；5.2 至少辅导1个学生团队，参加1次校级以上大学生创新方法应用大赛
6	经验交流	面向全校范围召开经验推广交流会	在学院或学校召开1场以上经验交流会	在创新创业教育改革项目工作坊上至少作报告1次

参考文献

[1] 戴蓉，刘波峰，赵燕，等.传感器原理与工程应用[M].二版.北京：电子工业出版社，2021.

[2] 陈雯柏，李邓化，何斌，等.智能传感器技术[M].北京：清华大学出版社，2022.

[3] 苗玲玉，田景峰.传感器应用基础[M].二版.北京：机械工业出版社，2022.

[4] 马立修，付宏勋，隋琦，等.创新方法基础[M].北京：高等教育出版社，2021.

[5] 胡向东.传感器与检测技术[M].四版.北京：机械工业出版社，2021.

[6] 宋爱国，梁金星，莫凌飞.智能传感器技术[M].南京：东南大学出版社，2023.

[7] 宋凯.智能传感器理论基础及应用[M].北京：电子工业出版社，2021.

[8] 李敬锋，周敏，裴俊.热电材料及其制备技术[M].北京：科学出版社，2023.

[9] 卜乐平.传感器与检测技术[M].北京：清华大学出版社，2021.

[10] 沈燕卿.传感器与智能检测技术[M].北京：电子工业出版社，2023.

[11] 陈秉乾.电磁学[M].北京：北京大学出版社，2014.

[12] 马立修.创新思维与创新方法[M].北京：科学出版社，2021.

[13] 张海霞等.创新工程实践[M].北京：机械工业出版社，2020.

[14] 赵新军，李晓青，钟莹.创新思维与技法[M].北京：中国科学技术出版社，2014.

[15] 教育部高等学校创新方法教学指导分委员会.创新工程知识体系与系列课程建设方案[M].北京：高等教育出版社，2023.

[16] 康翠萍.建设·研究·实践：高校教师教学发展理路[M].北京：中国科学出版社，2018.

[17] 孙桂生，于苗苗.应用型大学"专创融合"理论与实践研究[M].北京：知识产权出版社，2020.

[18] 黄耀国，陈琳琳，宋峰，张津津，秦士跃，秦宏云，贾云，黄昊飞，马立修."双创"理念融入化工过程设计线上线下协同教学的改革与实践[J].化工高等教育，2023，40（3）：19-26.

[19] 姜颖.基于鱼骨图创新法的《中国传统文化》教学理论与实践[J].教育现代化，2022，23：151-154.

[20] 施红珍，路晓丽.新时代高校"双创"教育与课程教学融合改革策略探究[J].苏州市职业大学学报，2023，34（2）：37-42.

[21] 严峻.基于OBE理念的创新创业课程教学改革与实践[J].西部素质教育，2022，8（9）：19-21.